Bien plus qu'un médecin

*

Unis par l'amour

ALLIE KINCHELOE

Bien plus qu'un médecin

Traduction française de
ADELINE MAGNE

BLANCHE

HARLEQUIN

Collection : Blanche

Ce roman a déjà été publié en 2020

Titre original :
HEART SURGEON'S SECOND CHANCE

HARPERCOLLINS FRANCE
83-85, boulevard Vincent-Auriol, 75646 PARIS CEDEX 13
Service Clients — www.harlequin.fr
ISBN 978-2-2805-1061-5 — ISSN 0223-5056

Édité par HarperCollins France.
Composition et mise en pages Nord Compo.
Imprimé en août 2024 par CPI Black Print (Barcelone)
en utilisant 100% d'électricité renouvelable.
Dépôt légal : septembre 2024.

MIXTE
Papier issu de sources responsables
FSC® C159065

Pour limiter l'empreinte environnementale de ses livres, HarperCollins France s'engage à n'utiliser que du papier fabriqué à partir de bois provenant de forêts gérées durablement et de manière responsable.

1

Quand la porte de la salle d'examen s'ouvrit, Rhiann Masters sentit son ventre se nouer.

Tout d'abord, elle vit de larges épaules dans une blouse blanche, puis ses yeux parcoururent la silhouette familière et enregistrèrent les changements subtils apportés par le temps.

L'homme qui venait de s'encadrer dans la porte était toujours aussi beau, même si, en trois ans, son visage s'était creusé et ses tempes s'étaient un peu argentées. Les notes agréables d'un parfum épicé effacèrent l'odeur d'antiseptique du service, réveillant en elle des sensations endormies depuis son divorce. Mais, plus encore que ce parfum masculin, il émanait du Dr Patrick Scott une aura de tristesse qui faisait suspecter une tragédie.

Les yeux fixés vers son ordinateur portable, il s'immobilisa.

— Bonjour, madame... Masters ?

Ses yeux bleu clair croisèrent les siens et s'écarquillèrent, et son sourire de politesse s'évanouit, remplacé par une expression glacée.

Manifestement, le temps n'avait rien changé. Son animosité envers elle ne s'était pas estompée depuis la dernière fois qu'elle l'avait vu. La porte du cabinet se referma derrière elle dans un claquement sourd, et Patrick lâcha sans ménagement le portable sur le bureau.

— Qu'est-ce que tu fais ici ? demanda-t-il avec brusquerie.

Un frisson désagréable coula le long du dos de Rhiann.

La voix de Patrick avait toujours été expressive, capable de transmettre ses émotions même au travers des mots les plus neutres. En revanche, au cours des nombreuses années où ils s'étaient connus, jamais il n'avait pris avec elle ce ton distant et froid.

Les larmes aux yeux, elle serra son bébé contre elle en s'efforçant de brider ses émotions.

Elle avait espéré que le temps aurait émoussé sa colère et que, avec le recul, il aurait analysé les événements avec davantage d'objectivité. Clairement, ce n'était pas le cas. Elle en était donc réduite à croiser les doigts pour qu'il mette de côté ses griefs personnels afin de concentrer son professionnalisme sur les intérêts de Levi.

— J'ai besoin de ton aide, dit-elle. Enfin, *il* a besoin de ton aide. Je parle de mon fils, Levi. Il souffre d'une malformation cardiaque, et le cardiologue de Saint-Thomas préconise une opération. Auquel cas, j'aimerais qu'elle soit confiée au meilleur chirurgien disponible...

Patrick baissa les yeux vers le bébé niché dans ses bras, et son regard s'adoucit légèrement.

Elle s'interrompit et respira profondément pour déloger la boule qui lui serrait la gorge.

— C'est-à-dire toi.

Patrick haussa un sourcil et la dévisagea un instant en silence avec une expression indéchiffrable mais froide comme le marbre. Ses yeux fouillaient les siens comme pour y chercher Dieu savait quoi.

Allait-il lui intimer l'ordre de partir ? Ou pire, lui crier dessus comme la dernière fois qu'ils s'étaient vus ?

À une époque, ils avaient été amis tous les deux. Très amis, même, au point de ne pas avoir de secrets l'un pour l'autre et d'envisager une fois ou deux de sortir ensemble...

Comme tout cela semblait loin ! Depuis, leur amitié s'était écroulée sous le poids d'accusations injustifiées. Au lieu de l'aider, les liens qui les avaient unis compliquaient ses démarches auprès de Patrick. Mieux valait faire appel uniquement à son professionnalisme.

— Docteur Scott, je vous en prie...

Tandis qu'elle prononçait ces mots, cela lui parut effroyablement maladroit et guindé. Certes, par le passé, elle l'avait appelé ainsi, mais toujours par plaisanterie.

Patrick eut un geste brusque de la main, le regard glacial.

— Désolé, mais c'est trop me demander.

Elle le dévisagea avec consternation.

Qu'était devenu le Patrick insouciant de ses souvenirs ? Il avait changé du tout au tout en trois ans. Il s'était fait une réputation d'ours mal léché et taciturne dont la brusquerie n'avait d'égal que son talent hors pair. Devait-elle en conclure que l'ancien Patrick, généreux et attentionné, avait complètement disparu ?

Oh ! mon Dieu... Il fallait qu'il accepte de l'aider ! Il en allait de la vie de Levi !

— OK, je n'aurais pas dû venir, mais il fallait que je tente le coup. Je tiens à donner les meilleures chances à mon fils. Ce n'est qu'un bébé, Patrick, ajouta-t-elle en désespoir de cause. Regarde-le : il a besoin de toi. Tu ne vas pas lui refuser ton aide. Ce n'est qu'un enfant innocent.

— Mon binôme...

— Je n'ai pas fait appel à lui. Clay est sans aucun doute un excellent chirurgien, mais il est hors de question que tu lui refiles l'opération de mon fils. Je veux ce qu'il y a de mieux pour Levi. Pas du second choix.

Patrick lâcha un juron à peine audible et se pinça l'arête du nez.

— Si j'accepte, nous serons amenés à nous fréquenter souvent au cours des semaines qui viennent. As-tu songé une minute à ce que ça va me faire ?

La gorge serrée, elle toussota pour se donner une contenance. Une larme brûlante s'échappa de ses cils et roula sur sa joue. Elle l'essuya d'un geste vif et prit une profonde inspiration.

Il fallait qu'elle ait la tête claire, faute de quoi elle n'arriverait pas à convaincre Patrick.

— Peu importe ce que tu m'accuses d'avoir fait ou pas. C'est du passé, et c'est entre nous. Mon fils n'a rien à voir avec tout ça. Ces trois dernières années, j'ai repassé mille fois dans ma tête le déroulement de l'accident sans jamais rien trouver à me reprocher. De toute façon, le passé est ce qu'il est. En revanche, toi, tu peux donner un avenir à Levi.

Les sourcils froncés, les lèvres pincées, Patrick prit le stéthoscope accroché à son cou et s'approcha d'un pas, signe sans doute que ses paroles avaient porté.

— Je vais l'examiner et lui faire passer quelques tests pour commencer. Son dossier médical ne m'a pas encore été transmis, mais il va me le falloir.

Rhiann sentait son cœur cogner à grands coups dans sa poitrine.

— Je n'en demande pas plus, chuchota-t-elle.

Patrick s'assit sur un tabouret à roulettes qu'il déplaça de manière à ausculter Levi. Tandis qu'il faisait glisser doucement le stéthoscope sur le dos du bébé, sa main effleura celle de Rhiann. Sa peau tiède contrastait avec ses manières glaciales. Alors qu'il se décalait pour écouter la poitrine de Levi, son genou lui heurta la jambe, et elle ne put s'empêcher d'inspirer brusquement. Patrick leva les yeux, et leurs regards se croisèrent par-dessus la tête de Levi.

L'étincelle qui s'était allumée dans les yeux de Patrick la ramena à une époque où aucune animosité ne les séparait. Une époque tellement plus simple. Plus heureuse, aussi. Elle aurait tellement voulu retrouver cette complicité bon enfant qui les avait liés l'un à l'autre... Autour d'eux, la pièce sembla rapetisser sous l'effet d'une tension nouvelle, accrue par le silence. Dans le regard de Patrick, le feu le disputait à la glace.

— Quels tests a-t-il déjà passés ? demanda-t-il, revenant au présent. Et quand ?

Elle inspira profondément.

— Les plus récents étaient une radio des poumons et un électrocardiogramme. Il y a quinze jours.

En tant que secouriste, elle se rendait parfaitement compte de la gravité de l'état de santé de son fils, et cela n'arrangeait pas les choses.

— À sa naissance, les médecins m'ont dit qu'il souffrait d'un souffle au cœur, mais c'est fréquent chez les nouveau-nés, n'est-ce pas ? Donc, je ne me suis pas inquiétée plus que ça. Mais un jour, Levi s'est mis à cyanoser, et j'ai compris que le problème était plus grave. On lui a implanté un shunt il y a six mois, mais j'ai l'impression que ça ne sert à rien. Autrement, il n'aurait pas cette couleur.

— C'est ce que je pense, moi aussi.

Patrick fit reculer le tabouret jusqu'au bureau, et elle put enfin respirer librement, pour la première fois depuis qu'elle avait pris le rendez-vous de consultation.

Tandis que les touches de l'ordinateur cliquetaient sous ses doigts agiles, il se mit à parler sans la regarder.

— Tu auras sans doute besoin de Pete pendant la durée des examens, pour qu'il t'apporte un soutien émotionnel. Il a réagi comment au diagnostic, d'ailleurs ?

— Aucune idée. Il m'a envoyé les papiers du divorce peu après la naissance de Levi. Depuis, je n'ai plus de nouvelles de lui. Enfin, si : j'ai appris qu'il était reparti chez ses parents, en Californie. Tu sais qu'il détestait Nashville, même s'il adorait la musique d'ici. La mer était trop loin à son goût. Bref, je n'ai plus que Levi, à présent.

Patrick la regarda un instant fixement. Un éclat fugitif brilla dans ses yeux, et un léger rictus crispa ses lèvres, mais il eut tôt fait de remettre ses émotions sous cloche.

— Je ne savais pas, dit-il enfin.

— Eh bien, maintenant, tu sais.

Patrick n'avait jamais aimé Pete. À coup sûr, il devait se réjouir d'avoir eu raison lorsqu'il lui avait prédit l'échec de son mariage. La nuque raide, elle attendit qu'il lui lâche le « je te l'avais bien dit » qui devait le démanger.

— Que s'est-il passé ? demanda-t-il à la place.

Elle haussa les épaules avec un soupir et résuma la situation en quelques phrases succinctes.

— J'ai eu du mal à tomber enceinte, et il a fallu recourir à un don de gamètes. Mais Pete n'a pas réussi à se sentir lié à un enfant dont il n'était pas le père biologique. Quand il a appris que le petit avait en plus un problème cardiaque, il s'est dépêché de filer.

Patrick eut une petite exclamation de dérision.

— Ce n'est pas comme si personne ne t'avait prévenue que tu perdais ton temps avec ce loser.

Elle s'était attendue au reproche, mais pas au ton glacial qui l'accompagnait. L'homme assis en face d'elle n'avait rien à voir avec l'ami qu'elle avait connu. L'ancien Patrick n'aurait pas été aussi acerbe.

De nouveau, ses yeux se mouillèrent de larmes, et elle resserra son étreinte autour de Levi, plus que jamais déterminée à obtenir l'aide dont elle avait besoin.

D'aussi loin qu'elle se souvienne, rien dans sa vie n'avait été facile. Si elle avait appris une chose, c'était bien à rester forte devant l'adversité. Levi méritait tous les combats qu'elle avait menés jusqu'à présent, et tous ceux qu'il lui restait à livrer à l'avenir.

Le bébé émit un léger cri de protestation, et elle se rendit compte qu'elle le serrait à l'étouffer. Elle relâcha son étreinte et appuya une joue sur le haut du crâne de l'enfant en murmurant une excuse. Puis elle se redressa et posa une main sur l'avant-bras de Patrick, qui se crispa à ce contact.

— Tu peux le guérir, n'est-ce pas ?

Patrick sentit un tumulte d'émotions déferler en lui : des vagues de colère se heurtaient à un élan de compassion, tandis qu'une autre sensation affleurait, vague et diffuse, qu'il préférait ne pas nommer.

Il devait repousser ce fatras de sentiments. Ne rien éprouver, c'était ne pas souffrir. Et si quelqu'un avait perfectionné l'art d'éviter toute émotion, c'était bien lui.

Il recula son tabouret pour s'éloigner de la jolie blonde et de son délicieux parfum de vanille et d'abricot. Cette odeur lui montait à la tête, et il risquait de commettre une bêtise. Comme la prendre dans ses bras et lui murmurer des paroles de réconfort. Lui dire que oui, bien sûr, son fils allait guérir, alors qu'il n'en était pas sûr à cent pour cent. Ou, pire, l'embrasser pour savoir si elle utilisait encore ce gloss à la fraise qu'il aimait tellement à une certaine époque.

Il s'éclaircit la gorge et se réfugia derrière la froideur professionnelle qui lui avait été si utile ces dernières années.

Au diable Rhiann et son doux parfum, au diable ces étincelles qui le chatouillaient au moindre contact physique. Il ne pouvait, ne voulait pas penser à Rhiann Masters en ces termes. Pas après ce dont elle s'était rendue coupable !

— Je préfère ne pas me prononcer avant d'avoir une idée précise de la situation, mais ses bruits cardiaques ne me plaisent pas.

C'était le moins que l'on puisse dire. À l'auscultation, ce petit bonhomme était bon pour la table d'opération. Or, quelles garanties pouvait-il apporter dans un cas comme celui-ci ? Au reste, Rhiann savait tout cela. Autrement, elle n'aurait pas fait appel à lui, étant donné le passif qui les opposait.

Les yeux fermés, elle pressa les lèvres contre le front du bébé.

— Je ne peux pas le perdre... Pas lui, murmura-t-elle. Mon fils est tout pour moi. Je t'en prie, fais quelque chose.

Patrick sentit quelque chose remuer au fond de sa poitrine.

L'amour maternel de Rhiann transparaissait dans tous ses mots, tous ses gestes. Il avait dû lui en falloir, de l'amour, pour lui donner le courage de l'affronter après ce qu'il lui avait dit...

Il se leva si brusquement que son tabouret cogna le mur.

— Levi a besoin d'une échographie et d'un cathétérisme cardiaque. Lorsqu'on aura les résultats, on partira sur cette base. Les infirmières vont programmer les examens. On se reverra à ce moment-là. Alors, à plus.

Sur ces mots, il quitta la pièce précipitamment, se dirigea à grands pas vers le bureau des infirmières et poussa le portable sur le guichet.

— Il me faut ces tests pour le patient de la salle 3.

Puis il pivota sur ses talons et se dirigea vers son bureau, indifférent aux regards médusés des infirmières.

Il eut toutefois le temps d'entendre la conversation murmurée dans son dos.

— J'ignore ce qu'a dit la dame en salle 3, mais la Glacière est plus froide que jamais. On approche du zéro absolu, là.

Par bonheur, Levi était son dernier patient de la journée.

Il s'enferma dans la pièce et s'adossa contre la porte, les yeux fermés. Il tira sur le nœud de sa cravate pour la desserrer et inspira l'air à grandes bouffées.

Rien ne l'avait préparé au retour de Rhiann dans sa vie. Absolument rien. Ses nerfs étaient surexcités par les souvenirs qui l'assaillaient, le présent s'effaçait derrière de douloureux rappels du passé. Il fallait qu'il se ressaisisse.

Sans cesser de contrôler sa respiration, il se concentra sur le tableau abstrait au fond de la pièce.

Une œuvre de sa défunte épouse. Mallory avait composé cette peinture pour lui permettre de reprendre pied quand les émotions le submergeaient. En chirurgie cardiaque pédiatrique, les situations difficiles voire dramatiques ne manquaient pas. Mallory avait toujours su qu'il avait besoin de calme pour assumer des contraintes de son métier.

Mallory… À certains égards, elle le connaissait mieux qu'il ne se connaissait lui-même.

Tout en prenant de longues inspirations, il se contraignit à suivre les lignes du tableau, des traits clairs aux traits foncés, et inversement, puis il se concentra sur les contrastes de couleurs.

Pourquoi avait-il fallu que Rhiann insiste pour le consulter alors qu'il aurait voulu ne jamais la revoir de sa vie ? Tout à l'heure, il aurait voulu s'emporter contre elle, la chasser de la pièce, mais aussi la prendre dans ses bras, goûter ses lèvres… Il ne savait plus où il en était.

Rhiann avait toujours eu un je-ne-sais-quoi, une qualité indéfinissable qui le fascinait autant qu'elle l'agaçait. Elle avait été la première fille pour qui il avait eu le béguin, son premier amour inatteignable, car ils n'étaient jamais sortis ensemble. Et puis, il avait rencontré Mallory, et Rhiann n'avait plus quitté la case « meilleure amie ». Du moins, jusqu'à ce qu'elle brise irrémédiablement sa confiance.

Et pourtant, en trois ans, Rhiann était la première femme à susciter son intérêt – du moins son intérêt protecteur. La pauvre, elle n'était plus que l'ombre d'elle-même. Ses yeux cernés disaient ses nuits sans sommeil, ses vêtements flottaient autour de sa silhouette, plus frêle que dans ses souvenirs.

Après tout, qu'y pouvait-il ? Ils n'étaient plus amis, et si elle avait maigri après avoir divorcé de cet imbécile de Pete, ça ne le regardait pas. Il avait même failli la jeter dehors…

Presque. Mais en voyant le petit garçon dans ses bras, il s'était senti incapable de la rejeter une nouvelle fois.

Rhiann l'avait sans doute trahi, mais il ne pouvait pas se venger d'elle au travers de son fils. Levi n'avait rien à voir avec leurs problèmes d'adultes, et même si lui, Patrick, avait voulu rendre à Rhiann la douleur qu'elle lui avait infligée, il ne pouvait pas refuser d'apporter son aide à un enfant qui en avait manifestement besoin.

D'après ses notes, Levi avait dix-huit mois, mais il en paraissait à peine neuf. Chaque respiration semblait l'épuiser. Pendant la consultation, il n'était pas descendu des genoux de Rhiann pour courir dans la pièce. Il n'avait pas chiffonné les feuilles de papier sur le bureau, n'avait pas gribouillé dans les livres ou les magazines ni arraché des pages. Non, il était resté sagement dans les bras de sa mère, et il avait à peine réagi durant l'auscultation. Sans aucun doute, il était gravement malade et avait besoin de soins médicaux dans les plus brefs délais.

Bien sûr qu'il allait aider cet enfant. Non pas parce qu'il était le fils de Rhiann, mais parce que son métier et la décence la plus élémentaire l'exigeaient. Après quoi, Rhiann s'en irait de sa vie définitivement.

N'empêche, cela lui avait fait quelque chose de voir ce bébé chétif blotti dans les bras de Rhiann.

D'après ses papiers, Levi était né à peu près un an et demi après la date où la naissance d'Everly avait été prévue. Sauf qu'Everly n'avait jamais vu le jour. Jamais il n'avait eu le bonheur de tenir sa fille dans ses bras. Tout cela à cause de cette même femme qui, à présent, venait le supplier de sauver son fils, alors qu'elle lui avait pris sa femme et sa fille !

D'un geste rageur, il envoya balader le contenu de son bureau, et les bannettes métalliques tombèrent au sol avec fracas.

Un coup fut frappé à la porte.

— Tout va bien, docteur Scott ?

— Fichez-moi la paix !

— Quel abruti, bougonna l'infirmière en s'éloignant.

Il se laissa glisser par terre et, appuyé contre la porte, fixa du regard le fin anneau de platine à sa main gauche.

— Tu me manques tellement, Mallory, murmura-t-il. Je ne sais pas comment continuer sans toi.

2

Le silence des jours suivants fut un supplice pour Rhiann.

Cette visite avait été un échec, c'était à peu près sûr, à la façon dont Patrick avait quitté la pièce ! Il s'était littéralement enfui, comme si sa blouse avait pris feu. Avant qu'il déguerpisse, elle aurait juré avoir vu une fissure dans sa façade glacée, mais au bout de plusieurs jours, le doute s'installait. Dans le pire des cas, si Patrick refusait vraiment de l'aider, il lui faudrait imaginer un plan B. Mais lequel ?

Au bout de cinq jours, à bout de patience, elle résolut de téléphoner au secrétariat du service de cardiologie pédiatrique pour tirer les choses au clair. Lors de sa pause déjeuner, elle s'arma de courage et composa le numéro.

Elle apprit que l'échocardiogramme de Levi avait été programmé. Mais, comme par un fait exprès, le rendez-vous tombait pendant ses heures de travail.

Avant qu'elle puisse demander à changer l'heure, son binôme lui cria qu'ils venaient de recevoir un appel, et elle dut se dépêcher de raccrocher. Elle enfourna le reste de son sandwich et courut vers l'ambulance, où Charlie l'attendait déjà.

Elle avait rejoint le County Hospital trois ans plus tôt en qualité de secouriste, et depuis, Charlie, en poste depuis dix-sept ans, avait toujours été son binôme. Il était devenu son mentor et un ami, pour ne pas dire une figure paternelle.

Elle n'avait pas connu de père, l'abruti qui lui avait servi de géniteur étant parti avant sa naissance. Sa mère avait laissé courir la rumeur qu'elle était veuve, mais personne n'avait été dupe.

D'aussi loin qu'elle se souvienne, Rhiann avait habité un mobile-home minuscule, bien que propre comme un sou neuf. Patrick, lui, avait grandi au sein d'une famille sans difficultés financières. Fils d'un podologue renommé et d'une mère au foyer, rien ne lui avait manqué, des activités sportives et culturelles au soutien scolaire. Toutefois, elle n'avait jamais eu le sentiment que lui et ses parents la regardaient de haut...

Mais tout ça, c'était du passé. À présent, sa famille se limitait à Levi et à Charlie, et elle devait faire avec.

L'appel qu'ils avaient reçu concernait un accident de la route heureusement sans gravité, puis ils furent contactés pour un cas de brûlure. Entre deux interventions, elle expliqua à Charlie le détail des examens et des opérations prévus pour Levi. Lorsqu'elle sortit le devis, Charlie ne put retenir une grimace.

— Ça va te coûter un bras, tout ça !

Elle avait eu la même réaction. Ces frais médicaux mettaient à mal ses finances déjà fragiles, mais avait-elle le choix ? Levi avait absolument besoin de cette opération.

— Je m'en sortirai, dit-elle en croisant les doigts.

Elle accumulerait autant d'heures supplémentaires que possible et négocierait un échéancier de remboursement avec l'hôpital, ainsi qu'elle l'avait déjà fait pour l'opération du shunt. D'ailleurs, elle payerait la dernière mensualité le mois prochain. Elle qui avait espéré pouvoir enfin augmenter son budget nourriture, elle devrait encore attendre. Mais elle finirait par s'en tirer, elle n'en doutait pas une seconde.

— Je le sais bien, ma puce, répondit Charlie. Il n'empêche, avec un peu d'aide, tu aurais moins de mal.

Elle se contenta de soupirer.

Que répondre à cela ? Pete s'était lavé les mains de ses obligations parentales, et à part lui, qui aurait pu l'aider ?

— Donc, ton vieil ami va soigner notre petit Levi ?

— Si quelqu'un en est capable, c'est bien Patrick.

Elle n'était pas sûre de grand-chose sur cette terre, mais elle ne doutait pas une seconde des compétences de Patrick. D'ailleurs, elle avait eu plaisir à le revoir, même si ces retrouvailles n'avaient pas été faciles. Il semblait en bonne forme, et ces reflets argentés dans ses cheveux noirs lui donnaient un air distingué qu'elle trouvait très séduisant...

— Eh, mais tu es toute rouge, ma parole ! C'est ton beau médecin qui te met dans cet état ?

— Hein ? Sûrement pas ! rétorqua-t-elle en riant.

Au fil du temps, une complicité bon enfant s'était tissée entre elle et Charlie. À certains égards, il avait un peu comblé le vide laissé par l'absence de Patrick, quoique pas entièrement. Qui pouvait remplacer Patrick, après tout ?

— Menteuse ! Allez, parle-moi de ton toubib.

— Ce n'est pas « mon » toubib.

— Comme tu voudras. Mais tes joues rouges racontent une autre histoire...

Elle n'avait pas envie de se lancer dans cette discussion, pas plus que de mentir à Charlie. Elle se détourna et laissa son regard se perdre sur le paysage qui défilait par la vitre.

Ils ne tardèrent pas à regagner la caserne, commune aux ambulanciers et aux pompiers du secteur. Mais alors que Charlie venait tout juste de couper le contact, ils reçurent un nouvel appel.

— Fusillade impliquant deux adolescents à la limite du comté.

La radio détailla ensuite l'adresse d'une voix grésillante.

Des jeunes et des armes à feu : l'équation laissait présager le pire.

Charlie redémarra en soupirant.

— Je déteste ce genre d'appels.

Toutes sirènes hurlantes, ils s'empressèrent de se rendre sur les lieux : une station-service à l'est de Nashville. Ils firent route en silence pour se blinder mentalement.

À leur arrivée, la scène était bondée, et ils eurent du mal à repérer le patient dans la foule.

— Là-bas ! dit-elle en pointant le doigt vers une vieille berline non loin d'une pompe à air à l'arrière de la station.

Un garçon de treize ou quatorze ans gisait sur le sol taché d'huile à côté du véhicule, dont une vitre était fracassée. Une flaque rouge écarlate s'étalait sous sa jambe droite, sur laquelle une jeune fille pressait ce qui ressemblait à une veste. À peine plus âgée que la victime, l'adolescente était pâle comme un linge.

Rhiann bondit de l'ambulance, sa mallette en main.

D'expérience, elle savait que, une fois passés les effets de l'adrénaline, cette fille serait en état de choc.

— Vous le connaissez ? dit-elle en enfilant des gants.

— Non, je ne l'ai jamais vu avant aujourd'hui. Je regonflais mes pneus quand je l'ai vu arriver en courant. Tout de suite après, il s'est fait tirer dessus. Il saignait beaucoup. Dans les cours de secourisme, on dit qu'il faut appuyer sur la blessure, mais je n'avais que ma veste, alors...

À bout de souffle, elle se tut pour prendre une inspiration tremblante.

Pendant qu'elle parlait, Rhiann avait sorti des compresses prêtes à l'emploi.

— Vous avez fait ce qu'il fallait. Je vais compter jusqu'à trois. À trois, vous allez enlever votre veste pour me laisser prendre le relais, d'accord ? Un... deux... *trois*.

La jeune fille obtempéra, et Rhiann put évaluer des dégâts.

La balle avait atteint les muscles et l'artère fémorale, d'où le sang jaillissait au rythme irrégulier des battements de cœur.

Elle comprima l'artère et, de sa main libre, fouilla dans sa mallette.

— Charlie, la fémorale est touchée ! Je n'ai pas de clamp. Il doit voir un chirurgien, et vite. Il se vide de son sang.

Charlie apporta le brancard, et ils y allongèrent soigneusement l'adolescent avant de le hisser à bord de l'ambulance. Après avoir mis en place une intraveineuse, Charlie bondit au volant.

— Ici, l'ambulance n° 3. Le gosse qu'on vient de prendre en charge est dans un sale état. Nous demandons l'autorisation de le transporter à l'hôpital général ou à Vanderbilt. Il faut qu'il voie un chirurgien de toute urgence. Il a perdu beaucoup de sang. Mon binôme comprime la fémorale à la main.

L'opérateur d'appel leur donna le feu vert pour transporter le jeune homme à l'hôpital général.

Rhiann sentit son stress monter d'un cran.

Patrick travaillait dans cet hôpital, et chaque fois qu'elle s'y rendait, elle redoutait de le croiser aux urgences.

Elle secoua la tête pour se concentrer sur le présent.

— Accélère, Charlie, ou ce gosse va y rester !

— Docteur Scott, on a un enfant de trois ans avec une suspicion de souffle au cœur. Ça vous embête de vérifier ?

Patrick s'arrêta et se tourna vers le Dr Dixon, dont la voix nasillarde lui tapait toujours sur les nerfs.

Lui qui pensait quitter l'hôpital ni vu ni connu après sa tournée des patients, il en était pour ses frais.

— Qui est de garde en cardiologie ?

— Le Dr Belcher. On l'a bipé trois fois, mais il ne répond pas. Je ne veux pas renvoyer ce gosse chez lui s'il a quelque chose de grave, et je...

Patrick leva une main pour l'interrompre.

— J'ai compris. Vous essayez de vous couvrir, étant donné que Belcher n'est pas là pour l'examiner à votre place.

L'interne rougit jusqu'aux oreilles mais ne réfuta pas l'accusation.

— Donc, c'est non ?

— Je vais lui jeter un coup d'œil. Où est-il ?

L'interne lui tendit le dossier sans cacher son soulagement.

— Dans le box n° 2.

— OK. Je vous retrouve quand j'ai fini.

Patrick se rendit au chevet du patient et, au terme d'un examen rapide, conclut à l'absence de souffle au cœur. Il venait de rendre le dossier au Dr Dixon lorsqu'une alerte fut diffusée dans les haut-parleurs.

— Urgence au quai n° 1. Je répète, quai n° 1. Arrivée prévue dans deux minutes.

Aussitôt, infirmières et médecins se préparèrent pour l'ambulance annoncée.

— Quel est le problème ? demanda le Dr Abbott, chef du service de traumatologie, à l'infirmière qui lui enfilait des gants et une blouse par-dessus sa tenue.

— Blessure par arme à feu sur un adolescent. On parle d'atteinte fémorale. Ça risque d'être compliqué.

Lorsque Patrick vit que l'ambulance ne portait pas le sigle de l'hôpital général, sa curiosité fut piquée, et il s'attarda pour observer la scène.

Les portes de l'ambulance s'ouvrirent, et il vit Rhiann, assise à califourchon sur le patient, qui pressait des doigts la plaie béante pour atténuer le saignement.

Dès lors, il n'était plus question qu'il reste planté là, les bras ballants. À son tour, il enfila rapidement des gants et une blouse, puis il rejoignit Rhiann pour la soutenir tandis que le brancard était descendu.

— On a un garçon de treize ou quatorze ans, de nom inconnu, expliqua-t-elle sans ôter sa main de la plaie. Blessure par arme à feu de gros calibre à la cuisse droite, avec atteinte fémorale. Il a perdu environ un quart de son volume sanguin. Comme je n'avais pas de clamp, j'ai dû comprimer l'artère à la main. Il est conscient par intermittence...

Elle énumérait les constantes d'une voix mécanique alors que le brancard était acheminé en traumatologie, plusieurs portes plus loin, quand il remarqua son visage crispé et ses lèvres pincées.

— Tu as une crampe ?

Elle leva les yeux vers lui.

— Je ne tiendrai pas des heures dans cette position.

Il s'approcha pour tenter d'évaluer les dégâts.

— Bon sang, sa cuisse est complètement bousillée !

— Je n'avais pas de clamp. Il ne reste quasiment plus rien de la fémorale.

Patrick eut un bref hochement de tête.

— Si je clampe juste au-dessus, tu ne seras plus obligée de comprimer. Avec un peu de chance, ça tiendra jusqu'à...

— Jusqu'à ce qu'il arrive en salle d'opération, oui.

Il prit le clamp qu'une infirmière lui tendait et se pencha pour mieux voir la blessure. Ce faisant, il posa quasiment la tête sur l'épaule de Rhiann. Il clampa l'artère juste au-dessus de la main de celle-ci.

— En voilà un...

Il allongea la main pour saisir le deuxième clamp, puis il se pencha plus près, la tête coincée sous le bras de Rhiann.

— Désolé, Rhiann. Je ne vois rien, sinon.

Il s'efforça un instant de discerner l'endroit où intervenir, dans l'ombre du corps de Rhiann.

— Je peux avoir de la lumière ?

Une infirmière orienta une lampe.

— Merci, murmura-t-il.

Sa tête était si près du flanc de Rhiann qu'il sentait sa blouse contre sa joue chaque fois qu'elle respirait. D'un léger coup de poignet, il lui poussa le bras, et elle le leva juste assez pour lui permettre de poser le deuxième clamp, sous l'endroit qu'elle pinçait.

— Et de deux. C'est bon, tu peux lâcher.

Rhiann souleva sa main, et il constata avec soulagement que le saignement s'était arrêté.

Les infirmières se mirent à applaudir.

— C'était incroyable, commenta Dixon. On aurait dit que vous partagiez un seul et même cerveau.

Alors que le blessé était emmené en salle d'opération, Rhiann plia et déplia ses doigts pour décrisper sa main endolorie. Se détournant, elle ôta ses gants et les laissa tomber dans une poubelle.

Patrick fit de même avant de lui saisir la main pour la masser.

— Tu es restée combien de temps dans cette position ?

Elle haussa les épaules et soupira alors qu'il s'attardait sur un muscle particulièrement noué.

— Je ne sais pas... Cinq minutes ? Par contre, tes doigts me font un bien fou.

Il choisit d'ignorer ces derniers mots et se concentra sur son massage.

— Tu as sauvé la vie de ce garçon, tu sais.

C'était vrai. Si la fémorale n'avait pas été comprimée à temps, il se serait vidé de son sang. Grâce à elle, ce garçon ressortirait de l'hôpital vivant, et pas dans un sac mortuaire.

— Tu m'as bien aidée, dit-elle avec un sourire encore un peu crispé. Quand tu as posé les clamps, je pensais que ma main allait lâcher.

Le Dr Abbott la gratifia d'une petite tape dans le dos.

— Ça m'a vraiment fait plaisir de vous voir à nouveau travailler ensemble. Je regrette l'époque où vous fréquentiez tous les deux mes urgences. En tout cas, avec votre façon de bosser en tandem comme une machine bien calibrée, vous avez sauvé la vie de ce gosse.

Alors qu'il assimilait ces paroles, Patrick se rappela pourquoi il ne travaillait plus avec Rhiann, et sa joie se dissipa, remplacée par de mauvais souvenirs. La gorge serrée, il lâcha la main de Rhiann comme s'il s'était brûlé et recula avant de toiser Abbott d'un regard noir.

— Ça, c'est du passé. Inutile d'y penser, OK ?

Sur ces mots, il tourna les talons et quitta les urgences, les poings serrés.

Dans le feu de l'action, il avait retrouvé la camaraderie et la familiarité qui caractérisaient auparavant ses relations avec Rhiann. Comme avant, il lui avait fait confiance dans la gestion de la situation. Et c'était bien cela le problème : il ne pouvait plus lui faire confiance, justement.

Comment avait-il pu l'oublier ?

3

Une fois n'était pas coutume, Patrick et Clay étaient ce jour-là en déplacement au County Hospital. Ce n'était pas la première fois qu'ils intervenaient dans cet hôpital, mais ni l'un ni l'autre ne connaissaient suffisamment les lieux pour savoir se repérer.

À leur arrivée, une infirmière leur indiqua la salle de repos du personnel. En entrant dans la petite pièce, Clay fit glisser la bride de son sac de son épaule, l'air morose.

— J'espère au moins qu'ils ont du bon café, par ici. Je me fais trop vieux pour ces réveils matinaux, ajouta-t-il en bâillant.

— N'importe quoi. Il est presque midi !

Clay s'esclaffa.

— Je suis rentré chez moi à minuit. Et une fois au lit, je n'ai pas dormi tout de suite, si tu vois ce que je veux dire. Bref, il me faut ma dose de caféine.

— Tes vœux sont exaucés, rétorqua Patrick.

Sa main se refermait sur la poignée de la cafetière lorsqu'une voix féminine retentit derrière lui.

— À ta place, je ne m'y risquerais pas.

Cette voix, il l'aurait reconnue entre mille. Il lâcha le pot et se retourna.

— Rhiann ! s'exclama Clay.

Déjà, il s'approchait d'elle en lui souriant comme à une amie de longue date.

— Ça fait un bail que je ne t'ai pas vue ! Comment vas-tu ?

— Bien.

Elle accepta les mains qu'il lui tendait et les garda dans les siennes un instant.

— Comment va Levi ? demanda Patrick.

Clay les regarda l'un et l'autre alternativement.

— Qui est Levi ?

— C'est mon fils. Il a un problème au cœur. Mais si quelqu'un peut l'aider, c'est bien Patrick.

Patrick croisa alors son regard, et la conviction qu'il y lut lui fit un choc.

Elle n'était pas la seule à lui manifester une telle confiance. De partout, des parents s'adressaient à lui parce que sa réputation parlait pour lui : il obtenait des résultats. Il sauvait davantage d'enfants qu'il n'en perdait. Même sans l'avoir jamais vu, ils avaient foi dans ses compétences. Mais avec Rhiann, c'était différent. Elle, elle lui faisait confiance à *lui*, pas au médecin renommé dont le bureau était tapissé de diplômes et de distinctions. Elle se fichait éperdument de la quantité d'articles qu'il avait publiés dans des revues prestigieuses, des présentations qu'il avait animées dans des conférences rassemblant le gratin de la profession. Non, elle faisait confiance à l'homme qu'il était, alors même qu'ils s'étaient à peine parlé depuis trois ans.

Il n'en fallut pas plus pour lui mettre une boule dans la gorge.

Une autre question de Clay fit diversion.

— Qu'est-ce que tu fais là ?

D'une main, Rhiann désigna sa tenue.

— Je suis en service. On doit transporter une patiente en maison de retraite, mais comme elle n'est pas encore prête, on prend un café en attendant.

Elle était jolie dans son uniforme sombre. Ses cheveux étaient noués en une coiffure sobre qui dégageait son cou, comme pour l'offrir aux baisers.

Patrick secoua légèrement la tête.

Aux baisers ? D'où lui venait cette idée ?

Un homme d'un certain âge, assis dans un coin de la pièce, s'éclaircit la gorge.

— Ils devraient prévoir une autre civière, grogna-t-il en fixant son gobelet. Ce jus de chaussettes est mortel, il m'a fait tomber les poils du torse. C'est un truc à dissoudre le plastique des gobelets, ou votre œsophage.

Rhiann leva les yeux au ciel.

— Je vous présente Charlie, mon binôme. Charlie avec un C comme Calimero.

— Dis donc, toi... J'exagère à peine, ce truc est un vrai tord-boyaux.

Elle lui sourit avec une affection manifeste.

— Ne t'inquiète pas, va. Tes antiacides sont dans l'ambulance.

— Vous ne sauriez pas où l'on peut dégotter du café buvable ? J'en connais un qui va s'effondrer sans sa dose de caféine, dit Patrick en désignant Clay de la tête.

— Ici, vous aurez du mal. Ils servent du concentré de café capable de dissoudre des cuillères en Téflon. J'ai retenu la leçon, mais Charlie, lui, s'obstine à boire ce poison. Vous aurez peut-être plus de chance avec les infirmières en soins intensifs. Il leur arrive de préparer une tasse à Charlie lorsqu'il leur fait les yeux doux.

Clay lui lança un clin d'œil amical.

— Merci, ma puce. Je vais tenter ma chance auprès d'elles. J'ai mon portable, ajouta-t-il en gratifiant Patrick d'une tape dans le dos. Appelle-moi si on nous demande.

— Et vous, qu'est-ce que vous faites au County ? demanda Rhiann. D'habitude, tu travailles à l'hôpital général, non ?

Patrick haussa les épaules et appuya une hanche contre la table.

— Oui, mais ils n'ont pas de cardiologue pédiatrique capable d'effectuer une transplantation, donc ils nous ont contactés.

Les yeux de Rhiann se mouillèrent aussitôt.

— Un enfant est mort aujourd'hui ?

— J'essaie surtout de penser aux vies qu'il va permettre de sauver.

Il s'efforçait toujours de se concentrer sur le positif afin de tenir le coup dans de telles circonstances. Quand il avait perdu Mallory, ce qui lui avait permis de surmonter cette épreuve, c'était de savoir que, en quittant ce monde, elle avait donné une nouvelle vie à plusieurs personnes.

Rhiann sortit un mouchoir et se tapota les yeux.

Il avait toujours adoré ses yeux verts qui lui faisaient penser aux brins d'herbe au printemps, et les larmes avivaient leur éclat.

— Combien ?

— Je ne sais plus… Je sais que le cœur est destiné à un enfant de sept ans, dans l'Ohio. Et les poumons à un garçon de neuf ans qui vit en Pennsylvanie.

— Maigre consolation, dit-elle avec un sourire las.

On aurait dit que le poids du monde l'écrasait et que, tout à coup, elle n'en pouvait plus. Chez une femme forte comme elle l'était d'habitude, cette fragilité soudaine était d'autant plus étonnante.

Il se détacha de la table et s'approcha d'elle pour lui poser une main sur l'épaule.

— Ça va ?

Au même instant, la radio de Charlie grésilla.

— Il faut y aller, Rhiann, dit-il en se levant.

Patrick ouvrit la bouche et la referma sans émettre un son. Il aurait voulu lui parler davantage, mais il ne savait pas par où commencer ni comment condenser en quelques phrases ce qu'il avait à dire, surtout lorsqu'elle le regardait comme ça avec ses grands yeux verts. Par le passé, ces yeux l'avaient plus d'une fois rendu stupide. Manifestement, ils n'avaient rien perdu de leur pouvoir sur lui.

Elle hocha la tête avec résolution.

— Il faut que j'y aille.

Elle le serra rapidement dans ses bras et s'éloigna sans lui laisser le temps de lui rendre son geste.

De toute façon, stupéfait, il aurait été incapable de réagir. Le temps qu'il prenne conscience de son corps doux contre le sien, elle était déjà partie.

Clay revint à l'instant où Rhiann et Charlie s'en allaient.

— J'arrive avec un cadeau, dit-il en lui tendant une tasse fumante. Rhiann avait raison : les infirmières sont a-do-ra-bles. J'ai réussi à dégotter du café pour nous deux et trois numéros de portable… Dis donc, je me trompe, ou Rhiann t'a serré dans ses bras ? dit encore Clay.

Patrick prit son café et s'assit en soupirant, peu enclin à s'exprimer sur un sujet qu'il peinait lui-même à comprendre. Le geste de Rhiann l'avait plongé dans une confusion totale. Comment pouvait-il avoir envie de la prendre dans ses bras alors qu'il avait fait vœu de la détester ?

— Eh ! tu m'entends ? insista son ami. Rhiann revient dans ta vie, et c'est tout l'effet que ça te fait ?

Patrick baissa les yeux vers sa tasse.

— Je n'ai pas envie d'en parler, grommela-t-il.

— Ça fait une éternité que tu ne l'as pas vue. Tu dois forcément éprouver quelque chose ! Elle a été ta meilleure amie pendant quasiment la moitié de ta vie…

Clay s'interrompit un instant avant de revenir à la charge.

— Tu ne dis toujours rien ? OK ! Dans ce cas, c'est moi qui vais parler, et toi, tu vas m'écouter.

Il approcha une chaise de manière à s'asseoir face à Patrick.

— Rhiann te tend la main. Ouvre les yeux, bon sang ! Elle t'offre une deuxième chance.

Il trempa les lèvres dans sa tasse et le dévisagea en silence.

Gêné, Patrick se détourna avec un soupir exaspéré. Clay n'avait pas son pareil pour vous mettre dans la peau d'un enfant rien qu'en haussant un sourcil.

— Je ne peux pas lui faire confiance. Elle m'a…

— Je sais ce dont tu l'accuses. Désolé, mais tu te trompes. Rhiann est la gentillesse et la générosité incarnées, toujours à se soucier des autres. Je ne doute pas une seconde qu'elle a fait tout ce qu'elle a pu, même si tu es trop têtu pour t'en apercevoir. Et s'il y avait une raison pour qu'elle revienne dans ta vie ?

— C'est-à-dire ?

— C'est-à-dire que tu dois lui pardonner. Et tu dois te pardonner, à toi aussi. Ce n'était pas ta faute si tu n'étais pas présent lors de l'accident. Tu n'aurais rien pu faire pour Mallory. Tu dois accepter l'idée que Rhiann était tout autant démunie.

De plus en plus énervé, il se leva pour prendre du champ.

— Je ne t'ai pas demandé ton avis.

Clay se mit debout pour se placer de nouveau face à lui.

— Je te le donne quand même, tu pourrais en avoir besoin : tu es en deuil depuis trois ans, et j'ai respecté ton chagrin, mais toute cette négativité finit par prendre le dessus. Tu ne vis plus, tu te contentes d'exister. Tu ne peux pas continuer comme ça, mon vieux ! Crois-tu que Mallory serait contente de te voir te morfondre ?

— Clay…

— Non ! Mallory serait désolée de te voir en froid avec Rhiann à cause d'elle. Elle savait à quel point Rhiann comptait pour toi. C'est bizarre que tu l'aies oublié.

— Ça va, la ferme !

Mais Clay poursuivit, imperturbable.

— Crois ce que tu veux, mais moi, je pense que Rhiann détient la clé de ton avenir. Je pense aussi que tu es trop intelligent pour la perdre une seconde fois.

Le téléphone sonna à cet instant pour les avertir que leur patient était prêt. Patrick rangea son portable en écrasant Clay d'un regard noir.

— Viens, il faut qu'on se prépare.

Clay jeta son gobelet dans une poubelle.

— Sauvé par le gong. Mais, tôt ou tard, tu devras affronter ton passé.

Aux regards que Charlie ne cessait de glisser vers elle, Rhiann se doutait qu'il brûlait de lui dire quelque chose.

La subtilité n'était pas la qualité première de Charlie, mais il devrait attendre qu'ils soient seuls pour pouvoir lui dire ce qu'il avait sur le cœur. Ils reconduisaient une vieille dame en maison de retraite après une courte hospitalisation, et leur patiente était par bonheur une vraie pipelette. Son bavardage incessant offrait à Rhiann un répit bienvenu pour digérer ce qu'il s'était passé en salle de pause avec Patrick.

La vieille dame lui tapota le bras de sa main tavelée par les ans.

— Racontez-moi quelque chose qui me fasse chaud au cœur, s'il vous plaît. Ça m'aidera à retrouver tous ces vieux schnocks qui n'ont rien de mieux à faire que de comparer leur état de santé pour voir qui est le plus malade.

— Je n'ai pas vraiment le cœur à cela, désolée, répondit Rhiann avec un rire désabusé. Adressez-vous plutôt à mon binôme. Je peux échanger ma place avec lui, si vous voulez flirter avec lui.

— Certainement pas ! Je connaissais Charlie lorsqu'il était haut comme trois pommes, fourré dans les jupes de sa mère, et vous voudriez que je flirte avec ce gamin ? Tss, tss... Pour qui me prenez-vous ?

Rhiann croisa le regard de Charlie dans le rétroviseur et ne put s'empêcher de sourire lorsqu'elle le vit rougir.

— Tiens donc ? Dans ce cas, c'est peut-être à vous de me raconter quelque chose d'intéressant. Vous auriez des secrets compromettants au sujet de mon binôme ?

— Parle-lui plutôt de ces deux médecins avec qui tu batifolais tout à l'heure, intervint Charlie d'une voix forte. Je suis sûr que ça l'intéresserait davantage.

Les yeux de leur patiente étincelèrent aussitôt.

— Non, c'est vrai ? Vous êtes courtisée par deux médecins ? Oh oui, racontez-moi ça ! J'adore les histoires d'amour.

— Il n'y a pas d'histoire d'amour, répondit Rhiann en soupirant.

— Sans blague ? Tu n'as pas remarqué la façon dont il te regardait quand il pensait que tu ne faisais pas attention ?

La vieille dame pointa son index sur elle.

— Si vous ne me dites rien, je vais me renseigner auprès de Charlie. Et même si sa version est sans nul doute très divertissante, elle risque d'être un peu éloignée de la vérité.

Les yeux fermés, Rhiann se pinça l'arête du nez.

— Bon, d'accord. Mais encore une fois, il n'y a pas d'histoire d'amour.

— Bien, mais laissez-moi en être juge. Je vous écoute.

— OK. Pour faire court, ces deux médecins sont des amis : Patrick et Clay. Je connais Patrick depuis le lycée. Dès le premier jour, nous sommes devenus les meilleurs amis du monde. Il est ensuite parti étudier la médecine, et à son retour, il était marié. Clay était son ami, il s'est installé à Nashville à la même époque. Nous étions tous amis jusqu'à ce qu'un drame arrive. La femme de Patrick...

Sa voix s'étrangla, et elle détourna le regard, incapable d'en dire plus.

— Bref, reprit-elle avec effort, quoi qu'il en soit, nous sommes brouillés, lui et moi. Donc, vous voyez, il n'y a pas d'amour.

La vieille dame hocha la tête d'un air songeur.

— C'est une grande histoire racontée en peu de mots.

— Vous avez remarqué qu'elle ne vous a parlé que de l'un d'entre eux ?

Rhiann ferma les yeux avec un soupir.

— Charlie...

— Et vous savez pourquoi ? poursuivit-il sans tenir compte de cet avertissement. C'est parce qu'elle n'avait d'yeux que pour Patrick. Même si ce pauvre Clay était intéressé, il n'aurait aucune chance.

— Hum... Il semble que de fortes émotions soient en jeu de part et d'autre, décréta la vieille dame.

Rhiann hocha tristement la tête.

— La haine est une émotion forte, en effet.

— Patrick éprouve tout sauf de la haine pour toi.

— Arrête, Charlie.

Ce dernier se mit à rire.

— Vous auriez dû les voir, tous les deux. À un moment, Rhiann a eu une petite crise d'émotion, et Patrick s'est quasiment élancé vers elle pour la consoler. C'était plus fort que lui, il fallait qu'il la touche. Vous m'excuserez, mais ce n'est pas le comportement d'un homme qui déteste quelqu'un. Même s'il a du mal à l'admettre, je vous assure qu'il éprouve quelque chose pour elle. Ça saute aux yeux.

La vieille dame hocha la tête.

— Ma mère, Dieu ait son âme, disait que la haine est inséparable de l'amour. Il fallait peut-être que ce type vous déteste pour qu'il se rende compte de son amour pour vous.

Rhiann fit la moue, tâchant d'ignorer l'espoir qui poussait en elle telle une fleur sauvage dans une fissure du béton.

— Vous ne valez pas mieux que Charlie, savez-vous ? Je vais vous répondre la même chose qu'à lui : je n'ai pas de temps pour une histoire d'amour. Je n'ai pas de place dans ma vie pour un fatras d'espoirs et de rêves hors de mon contrôle. Le seul garçon qui compte pour moi, c'est mon fils. Je n'ai besoin de personne d'autre.

La vieille dame lui saisit la main.

— Ma parole, si ce n'est pas malheureux ! Si jeune et déjà si blasée...

— Patrick m'a rejetée, répondit-elle d'une voix douce. Il a sapé la confiance que j'avais dans mes compétences professionnelles. Il m'a dit texto de ne plus me mêler de sa vie. J'ai abandonné un boulot que j'adorais pour éviter de le croiser. Donc, désolée, mais j'ai des raisons de l'être.

— Tu m'as rencontré, non ? Comme quoi, le destin ne fait pas toujours mal les choses, répliqua Charlie en riant. Mais, sérieusement, je t'assure que ce type ressent quelque chose pour toi : quelque chose qui n'est pas de la haine. C'est évident à la façon dont il te regarde.

Leur patiente serra la main de Rhiann dans la sienne.

— Ne laissez pas filer l'amour, parole de vieille dame. Oui, vous risquez de vous brûler, mais pas forcément.

Rhiann ferma les yeux pour bloquer ses larmes.

— Je ne saurais même pas par où commencer avec lui.

Charlie lui jeta un bref coup d'œil dans le rétroviseur.

— Tu as son portable, non ?

— Oui...

— Alors, appelle-le.

— Tss tss, fit la vieille dame. Il y a plus subtil, comme façon de faire. Pourquoi ne pas lui envoyer l'un de ces petits messages sur son téléphone ? Quelque chose de rapide.

— Oui, un texto ferait mieux l'affaire, renchérit Charlie. Demande-lui comment s'est passée son opération... Combien de gosses ont été sauvés par ce donneur. Il doit le savoir, à présent.

Rhiann se mordilla la lèvre.

Envoyer un texto à Patrick ? Ne risquait-elle pas de se faire renvoyer dans ses cordes ? Certes, depuis leurs retrouvailles, les traces de leur ancienne amitié avaient affleuré ici et là, mais leurs interactions restaient globalement glaciales. Elle ne voulait surtout pas aller trop loin, trop vite, le braquer. Il n'était pas seulement question d'elle. Et s'il refusait de soigner Levi ?

— Tu crois ? Je ne sais pas...

— Allez, envoie-lui un texto. Vas-y !

L'injonction de Charlie, formulée d'une voix bourrue, tenait davantage d'un ordre que d'un conseil.

— Oui, ma petite. Faites donc, j'insiste, renchérit la vieille dame avec un sourire.

— Bon... Je sens que vous n'allez pas me laisser tranquille tant que je n'aurai pas cédé.

À contrecœur, Rhiann sortit son portable et tapa un bref

message demandant à Patrick combien de vies son donneur avait permis de sauver.

Là ! Ce n'était qu'une petite question anodine pour rebondir sur ce qu'ils s'étaient dits à l'instant. Il n'y avait pas de quoi s'offusquer, non ?

Les joues en feu, elle glissa l'appareil dans sa poche.

— C'est bon, vous êtes contents ? S'il ne répond pas, je vous tiendrai au courant, bien entendu.

La vieille dame sourit.

— J'y compte bien. Je serai ravie de votre visite, même si c'est pour m'annoncer : « Je vous l'avais bien dit. »

La confiance avec laquelle elle avait dit cela mit du baume au cœur de Rhiann.

— Mon fils a des problèmes de santé, donc je ne vous promets rien. Mais je ferai de mon mieux pour passer vous voir, ajouta-t-elle en pressant sa main dans la sienne.

Ils ne tardèrent pas à arriver et repartirent aussitôt après avoir déposé leur patiente. Ils arrivaient tout juste à la caserne lorsque son portable bipa.

Six vies sauvées. On s'est servi du cœur, des poumons, des reins (pour deux patients), du foie et du pancréas.

Elle serra le téléphone contre son cœur et s'efforça de retenir ses larmes, non seulement pour ces six personnes dont la vie s'était transformée pour le mieux, mais aussi pour la famille de ce jeune garçon décédé.

— C'était ton toubib ? demanda Charlie.

Elle s'essuya les yeux.

— Je t'ai déjà dit que ce n'est pas *mon* toubib.

— Pas encore.

Charlie lui lança un clin d'œil avant d'aller pointer.

— Continue à lui envoyer des petits messages, et il finira par le devenir.

4

Patrick se rasait. Lorsque son téléphone vibra, il termina sa toilette et essuya les dernières traces de mousse à raser. Alors qu'il se rendait dans sa chambre pour s'habiller, il déverrouilla son portable et consulta ses messages.

Une photo de Levi dormant à poings fermés lui mit un sourire aux lèvres, mais ce sourire s'évanouit lorsqu'il lut le texte qui accompagnait l'image.

Il dort. Moi, je ne ferme pas l'œil à cause des soucis.

Rhiann avait été sa meilleure amie, et malgré son animosité à son égard, il ne pouvait s'empêcher de s'inquiéter pour elle.

Sans réfléchir, il appuya sur la touche « Répondre ».

Tu n'as pas dormi une nuit complète depuis quand ?

Il s'assit sur le bord du lit et attendit durant plusieurs minutes une réponse qui n'arriva pas. Il finit par se lever et termina de se préparer pour la journée.

Son téléphone vibra alors qu'il montait en voiture.

Oh ! sans doute depuis qu'il est né !

Il se laissa tomber sur le siège en cuir et se passa une main sur le visage.

Il a besoin que tu fasses attention à toi. Et notamment que tu dormes.

La réponse ne tarda pas.

Alors, guéris-le. Comme ça, je n'aurai plus peur qu'il ne se réveille pas chaque fois qu'il dort.

La pauvre, elle se faisait un sang d'encre pour ce petit garçon. Et, du coup, lui se faisait du souci pour elle. Il avait fait de son mieux pour ne pas le voir, pour ne pas s'en inquiéter, mais il avait bien remarqué que Rhiann avait les traits tirés par la fatigue. Elle dormait mal, et il la soupçonnait de ne pas se nourrir assez. Elle se consacrait corps et âme à son fils, mais qui s'occupait d'elle ?

Je vais faire de mon mieux, promis. Je pars au travail, là. Tu bosses aujourd'hui ?

Il se mit en route et résista à l'envie de consulter son téléphone lorsqu'il vibra pendant le trajet. Toutefois, sitôt garé, il attrapa l'appareil avec un empressement ridicule.

Je suis à la caserne et j'attends le type qui remplace Charlie aujourd'hui. Il est en retard, et ça m'énerve. Je ne supporte pas les retardataires.

Il pouffa de rire.

Dit celle qui arrivait toujours en retard aux cours du matin en terminale.

La réponse arriva aussitôt.

Tu peux parler ! La plupart du temps, c'était à cause de toi.

Il sourit devant l'afflux de souvenirs.

À l'époque, il était un adolescent dégingandé tout intimidé devant elle, la plus belle fille qu'il ait jamais vue. Pour l'impressionner, il aurait décroché la lune. Il n'oublierait jamais son premier cours au lycée. Le professeur lui avait dit de s'asseoir à côté de cette jolie blonde dont le sourire avait tout de suite fait palpiter son cœur de quatorze ans. À partir de ce moment, Rhiann était devenue la personne la plus importante de sa vie, celle dont il avait désiré l'amour autant qu'il avait besoin d'air pour respirer. Une amitié amoureuse s'était épanouie entre eux et l'avait aidé à traverser les années ingrates de l'adolescence. Ensuite, le vilain petit canard s'était transformé en grand mec baraqué pris au dépourvu par son succès auprès des femmes. Mais il n'avait toujours eu d'yeux que pour Rhiann. À quelques rares occasions, il avait rassemblé son courage pour lui proposer de sortir avec lui, mais chaque fois elle l'avait serré contre elle pour lui murmurer à l'oreille :

— Pour perdre mon meilleur ami ? Jamais de la vie, ça me ferait trop de peine.

À présent qu'il y pensait, peut-être avait-il une part de responsabilité dans les difficultés qu'elle connaissait. Ses traits tirés, sa maigreur, n'était-ce pas un peu à cause de lui ?

Il se renversa sur son siège et ferma les yeux.

Il avait résolu de demeurer imperméable aux problèmes de Rhiann, mais son cœur n'était pas endurci à ce point. Pourtant, il s'en voulait de se laisser attendrir. Rhiann lui avait pris ce qu'il avait de plus cher au monde : sa femme et sa fille. Pourquoi l'oubliait-il sans cesse ?

Il soupira et tapa une réponse d'un ton léger, en décalage avec la noirceur de ses pensées.

Je te mettais en retard, moi ? Dis plutôt que tu me faisais oublier l'heure.

Je n'ai jamais déconcentré personne ! Je suis innocente, votre honneur.

Ouh, la menteuse ! Bon, je dois y aller. Dis-moi quelque chose de drôle pour rendre la journée plus abordable. Je n'ai pas un métier facile.

C'était vrai. Son boulot était parfois dur. Très dur, même. Comment ne pas être ébranlé par tous ces gosses qui s'accrochaient à la vie malgré un cœur déficient ?

Après avoir perdu sa propre fille, il avait érigé autour de lui des murs de protection pour ne pas s'attacher à un autre enfant. Et il supportait mal le fait que, mine de rien, Levi et Rhiann aient trouvé la faille dans ses défenses. Le pire, c'était qu'il n'arrivait pas à les remettre à distance. Il aurait pu passer outre les objections de Rhiann et confier Levi à Clay. Ç'aurait même été la solution la plus sage. Pourtant, il en était incapable.

Il sortit de voiture et entra dans l'hôpital, la tête ailleurs.

L'agent de réception était déjà là, de même que les secrétaires. Ils arrivaient toujours avant lui afin de préparer les salles d'examen pour la journée. Il salua une infirmière d'une main distraite avant d'entrer dans son bureau, puis il laissa tomber sa sacoche sur la table et alla se préparer un café en salle de repos. Son téléphone vibra sur ces entrefaites.

Lorsqu'il lut le message, il faillit s'étrangler avec sa boisson.

On vient d'être appelés dans une école primaire pour un gamin qui s'est coincé dans sa chaise. L'instit paniquait complètement au téléphone. À notre arrivée, le gosse mangeait tranquillement son goûter alors que les adultes s'affolaient autour de lui. Apparemment, il était assis à genoux, et il a glissé dans l'espace entre le dossier et l'assise. Il était un peu dodu, tu vois…

Son éclat de rire attira l'attention de Clay.

— Qu'est-ce qui te met d'aussi bonne humeur dès potron-minet ? demanda celui-ci, surpris.

— Oh ! rien ! Une vieille connaissance.

Il fourra son portable dans sa poche avant que son binôme puisse lire par-dessus son épaule.

— Rhiann ? susurra Clay avec un sourire entendu

Il leva une épaule, évasif, et se prépara à la plaisanterie qui n'allait pas manquer d'arriver, mais contre toute attente, Clay se contenta de lui lancer un clin d'œil avant de se verser une tasse de café.

Le cathétérisme cardiaque de Levi était prévu pour aujourd'hui, et Rhiann manquait de temps pour se préparer. Le remplaçant de Charlie était arrivé avec vingt minutes de retard, ce qui avait raccourci d'autant le temps dont elle disposait pour rassembler les affaires de Levi. Elle énuméra la liste dans sa tête : le lapin en peluche, les vêtements de rechange, les couches, le lait en poudre, le gobelet… Elle ajouta aussi du jus d'orange et une compote de pommes. Enfin, elle enfila son sac.

— Allez, mon bébé ! dit-elle en forçant un ton dynamique.

Elle prit Levi et le souleva hors de son parc à jouets.

— On va retrouver Patrick. C'est dommage que tu ne l'aies pas connu plus tôt, mais avec un peu de chance, ça va changer. Patrick est ton docteur, mais il a été très longtemps le meilleur ami de maman. Et puis, on s'est éloignés… C'est une longue histoire. Un jour, je te raconterai peut-être.

Levi d'un côté et son sac de l'autre, elle parvint à fermer la porte sans rien laisser tomber. Après avoir balancé le sac sur la banquette arrière de la voiture, elle installa Levi sur le siège enfant puis sortit ses clés de la poche de son jean et s'assit à la place du conducteur. Mais lorsqu'elle enclencha le contact, le moteur brouta avant de caler.

Elle tourna à nouveau la clé : *nada*. Cette fois-ci, le moteur resta carrément silencieux.

— Oh non ! Pas aujourd'hui. Non, non, non…

Furieuse, elle flanqua une claque au volant. Puis, les larmes aux yeux, elle posa la tête dessus.

Il ne manquait plus que ça ! Cette panne tombait vraiment mal. Elle n'avait pas les moyens de payer une réparation ! Pourtant, elle ne pouvait pas se passer de voiture. Et là, Levi allait rater son rendez-vous. Bon sang, c'était impossible !

Sans réfléchir, elle sortit son téléphone et, comme autrefois, composa le numéro de Patrick.

Par bonheur, il décrocha aussitôt.

— Salut ! Tu es déjà à l'hôpital ?

— Pas vraiment, non. En fait, j'appelais pour savoir si tu pouvais faire un crochet par chez moi… J'ai un petit problème avec ma voiture : elle est en carafe.

— Ah…

Un silence tomba sur la ligne, et elle sentit son cœur cogner à grands coups.

Si jamais il lui disait non, qu'allait-elle faire ?

— Oui, bien sûr. Envoie-moi ton adresse, et j'arrive.

Elle obtempéra aussitôt. Son message parti, elle ferma les yeux et laissa couler ses larmes pour se soulager. Puis elle s'essuya le visage et inspira profondément.

Du nerf ! Elle n'allait pas craquer à cause de cette vieille guimbarde. Elle avait vu pire et s'en était toujours sortie jusqu'à présent. Cette fois-ci ne ferait pas exception. Elle était une femme forte, que diable ! Sa carrière avait toujours reposé sur sa capacité à rester calme sous la pression. Elle n'allait pas s'effondrer à cause d'un simple problème mécanique.

Elle exhala lentement son souffle.

Peu à peu, son sang-froid revenait.

— Je vais m'en sortir. Je m'en sors toujours, grogna-t-elle.

Elle avait besoin de le croire, surtout lorsque le rétroviseur lui renvoyait le reflet de ses yeux rougis.

Bon, fini les pleurnicheries. Levi avait besoin d'elle, il n'avait personne d'autre, elle n'allait pas laisser tomber.

Avec résolution, elle appela un ami mécano qui lui faisait des prix.

— Salut, TJ, c'est Rhiann. Ma voiture fait encore des siennes. Ça t'embêterait d'y jeter un coup d'œil aujourd'hui ?

— Pas de problème.

— Dans une heure, ça te va ?

— Oui, très bien. Je laisse la clé sous le paillasson.

— OK. Je vais voir ce que je peux faire. Mais tu sais que ta vieille bagnole ne tiendra pas éternellement ?

— Hélas ! Mais pour le moment, ça m'arrangerait si tu lui donnais quelques béquilles.

— Je ferai de mon mieux, ma puce. Mais je ne vais sans doute pas pouvoir te la rendre avant demain.

— Pas grave. Fais ce que tu peux. À plus, TJ.

Elle raccrocha et se renversa sur l'appui-tête.

Si TJ ne la tirait pas d'affaire sur ce coup-là, alors c'était sans espoir. Auquel cas, elle aurait une autre raison de s'inquiéter. Enfin, chaque chose en son temps.

Elle retira la clé du contact, la sortit du trousseau et descendit de voiture en jetant un regard autour d'elle pour s'assurer qu'on ne la regardait pas, avant de se morigéner.

Comme si quelqu'un allait voler ce tas de ferraille !

Elle glissa la clé sous le paillasson, puis déboucla Levi de son siège et l'installa sur la banquette arrière avec un jouet pour l'occuper.

— Ton siège ira dans la voiture de Patrick. Je ne sais pas à quoi elle ressemble, mais elle est à coup sûr beaucoup plus jolie que celle de maman, tu vas voir.

Une soudaine tristesse l'envahit.

Lorsque Levi était né, elle aurait voulu lui offrir la lune. À présent, elle en était réduite au simple espoir de lui offrir un avenir...

Elle détacha le siège et épousseta quelques miettes.

— Et voilà. Inutile de salir la voiture de Patrick, pas vrai ?

Puis elle prit son bébé dans ses bras et l'embrassa sur la joue. Le bébé lui tapota la tête en souriant.

— Enco'e.

Elle éclata de rire.

— Tu en veux d'autres ?

Elle faisait claquer sur son visage plusieurs bises dont elle exagérait le bruit, quand une berline noire rutilante apparut au coin de la rue et se gara à côté d'elle.

Les vitres étaient teintées, mais qui d'autre que Patrick aurait conduit un véhicule aussi luxueux dans le quartier ?

Elle sortit de voiture avec Levi dans les bras alors que Patrick descendait de la sienne.

— Salut. C'est gentil d'être venu, dit-elle avec gêne.

— De rien. Tu devrais peut-être changer de voiture ?

Elle serra Levi fort contre elle.

— Oui, bon. Je devrais changer ça, et d'autres choses encore. Mais voilà, j'ai des priorités...

Elle s'exprimait le cœur lourd et les lèvres serrées, sans même dissimuler son amertume.

— Ce n'est pas ce que j'ai voulu dire, hasarda-t-il.

— Peu importe. Son siège est sur la banquette arrière. Tu saurais l'installer dans ta voiture ? Autrement, je m'en charge, et toi, tu portes Levi ?

— Je préfère la deuxième solution. J'arriverais sans doute à attacher le siège, mais moins vite et moins bien que toi, et nous risquerions d'être en retard pour sa consultation.

Il tendit les mains vers le petit garçon.

— Salut, toi. Tu me reconnais ? Tu veux bien venir avec moi pendant que ta maman installe ton siège ?

Levi se blottit sans façons dans les bras de Patrick.

— Je prends ça pour un oui, dit ce dernier en souriant. Comment vas-tu ce matin ? Je vais examiner ton cœur tout à l'heure. Mais oui...

Quand il déposa un baiser sur les cheveux du bébé, elle prit une brusque inspiration. Leurs regards se croisèrent par-dessus la tête de Levi, et Patrick lui adressa un sourire qui aurait donné des palpitations à n'importe quelle fille.

Elle l'avait toujours trouvé beau gosse. Elle n'était pas aveugle, après tout ! Un temps, d'ailleurs, ils avaient pensé sortir ensemble, mais ils n'avaient jamais sauté le pas afin de préserver leur amitié...

Enfin, surtout elle. Et puis, Patrick était parti en fac de médecine, il avait rencontré Mallory, et de son côté elle s'était mariée. Dès lors, il n'avait plus été question entre eux que d'amitié.

Comme tout ça était loin ! À présent, l'idée même d'une relation entre eux semblait irréaliste, n'en déplaise à son cœur qui s'obstinait à répéter que non à chaque battement.

Un éclat malicieux dans les yeux, Patrick haussa un sourcil, et son sourire s'élargit.

— Ça va, Rhiann ?

Sa voix profonde glissa sur ses nerfs en une caresse sensuelle, et elle sentit son cœur atteindre un rythme effréné qui aurait inquiété le cardiologue en face d'elle s'il l'avait auscultée. Il n'avait pourtant rien dit de spécial...

— Oui, oui. Ça va très bien, dit-elle avec brusquerie.

Elle installa le siège-auto rapidement tout en écoutant la conversation à sens unique entre Patrick et Levi.

Patrick marquait une pause après chaque question pour laisser à l'enfant la possibilité de réagir, il s'exprimait dans un langage simple...

Cet homme adorait les enfants. Il était fait pour être père.

5

Assis près de Rhiann à la toucher, Patrick avait l'esprit traversé de mille pensées. Et ces pensées le perturbaient, étant donné leur passé. Pourtant, sa colère initiale avait cédé du terrain, laissant place à une conscience aiguë de sa présence à côté de lui. Il n'avait plus envie de faire comme si elle n'était pas là. Au contraire, il aurait voulu l'attirer à lui pour respirer à fond son doux parfum.

Lorsqu'il accéléra sur le périphérique, elle eut une exclamation.

— Bon sang, ton joujou est une petite merveille !

Avec un soupir mélancolique, elle passa une main sur le tableau de bord avant de se renverser sur son siège.

— Je ne suis jamais montée dans une voiture aussi luxueuse. À côté, ta vieille Titine fait pâle figure.

Pour ses seize ans, les parents de Patrick lui avaient offert une voiture, d'occasion, certes, mais solide et sûre. Rhiann s'était prise d'affection pour cette grosse berline grise et l'avait surnommée « Titine ». Depuis, le nom était resté.

Il sourit à cette évocation.

— C'est sûr, on a passé de bons moments avec Titine. On a fait les quatre cents coups avec elle, tu te souviens ? C'était une excellente voiture. Elle m'a été fidèle du lycée jusqu'à la fin de mes études à la fac, ajouta-t-il en changeant de voie. Elle avait presque cinq cent mille kilomètres au compteur quand je m'en suis séparé.

Rhiann soupira de nouveau.

— Si seulement l'épave qui me sert de voiture était aussi fiable…

— Tu avais une Mustang, si je ne m'abuse : un petit bijou rouge vif que tu bichonnais. Qu'est-ce qu'il lui est arrivé ?

Elle haussa les épaules.

— Un bébé avec une malformation, ça coûte cher.

— Ta voiture tombe souvent en panne ?

Rhiann laissa échapper un souffle exaspéré.

— Sûrement plus souvent que la tienne, qui vaut plus que ce que je gagne en une année.

Il chercha une réponse conciliante pour éviter de la braquer. Faute d'en trouver une, il préféra changer de sujet.

— Le shunt de Levi a été posé par cathétérisme, c'est ça ?

— Oui.

— Donc, je suppose que tu connais la technique.

— Plus ou moins, oui. Je sais qu'ils vont l'endormir et que tu vas introduire la sonde dans la veine ou dans l'artère fémorale. La dernière fois, il était tout contusionné. Pendant plusieurs jours, il arrivait à peine à bouger.

— Tu fais bien de me le dire. Je ferai encore plus attention.

— Merci.

Rhiann n'en dit pas plus et se tourna vers la vitre.

Profitant du silence, il inspira profondément pour se calmer.

Il fallait qu'il se concentre sur l'opération qu'il allait effectuer. Pour cela, il ne devait surtout pas se laisser distraire par la mère de son petit patient. Cantonner Rhiann dans son rôle de mère lui permettrait de prendre en charge Levi dans les meilleures conditions.

Il entra dans le parking de l'hôpital et se gara dans la zone réservée au personnel. Une fois qu'ils furent descendus de voiture, il indiqua l'entrée principale d'un geste de la main.

— Si tu vas par-là, prends le couloir tout droit et arrête-toi devant le deuxième ascenseur. Ensuite, monte au cinquième étage. Là, suis les panneaux jusqu'au service de cardiologie pédiatrique. Ils s'occuperont des formalités d'admission et prépareront Levi pour l'opération.

Rhiann se mordilla la lèvre avec nervosité.

— Tu ne viens pas avec nous ?

— Non, je vous retrouve là-haut. Moi, je dois aller par-là et me mettre en tenue, dit-il en signalant l'entrée du personnel.

Rhiann demeura un instant silencieuse, les yeux humides. Puis, se ressaisissant, elle hocha la tête.

— OK, je comprends. Pas de souci.

Saisi de remords, il hésita à l'accompagner, avant de se raviser : dans leur intérêt à tous, il fallait qu'il tienne ses distances avec Rhiann et son fils.

Il emprunta l'entrée du personnel d'un pas déterminé, et il ne lui fallut pas longtemps pour se préparer et passer en revue la salle d'intervention.

Ce matin, il était secondé par son anesthésiste préféré, affairé lui aussi aux vérifications préopératoires. Une fois sûr que tout était à sa convenance, il se rendit en zone d'attente pour y retrouver Rhiann.

Elle lui sourit à son arrivée, mais son sourire n'atteignait pas ses yeux. Son regard angoissé le bouleversa, et il fit un effort pour redevenir « la Glacière ».

— Tu as rencontré l'anesthésiste ?

— Oui, juste à l'instant. Vous allez commencer bientôt ?

Il hocha la tête.

— J'attends qu'ils soient prêts pour l'anesthésie. Je te retrouverai lorsque Levi sera en salle de réveil.

Il se détournait pour s'éloigner, pensant s'en être tiré à bon compte, quand un murmure lui parvint aux oreilles :

— Prends bien soin de lui, je t'en prie, Patrick.

Il hocha la tête sans se retourner.

Les barrières qui lui enserraient le cœur se lézardaient, et une petite voix lui soufflait que la mère de Levi avait elle aussi besoin de lui. S'il voyait sur le visage de Rhiann la détresse que sa voix trahissait, il craignait de ne pas être en mesure de mener à bien cette opération.

En salle de préparation, les jambes faibles, il s'adossa un instant au mur et enfouit son visage dans ses mains.

Il ne devait pas se soucier autant de Rhiann et de son état émotionnel. Il devait ne se soucier de rien d'autre que des soins à prodiguer à son patient. Il s'était juré de détester Rhiann Masters jusqu'à son dernier souffle, point final. Rhiann avait toujours été une secouriste hors pair, dont les compétences l'avaient souvent impressionné. Elle avait sauvé des vies dans des situations où nombre de médecins auraient déclaré forfait. C'était pour cela qu'il n'avait pas compris son inaction quand Mallory avait eu besoin d'elle. Encore à présent, il n'arrivait pas à lui pardonner de l'avoir laissée mourir.

La voix d'une infirmière le tira de ses pensées.

— Ça va, docteur ?

Il se redressa et se secoua.

— Le patient est-il prêt ? demanda-t-il avec dureté.

Rebutée par sa réaction, l'infirmière lui répondit d'une voix dénuée de sollicitude.

— Oui, on vous l'amène tout de suite.

— OK. Je me prépare et j'arrive.

Rhiann savait que l'opération durerait au moins trente minutes, mais au bout d'un quart d'heure, elle ne tenait déjà plus en place sur sa chaise, et elle se mit à faire les cent pas dans la salle d'attente.

Une femme d'un certain âge lui sourit tristement.

— C'est votre première grosse intervention ?

— Non, malheureusement.

— Ah... J'aimerais pouvoir vous dire qu'on finit par s'habituer, mais le mien a quatorze ans, c'est la quatrième fois qu'on l'opère, et c'est toujours aussi dur.

— Je suis désolée de l'apprendre...

La porte s'ouvrit brusquement, et elle se retourna.

— Patrick !

Elle se précipita, si vite qu'elle faillit perdre l'équilibre et dut se retenir à lui pour ne pas tomber.

— Levi va bien ? Comment ça s'est passé ? Je peux le voir quand ?

Patrick leva une main pour interrompre le flux de questions.

— Levi est en salle de réveil. Si tu veux bien me laisser en placer une, je vais essayer de te répondre. Que veux-tu savoir en premier ?

Elle se contraignit à inspirer profondément, et lorsqu'elle reprit la parole, sa voix était déjà plus calme.

— OK. D'abord, quand pourrai-je le voir ?

— Dès maintenant... Si tu arrives à tenir tes nerfs.

Elle hocha la tête pour lui montrer son assentiment, sachant qu'il n'autoriserait pas une visite susceptible de déranger un patient, quel qu'il soit.

— Alors, viens.

Et il lui posa la main dans le creux du dos pour la guider, comme il l'avait fait des milliers de fois par le passé.

À son contact, elle eut l'impression que sa chaleur se communiquait à elle.

Depuis son divorce, elle avait mis sa vie sentimentale en veilleuse pour se consacrer à son fils. Après avoir été lâchée par les deux hommes qui avaient compté pour elle, elle était réticente à accorder sa confiance. Entre l'indifférence de Pete et l'animosité de Patrick, elle s'était convaincue que les hommes ne valaient pas la peine qu'on compte sur eux.

Pourtant, cette solitude finissait par devenir pesante. Si près de Patrick, son corps fourmillait de sensations. Elle n'avait pas besoin d'un homme dans sa vie, mais elle avait envie de Patrick. Ses doigts brûlaient de le toucher, sa peau la picotait furieusement dans l'attente qu'il pose un baiser sur sa nuque.

Il s'arrêta devant une double porte barrée de la mention « Accès interdit – Réservé au personnel ».

— Passons par là, ça nous épargnera quelques centaines de pas.

Alors qu'il approchait son badge du lecteur magnétique, elle inspira bruyamment et se mordit la lèvre.

Patrick se tourna vers elle, et son regard se posa sur sa bouche. Ils se figèrent, comme pétrifiés, puis Patrick se pencha légèrement vers elle comme… Comme pour l'embrasser ?

Elle fermait déjà les yeux, quand les portes s'ouvrirent devant eux dans un grincement mécanique qui brisa l'intimité de l'instant.

Patrick murmura une excuse et la convia à le suivre vers un box protégé par un rideau.

Allongé sur le petit lit, Levi n'était pas encore réveillé. Une infirmière assise sur un tabouret à roulettes surveillait le moniteur placé à son chevet. Elle les salua de la tête avant de se concentrer de nouveau sur l'écran.

Rhiann prit place près du lit et effleura doucement les cheveux de son fils.

L'oxygène qu'il recevait avait atténué la cyanose, mais il était quand même si pâle, si fragile.

— Mon petit, maman est là. Je t'aime, mon chéri. Je vais attendre que tu sois prêt à te réveiller.

Patrick lui posa une main sur l'épaule.

— Ça ne devrait pas tarder. En général, l'anesthésie cesse de faire effet au bout d'une demi-heure, quelquefois un peu plus. En tout cas, une fois qu'il sera réveillé, on va le garder le temps de s'assurer qu'il puisse boire quelque chose sans le régurgiter.

— Donc, tout va bien ?

— Tout va bien. L'intervention s'est déroulée parfaitement, j'ai tous les clichés nécessaires, et Levi a tenu le coup. Entre les données obtenues aujourd'hui et celles de l'échographie, je suis en mesure de confirmer un diagnostic de tétralogie de Fallot. J'ai déjà une meilleure idée de la procédure à mettre en place pour l'opération.

— C'est-à-dire ?

— Aucun de ses précédents médecins n'a évoqué une tétralogie de Fallot ?

Elle fouilla un instant dans sa mémoire, en vain. Si elle avait entendu ce nom, elle s'en serait souvenue.

— Non...

— C'est l'une des cardiopathies congénitales cyanotiques les plus communes, mais elle reste heureusement assez rare. Pour résumer, Levi présente quatre anomalies cardiaques en même temps.

Elle sentit ses yeux s'emplir de larmes.

— Oh ! Et c'est... Enfin, tu peux le soigner ?

— Il faudra forcément l'opérer. Ce shunt qu'ils lui ont posé à Saint-Thomas n'était qu'une solution temporaire. En tout cas, on ne peut pas s'en contenter.

— Mais sa malformation n'a aucune chance de se corriger d'elle-même avec le temps ? Les souffles au cœur disparaissent spontanément, non ?

— Pas dans son cas, répondit doucement Patrick en secouant la tête. C'est bien plus grave qu'un simple souffle au cœur. Il a *quatre* anomalies cardiaques, Rhiann. L'artère pulmonaire est sténosée, ce qui a pour effet de diminuer le flux de sang vers les poumons. Les deux ventricules communiquent, donc le sang artériel n'est pas assez oxygéné. Et son aorte est déplacée. Pour toutes ces raisons, son cœur travaille en surrégime, d'où une hypertrophie du ventricule droit : la quatrième anomalie. Non, la chirurgie n'est pas une option. Il faut impérativement obturer le septum ventriculaire et réparer la valve pulmonaire, peut-être même la remplacer.

Elle lutta contre la boule dans sa gorge pour arriver à parler.

— Le pronostic ? parvint-elle à chuchoter.

Il lui pressa l'épaule d'un geste réconfortant.

— Il est excellent s'il survit à la chirurgie. C'est une opération risquée étant donné l'état de santé de Levi, mais si rien n'est fait, le pronostic est bien pire. Donc, je vais prendre contact avec ma secrétaire pour qu'elle transmette la demande d'autorisation de chirurgie à ta compagnie d'assurances. Ensuite, on pourra programmer l'opération.

— OK...

— Tu as d'autres questions concernant l'intervention d'aujourd'hui ou la prochaine ?

Quand elle se tourna pour regarder Patrick, il ôta la main de son épaule, et le réconfort de son contact lui manqua aussitôt.

— Non, ça ira. Les détails risquent de m'inquiéter encore plus. Je vais me tourmenter pour tout et pour rien et retourner dans ma tête les pires scénarios. Ça va me rendre dingue.

Patrick eut un petit rire et un sourire malicieux.

— Comme à cette fête des anciens élèves où tu as complètement perdu les pédales. Tu te souviens ? Tu as laissé ce pauvre gars sur le pas de ta porte jusqu'à ce que je vienne te calmer. Il a voulu se battre avec moi parce qu'il pensait que je lui piquais sa cavalière. Tu lui as même flanqué un coup de poing sur le nez. Il a raconté à tout le monde que je lui avais fait ce coquard. Il avait trop honte d'avouer que c'était toi.

— Tais-toi !

L'infirmière à côté du lit laissa échapper un petit rire, et Rhiann lui jeta un regard curieux.

— Quoi ?

— Rien... Simplement, je travaille dans ce service depuis plus de deux ans, et je n'ai jamais vu la Glacière sourire, encore moins plaisanter et rire.

Rhiann considéra Patrick d'un regard étréci.

— « La Glacière » ?

Il leva les yeux au ciel.

— Je viens ici pour travailler, point final.

— Tu t'es renfermé sur toi-même, n'est-ce pas ?

Patrick haussa les épaules, l'air douloureux.

— J'ai perdu tout ce qui m'apportait de la joie dans la vie. Le travail est la seule chose à laquelle je peux me raccrocher.

Elle croisa les bras sur sa poitrine.

— Tu n'as pas répondu à ma question.

— Non, et n'y compte pas ! répliqua-t-il, furieux. Sur ce, tu m'excuseras, mais je vais voir si les clichés sont sortis. Je dois les consulter une fois de plus tant que c'est frais dans ma tête.

Il sortit précipitamment, comme si une meute de chiens enragés était à ses trousses, la laissant stupéfaite et gênée.

Elle n'aurait pas dû le provoquer. Ces dernières années, à force d'en vouloir à Pete et à Patrick de l'avoir laissée tomber, elle n'avait pas songé à ce que Patrick endurait. Certes, elle avait perdu les deux hommes qui comptaient le plus pour elle, mais ils étaient l'un et l'autre vivants et en bonne santé. Patrick, lui, n'avait pas ce réconfort. Dieu seul savait ce qu'il avait souffert. C'était quelqu'un de sensible et de généreux, à mille lieues de cette réputation de Glacière qu'on lui collait. Arriverait-elle un jour à fissurer cette façade derrière laquelle il se claquemurait et à retrouver l'ami dévoué qu'elle avait connu ?

— Je n'ai pas voulu le mettre en colère, dit l'infirmière.

— Vous n'y êtes pour rien, dit Rhiann en soupirant. C'est ma faute. Et je n'en suis pas à un coup d'essai, hélas.

Son regard se fixa sur l'entrebâillement des rideaux qui entouraient le lit de Levi, dans l'espoir que Patrick revienne et qu'elle puisse lui présenter ses excuses. Elle s'en voulait d'autant plus qu'ils commençaient juste à panser les plaies du désastre qui avait eu raison de leur amitié...

Puis Levi se mit à bouger, et elle troqua sa casquette d'amie inquiète pour celle de mère préoccupée.

Levi ne tarda pas à se réveiller, et l'infirmière lui apporta un jus de fruit avant de partir au chevet d'un autre patient.

Rhiann couvait son fils des yeux, le félicitant à chaque gorgée de jus de fruit, quand une voix sourde la fit tressaillir.

— À t'entendre, on croirait qu'il vient de remporter un prix Nobel !

Elle répondit à la plaisanterie de Patrick par un léger sourire.

— Il boit à la tasse comme un champion. Il mériterait de participer aux Jeux olympiques.

— Je suis sûr que notre Levi aurait la médaille d'or.

« Notre Levi »...

Elle sentit ses yeux se mouiller de nouveau et s'empressa de cligner les paupières.

Mieux valait ne pas se faire d'illusions. Son idiot de cœur s'obstinait à voir des choses qui n'existaient pas. Patrick n'avait sûrement rien voulu dire de particulier.

Quoique, « notre Levi »... Ces deux petits mots faisaient naître en elle un rêve impossible.

6

Patrick s'attardait en salle de réveil, indécis.

Devait-il demander pardon à Rhiann de s'être emporté, ou au contraire se taire et faire comme si rien ne s'était passé ?

Cette nervosité n'était pas une émotion normale chez lui... Mais à y réfléchir, la froideur non plus. Cette façade glaciale lui servait à dissimuler son chagrin pour le tenir à une distance supportable. À force, toutes les émotions, quelles qu'elles soient, lui étaient devenues étrangères, lointaines. À vrai dire, il avait du mal à se rappeler la dernière fois qu'il avait été autre chose que totalement concentré sur son travail. Mais Rhiann avait débarqué de nouveau dans sa vie, et elle arrachait les pansements posés à la va-vite sur ses plaies émotionnelles. Elle pouvait se vanter de provoquer en lui un beau chamboulement. Depuis quelques jours, à cause d'elle, sa tension atteignait des sommets, son cœur s'emballait ou se figeait, il avait les nerfs à fleur de peau. Lui qui ne s'était jamais considéré comme colérique ou sujet à des éclats d'humeur, il réagissait au quart de tour à la moindre provocation.

Après avoir quitté le box tout à l'heure, il s'était changé pour revêtir ses habits de ville puis avait fait un détour en salle de pause pour se calmer. Comme avec le tableau dans son bureau, il avait besoin de se concentrer sur des détails pour recouvrer son sang-froid. Posté devant la fenêtre, il avait contemplé les allées et venues des gens qui entraient et sortaient de l'hôpital. À mesure que son calme revenait, il s'était rendu compte que Rhiann lui avait posé cette question parce qu'elle se faisait du souci pour lui, et certainement pas par indiscrétion ou ressentiment. Lui, en revanche, il avait réagi comme un imbécile, comme trop souvent avec elle.

C'était plus fort que lui. Devant la tendresse avec laquelle Rhiann s'occupait de son fils, il ne pouvait s'empêcher d'éprouver un regret intense, douloureux. Il aurait tellement voulu éprouver la même chose, cet amour sans condition pour un enfant ! Le jour où Mallory lui avait annoncé qu'elle était enceinte avait été l'un des plus beaux de sa vie. Il aurait tant voulu être père, prendre soin de sa petite Everly, la choyer, la chouchouter. Mais ce bonheur lui avait été arraché, et il ne devait pas oublier à cause de qui. Pourquoi avait-il autant de mal à s'en souvenir ?

— Docteur Scott ? Les documents de fin d'hospitalisation sont prêts pour signature.

Tiré de ses souvenirs, il se tourna vers l'infirmière et hocha la tête.

— Oui, bien sûr.

Il se dirigea vers un terminal informatique et renseigna ses identifiants. En quelques clics, il compléta les formulaires.

— Je reviens tout de suite avec les papiers.

L'infirmière quitta la petite pièce en prenant soin de tirer le rideau derrière elle.

Immobile près du lit de Levi, Patrick resta debout sans rien dire à défaut de savoir quoi faire.

Rhiann lui lança un sourire timide.

— Excuse-moi pour tout à l'heure, murmura-t-elle. Je n'aurais pas dû être aussi indiscrète.

Soulagé qu'elle ait fait le premier pas, il s'approcha et lui prit la main.

— Et moi, me laisser emporter. On fait la trêve ?

— Quand tu veux.

Le sourire de Rhiann fit battre son cœur plus fort. Il lui lâcha la main et recula en faisant mine de regarder quelque chose sur l'ordinateur, alors qu'il venait de fermer sa session. Malgré lui, il s'attachait de plus en plus à ces deux-là. Il fallait qu'il se ressaisisse.

— Je vous ramène à la maison ?

— Oui. À ce propos, Patrick, je voulais te demander…

Devant son hésitation, il haussa un sourcil interrogateur.

— Ça ne t'embête pas qu'on s'arrête à la supérette en chemin ?

Ma voiture ne sera pas prête avant demain, et j'ai vraiment besoin de faire des courses.

Passer encore plus de temps avec cette femme qui ne cessait de le déstabiliser ? Sans parler de son fils qui, doucement mais sûrement, se faisait une place dans son cœur… Mais pourquoi pas, au fond ? Qu'avait-il à craindre ? D'autant plus qu'il ne pouvait pas dire non sans passer pour un moins-que-rien.

— Oui, bien sûr, se résolut-il à répondre.

L'infirmière revint avec quelques formulaires que Rhiann devait signer. Tandis qu'elles s'occupaient des papiers, pour amuser Levi, il se cacha le visage derrière les mains et le dévoila en lui disant « coucou ». Il n'en fallait pas plus pour faire rire l'adorable petit garçon.

Patrick savait qu'il avait tort de s'attacher, mais il ne pouvait pas à résister à Levi et à ses sourires.

Une fois les formalités terminées, Rhiann se leva pour prendre Levi, mais le bébé tendit les bras vers lui.

— Tu veux que je te porte ? Allez, viens là. Entre mecs, il faut se serrer les coudes. En plus, la vue est meilleure d'ici, tu ne trouves pas ?

— Est-ce une manière de dire que je suis petite ?

— Qu'en dis-tu, Levi ? Elle est petite, ta mère ?

Patrick chatouilla le bébé, qui émit un petit glapissement joyeux.

— Non ? Ta maman n'est pas petite ? Elle est juste courte sur jambes ?

— Ah, ah. Très drôle, dit Rhiann en sortant de la salle de réveil.

— Eh, Levi, on dit à ta mère qu'elle se trompe de chemin ou pas ?

Rhiann pivota sur ses talons et retourna vers eux.

— OK, ouvre la voie, monsieur le comique.

Elle les escorta jusqu'à l'ascenseur.

Sans qu'il sache pourquoi, il se sentait bien à côté d'elle. Malgré ce qu'ils avaient vécu, ou peut-être à cause de cela, elle avait toute sa place à ses côtés… À moins qu'elle ne soit revenue du passé tout exprès pour le hanter avec le souvenir de choses qu'il ne pouvait pas ou ne devait pas connaître ?

De retour à la voiture, il boucla soigneusement Levi dans le siège-auto avant de s'installer au volant. Enfin, il se tourna vers

Rhiann et croisa son regard. Il se figea, incapable de se dérober, même si elle devait lire dans ses yeux ce qu'il ressentait.

Comment pourrait-il cacher quoi que ce soit à cette femme qui l'avait connu adolescent maladroit, avant qu'il devienne médecin renommé ?

Elle lui rendit son regard et, dans l'habitacle, le silence s'éternisa.

Non loin, un klaxon résonna, et Patrick se détourna avant d'enclencher brusquement la marche arrière. Il sortit du parking et s'engagea sur la route sans un regard vers Rhiann.

Elle s'affaissa sur son siège avec un soupir de déception.

Quel était son état d'esprit, au juste ? Elle aurait juré qu'il avait été de nouveau sur le point de l'embrasser. Oui, de nouveau, car elle avait éprouvé la même tension un peu plus tôt, lorsqu'ils s'étaient arrêtés devant la double porte, avant d'entrer en salle de réveil. Mais, manifestement, ce ne serait pas aujourd'hui qu'elle saurait comment il embrassait.

Le trajet s'effectua en silence, jusqu'à ce qu'ils quittent le périphérique par la bretelle la plus proche de chez elle.

— Je n'ai pas du tout l'esprit à ces choses, mais ça ne t'embête vraiment pas de t'arrêter à la supérette ? Autrement, ce soir, je devrai me contenter de macaronis au fromage.

Patrick hocha la tête et se gara bientôt devant le magasin, à côté d'une camionnette rouge qui avait connu des jours meilleurs. C'était peu dire que sa belle voiture noire semblait déplacée dans ce quartier miteux !

Elle en était encore à rassembler ses pensées que Patrick sortait de voiture et ouvrait la portière arrière pour détacher Levi.

— Tu n'es pas obligé de venir, dit-elle. Tu peux m'attendre ici avec Levi. Je n'en ai pas pour bien longtemps.

— Ça nous fera du bien de nous dégourdir les jambes, pas vrai, mon petit gars ?

Comme pour lui répondre, Levi tendit les bras vers lui.

Avant d'entrer dans le magasin, elle essaya de reprendre son fils pour le poser sur le siège du chariot de courses, mais Levi s'accrocha à Patrick comme s'il craignait de le voir disparaître pour toujours.

— Ça ne me dérange pas de le porter, dit ce dernier. Prends ce qu'il te faut, on te suit.

Elle secoua la tête, désabusée.

Levi était devenu gaga de Patrick en un temps record. Devait-elle s'en réjouir ? Dès que Levi serait guéri, ils n'auraient plus de raison de voir Patrick. À trop s'attacher, la séparation risquait d'être difficile. À l'occasion, elle devrait en parler à Patrick. Elle arriverait peut-être à le convaincre d'espacer ses visites après la chirurgie plutôt que de les arrêter d'un seul coup.

Repoussant ces pensées au second plan, elle se concentra sur ses courses pour les expédier au plus vite et ne pas trop empiéter sur le temps de Patrick. Tandis qu'elle choisissait deux barquettes de viande en promotion, Patrick imita des bruits d'animaux pour amuser Levi, qui les répéta de son mieux. Elle ne put s'empêcher de sourire en entendant ses petits « meuhs ». Elle prit ensuite des pommes de terre et des légumes.

Derrière elle, Patrick baissait l'enfant vers les étalages pour lui permettre de toucher les fruits et de se familiariser avec leur texture. Très intéressé, l'enfant caressa un kiwi, puis une orange, tandis que Patrick lui nommait les fruits.

Avec elle, Levi n'avait jamais manifesté une telle curiosité. Devinait-il qu'elle manquait de temps pour lui répondre ? Malgré tout, elle n'était pas jalouse de Patrick.

Au rayon des laits maternisés, en l'entendant complimenter Levi sur le fait qu'il était bien plus beau que les enfants photographiés sur les boîtes, elle eut les larmes aux yeux.

Elle s'engagea dans la file des caisses, posa les différents articles sur le tapis roulant puis sortit de son sac un petit carnet de coupons alimentaires et vérifia ceux qu'elle pouvait utiliser le jour même avant de les détacher et de ranger soigneusement les autres.

Son amour-propre souffrait d'avoir recours à de tels expédients devant Patrick, mais les cinq dollars qu'elle économisait ainsi lui permettraient de se nourrir pendant un jour. Elle avait du mal à faire bouillir la marmite et préférait ravaler sa fierté plutôt que d'avoir faim.

Tandis que l'adolescente derrière la caisse scannait chaque article, elle surveillait l'écran et ne put retenir une grimace quand le total apparut.

Avec le peu qu'il lui restait sur son compte, elle devrait se serrer la ceinture pour payer le garagiste. Il lui faudrait rogner encore sur quelques dépenses, mais lesquelles ? Elle ne pouvait pas vivre que d'eau fraîche.

— Rhiann, si tu as besoin de...

Elle le fit taire d'un geste.

Lui demander de faire le taxi, passe encore, mais accepter son argent, ça, jamais. Il y allait de sa dignité.

Les joues rouges, elle glissa sa carte bancaire dans le lecteur et tapa son code sans regarder Patrick. Puis, devançant l'employée, elle rangea ses courses dans des sacs qu'elle posa dans le chariot. Sans un mot, elle se hâta de retourner à la voiture et attendit que Patrick la rejoigne avec Levi pour charger les commissions, essuyant rageusement les larmes brûlantes qui lui venaient aux yeux.

Dire qu'elle avait cru que le plus dur serait de retrouver Patrick et de le supplier d'aider Levi ! À présent, elle se rendait compte que ce n'était rien face à la honte de lui laisser entrevoir jusqu'où elle était tombée.

Un bip résonna, et les portières se débloquèrent. Aussitôt, elle ouvrit la portière et déposa ses sacs sur la banquette arrière. D'un pas rapide, elle fit l'aller-retour au magasin pour y ranger le chariot, si vite qu'elle revint à la voiture avant même que Patrick ait terminé d'installer Levi. Calée sur le siège du passager, elle fit de son mieux pour sécher ses dernières larmes. Quand il s'assit enfin au volant et se tourna vers elle, elle le devança avant qu'il dise quoi que ce soit.

— Avec les soins de Levi et les réparations de la voiture, j'ai du mal à joindre les deux bouts, OK ? C'est tout ce que j'ai à dire.

7

Dans le silence tendu qui s'était installé, Patrick ne savait que dire. Il n'aurait demandé qu'à aider Rhiann, mais elle allait à coup sûr l'envoyer dans les cordes. Pour une personne fière comme elle l'avait toujours été, la situation actuelle devait être difficile à supporter. Comment lui rendre service sans donner l'air de lui faire la charité ?

Avisant un restaurant, il s'engagea dans le parking.

— Je vais nous acheter quelque chose pour ce soir. Qu'est-ce qui te ferait plaisir ?

— Je n'ai pas les moyens de manger ici, murmura-t-elle.

— Ce n'est pas ce que je t'ai demandé.

— Prends-toi ce que tu veux. Moi, j'ai ce qu'il me faut.

Elle indiqua d'un geste les trois sacs de courses à l'arrière, dont la moitié était destinée à Levi.

— Comme tu voudras, dit-il.

Il descendit de voiture sans couper le contact, entra dans le restaurant, lut le menu en diagonale, et se commanda un repas plus deux autres pour Rhiann. De la sorte, il lui en resterait au moins un pour le lendemain. Lorsqu'il revint à la voiture, elle ouvrit de grands yeux à la vue de l'énorme sac.

— Patrick...

— Je n'ai pas envie de manger seul ce soir.

Ce n'était pas un mensonge. Il prenait la plupart de ses repas seul depuis trois ans, et même si c'était lui qui tenait les autres à l'écart, il se lassait parfois de cette solitude.

— Ça ne te manque pas d'avoir quelqu'un à table en face de toi ?

— Si, murmura-t-elle.

— À moi aussi. Par conséquent, tu me permets de manger avec toi et Levi ? S'il te plaît...

Comme elle ne répondait pas, il craignit qu'elle lui dise non, mais elle finit par hocher la tête.

Il relâcha son souffle, démarra, et quelques minutes plus tard il se garait en face de chez Rhiann.

— Si tu veux bien prendre Levi, je me chargerai des commissions et du repas. De la sorte, on ne fera qu'un voyage.

Ce disant, il coinça les trois sacs de courses sous un bras et glissa à l'autre celui des repas tandis qu'elle détachait Levi.

— Sur ce, montre-moi le chemin avant que mes bras tombent. Je te rappelle que je suis chirurgien et que j'ai besoin de ces mains pour travailler.

Il suivit Rhiann dans un escalier métallique rouillé qui menait à une galerie. Occupé à observer l'état général de vétusté du bâtiment, il faillit la bousculer lorsqu'elle s'arrêta pour ouvrir une porte.

— C'est ici, dit-elle d'un ton qui l'incita à la prudence.

Elle entra et déposa Levi dans un parc à jeux.

— Bienvenue chez moi.

Il promena un regard autour de lui, à la recherche d'un mot susceptible de ne pas passer pour une insulte. Il ne s'était pas attendu à un tel dénuement.

— C'est... mignon.

Elle serra les bras autour d'elle en un geste de défense.

— Mignon, je ne sais pas, mais ça m'abrite des intempéries. C'est déjà ça.

— Pete a tout pris après le divorce ? demanda-t-il en insistant sur le *tout*.

La question lui avait échappé avant qu'il ait eu le temps de réfléchir. À nouveau, il détailla le salon meublé en tout et pour tout d'un canapé élimé et d'un guéridon surmonté d'une petite télévision. Le coin repas consistait en une table branlante avec deux sièges dépareillés et une chaise haute. Les murs beiges étaient nus, mis à part quelques photos de Levi.

— Il a repris tout ce que ses parents nous avaient acheté. Après...

Laissant la phrase en suspens, elle désigna la pièce d'un geste de la main.

— Il ne restait plus grand-chose, conclut-elle.

— Il a tout pris et t'a laissé Levi ?

Elle répondit par un bref hochement de tête.

— Tu peux poser les sacs sur la table. Il faut que je range les courses dans le frigo. Tu veux manger dans une assiette ou dans les barquettes ?

— Les barquettes iront très bien. Inutile de sortir de la vaisselle.

Tandis qu'elle s'occupait des commissions, il jeta un coup d'œil à la cuisine. À l'instar du salon, elle se réduisait à l'essentiel, et le placard devait être aussi peu rempli que le réfrigérateur. Elle se tourna vers lui avec un sourire qui ressemblait à une grimace timide et embarrassée.

— Je n'ai que de l'eau ou du café à t'offrir. Tu m'excuseras, mais je n'avais pas prévu de recevoir un invité.

« Un invité ». Venant d'elle, le mot avait quelque chose d'un peu blessant, mais il s'efforça de ne pas s'arrêter à cette impression.

— De l'eau, ça me va très bien.

Elle sortit une carafe du frigo et remplit deux verres.

— Merci, dit-il en s'asseyant. J'ai pris des côtelettes, un steak et des bâtonnets de poulet. Tu préfères quoi ?

— Tu as payé. À toi de choisir.

Il haussa un sourcil et attendit sa réponse.

— OK, dit-elle avec un soupir exaspéré. Puisque tu me laisses le choix, je prends le steak.

Il poussa la barquette vers elle et se rabattit sur les côtelettes, se disant que les bâtonnets seraient plus faciles à réchauffer le lendemain.

Rhiann installa Levi sur la chaise haute et lui proposa un peu de la purée qui accompagnait sa viande, puis elle réchauffa une petite assiette de nourriture pour bébé. Mais Levi n'avait pas faim, il avalait du bout des lèvres les cuillerées qu'elle lui tendait. Rhiann, en revanche, dévora son repas, elle termina sa barquette bien avant que Patrick finisse la sienne. Il déposa sur cette assiette improvisée une patate douce et une côtelette, qu'elle regarda avec convoitise.

— Je ne peux quand même pas manger aussi ta portion.

— Mais si, vas-y. J'en ai trop.

C'était un pieux mensonge, mais il voulait qu'elle mange convenablement au moins ce soir. Lui, n'aurait qu'à compléter son repas par un sandwich ou autre chose.

— Si tu le dis...

Elle s'attaqua avec appétit à la côtelette.

— Comme c'est bon, dit-elle avec un soupir. Tu n'en veux vraiment pas ?

— Vas-y, je t'en prie...

Avisant un reste de sauce qui lui barbouillait le coin de la bouche, il se pencha vers elle sans réfléchir pour l'essuyer.

Rhiann inspira brusquement, et leurs regards se croisèrent. Ses yeux émeraude brillaient d'un éclat vif, laissant présager qu'il suffirait de peu de chose pour que, de simple invité, il devienne beaucoup plus pour elle.

Rhiann sentait son cœur battre à tout rompre. L'espace d'un instant, elle était ramenée plus de dix ans en arrière, à cette époque où Patrick Scott avait compté pour elle plus que tout. Leur amitié n'avait pas toujours été un long fleuve tranquille, mais elle n'avait jamais connu de relation aussi stable. Pendant des années, elle avait répété à Patrick qu'elle ne désirait pas sortir avec lui, mais c'était faux. Elle avait toujours éprouvé quelque chose pour lui. Seulement, elle ne voulait pas risquer de le perdre si l'histoire tournait court. Elle lui avait donc dissimulé ses sentiments, le poussant même parfois vers d'autres filles. Mais à présent, ces sentiments revenaient en force.

Elle savait qu'elle aurait dû détourner le regard, mais elle en aurait été incapable si Levi n'avait pas frappé son assiette du plat de la main et fait gicler de la purée.

Elle sortit de sa torpeur pour nettoyer les doigts du bébé hilare.

— Tu trouves ça drôle, hein, petite crapule ?

Mine de rien, Levi venait de les empêcher de commettre une grosse bêtise. Même si elle en avait envie dans toutes les fibres de son corps, elle ne pouvait pas embrasser Patrick. Pas avant d'être sûre qu'il lui avait pardonné. Pour l'heure, ils étaient redevenus amis. C'était un bon début, mais pas assez pour du long terme.

Patrick se leva à son tour et jeta sa barquette à la poubelle avant de ranger au frigo le repas restant.

— Je crois qu'il est temps que je m'en aille.

Elle lui jeta un coup d'œil sous ses cils.

À une certaine époque, elle n'aurait pas manqué d'audace et l'aurait convié à passer la soirée avec elle. Mais ça, c'était avant. À présent, elle avait l'impression qu'une main invisible lui serrait la gorge comme un étau, et lorsqu'elle parla, ce fut d'une voix étranglée.

— J'aimerais bien que tu restes. Ça me manque de ne plus t'avoir comme ami. Vraiment.

Patrick se raidit, et un mur invisible s'érigea entre eux. De nouveau, il s'était replié en lui-même comme une tortue dans sa carapace. Un pas en avant, deux pas en arrière... Essayait-elle d'aller trop loin, trop vite ?

Elle se mordilla la lèvre et s'enveloppa nerveusement de ses bras.

— Mais si tu ne veux pas rester, ce n'est pas un problème, se hâta-t-elle d'ajouter.

De quoi avait-elle peur ? Elle avait perdu Patrick, elle avait perdu Pete, mais elle avait toujours survécu. Elle se débrouillait très bien toute seule. Mais si, pour se réconcilier avec Patrick, elle devait y aller doucement, elle était prête à avancer à la vitesse d'un escargot, parce qu'il lui manquait, et qu'elle avait vraiment envie de l'avoir à nouveau dans sa vie.

Il se frotta la nuque, l'air indécis.

— Je veux bien rester encore un peu. Je peux ?

De la main, il signala qu'il désirait sortir Levi de sa chaise haute.

— Oui, vas-y. Tu n'as qu'à jouer avec lui pendant que je débarrasse la table.

Elle prit son temps pour ranger les reliefs du repas. Alors qu'elle écoutait la conversation à sens unique de Patrick avec Levi, des souvenirs refaisaient surface dans une brume nostalgique. Une hanche contre le plan de travail, elle sourit, attendrie.

Ces deux-là s'entendaient comme larrons en foire. Levi avait besoin qu'on s'occupe de lui, autant que Patrick avait besoin de donner de l'affection. Comment l'infirmière l'avait-elle appelé tout à l'heure ? La Glacière ? L'homme qu'elle avait devant elle n'avait rien d'une glacière. Au contraire, Patrick était quelqu'un de fondamentalement généreux. Même si les épreuves de ces dernières années l'avaient transformé, il ne méritait pas cette réputation. Au contraire, il avait toujours eu un cœur énorme, aux ressources inépuisables de gentillesse et de compassion.

Tout à coup, elle se rendit compte qu'un silence était tombé. Elle s'aperçut que Patrick la regardait fixement et rougit comme une tomate.

— Youhou... Il y a quelqu'un ? Tu regardes droit devant toi depuis une dizaine de minutes.

— Désolée, balbutia-t-elle, les joues brûlantes.

Patrick chatouilla les côtes de Levi, qui se dandina en riant.

— Viens avec nous. Ce petit gars préférerait sans doute jouer avec sa jolie maman.

— Tu crois ? Quand tu es là, c'est à peine s'il fait attention à moi.

Elle s'assit sur le canapé à côté d'eux, et les mots lui vinrent sans qu'elle puisse les retenir :

— Tu ne crois pas qu'il s'attache trop vite à toi ? Je ne voudrais pas qu'il ait du chagrin quand tu ne feras plus partie de notre vie.

8

— Jamais je ne ferai de mal à Levi, répliqua Patrick, blessé.

Lui, faire souffrir un enfant innocent ? Comment Rhiann pouvait-elle le croire capable d'une chose pareille ?

Comme pour réparer son impair, Rhiann posa une main sur son bras nu et, malgré sa colère, il prit conscience qu'il aurait aimé qu'elle ne s'arrête pas là. Mais il chassa aussitôt cette pensée pour se concentrer sur ce qu'elle venait de dire.

— Je sais que tu ne lui feras jamais de mal *exprès*, corrigea-t-elle.

Sa main glissa sur son avant-bras et se logea dans la sienne, la serrant fort.

— Tu vois bien comme il s'accroche à toi, déjà. Comment réagira-t-il quand tu repartiras de sa vie sans prévenir ?

— Mais pourquoi veux-tu que je... Oh.

Il comprenait, à présent : Rhiann se disait que, après l'opération de Levi, ils n'auraient plus de raison de se fréquenter. Il ne pouvait pas lui en vouloir de penser une chose pareille, étant donné la façon dont il s'était comporté avec elle ces trois dernières années. Et, en toute franchise, il n'avait pas pris le temps de réfléchir à ce que l'avenir leur réservait à tous les deux. Il avait fait une croix sur les rêves, les espoirs. À quoi bon se bercer de chimères et de projets susceptibles d'être anéantis en un instant ?

— Qui t'a dit que je m'en irai ?

— Donc, tu m'as pardonné ?

Les yeux de Rhiann brillaient d'un espoir qui le bouleversa. Mais comme il tardait à répondre, cette lueur s'éteignit.

Les mots d'excuse qu'il formulait dans sa tête n'arrivaient pas à franchir la barrière de ses lèvres. Même assis à côté d'elle, leurs mains jointes, il ne se sentait toujours pas prêt.

— Je vois, murmura-t-elle.

Elle libéra sa main et se leva pour prendre Levi.

— Il se fait tard, il faudrait que je le couche. Et toi, tu devrais t'en aller.

— Rhiann, attends...

Il tira sur son bras pour qu'elle s'assoie à nouveau près de lui.

— Je ne veux pas qu'on recommence à ne plus se parler, à se détester comme avant. Simplement...

— Simplement, tu n'arrives toujours pas à me pardonner, dit-elle d'une petite voix à peine audible.

La gorge serrée, il ne trouva rien à répondre.

— Je ne comprends pas, Patrick. Tu es médecin, pourtant. Tu es bien placé pour savoir qu'on ne peut pas sauver tout le monde.

— On pourrait parler d'autre chose, s'il te plaît ?

Oui, parler de tout, sauf de ce qui lui donnait mauvaise conscience. Il se sentait trop bête de ne pas encore être prêt à lui pardonner. Mais ne voyait-elle pas qu'il consentait à d'énormes efforts ? C'était beaucoup pour lui, déjà, d'avoir accepté de l'accompagner chez elle ce soir et de lui offrir une chance de revenir dans sa vie après que son inaction avait entraîné la mort de Mallory et d'Everly.

— Un jour, il faudra pourtant qu'on en discute, toi et moi, dit-elle. Autrement, on n'avancera jamais.

— Je ne peux pas te parler d'elle. Pas à toi. Tout ce que je sais, c'est que si tu les avais amenées plus vite à l'hôpital, elles auraient sans doute survécu... Ou du moins l'une des deux...

Il cligna les paupières pour réprimer des larmes de colère, et un muscle tressauta sur sa joue.

— Je suis désolé, Rhiann, mais je ne peux pas. Pas maintenant...

Crispée, elle se taisait, attendant qu'il en dise davantage.

Il ferma les yeux avec un long soupir et ne les rouvrit qu'après avoir recouvré un semblant de calme.

— S'il te plaît, changeons de sujet. Je ne suis pas prêt pour cette discussion. Mais je te promets que je ne disparaîtrai pas du jour au lendemain de la vie de Levi. C'est bon ?

— OK...

Elle s'assit de nouveau sur le canapé à côté de lui avec Levi dans les bras.

Il se doutait qu'il ne s'en tirerait pas toujours à si bon compte. Tôt ou tard, le sujet reviendrait sur la table, et il serait bien obligé d'y répondre.

— De quoi veux-tu parler, alors ? demanda-t-elle d'une voix distante.

Puisqu'ils en étaient aux sujets qui fâchent, autant y aller.

— Tes problèmes financiers datent de quand ?

Elle le dévisagea avec fureur, les yeux brillant de larmes.

— De quoi je me mêle ? On s'en sort très bien.

— Ah bon ?

Il tapota le bras du canapé décati.

— Même celui qu'on avait au lycée était mieux que celui-ci. Il doit être plus vieux que nous.

— Il m'a coûté vingt dollars dans une brocante, c'est toujours mieux que rien, répliqua-t-elle avec un haussement d'épaules.

— Pete te laisse te débrouiller toute seule ?

Rhiann fixa d'un regard absent un fil qui pendait de la housse d'un coussin et se mit à tirer dessus comme s'il pouvait répondre à sa place.

— Il a renoncé à ses droits parentaux. Il est libre de toutes ses obligations envers Levi, financières ou autres.

— Quoi ?

Elle lui jeta un sourire triste.

— Tu m'as bien entendue. Au début, il était d'accord pour la fécondation in vitro et pour avoir recours à un donneur, mais devant le fait accompli, ça n'a plus été pareil. Il a voulu repartir de zéro, loin de moi et de Levi. Moi, je n'avais pas la force de combattre sur deux fronts. Donc, j'ai préféré le laisser partir et me concentrer sur Levi.

Patrick se tapa le front du poing, furieux.

Bon sang, si Pete Blackwell était en face de lui, il lui ferait avaler ses dents ! Il avait toujours voulu devenir père, et ce rêve lui avait été arraché de la façon la plus cruelle qui soit. Mais ce minable, lui, n'avait pas hésité à se débarrasser de son fils comme d'un mouchoir en papier usagé.

— On a vendu la maison, mais sans plus-value. J'ai récupéré Levi, la voiture et le découvert bancaire, et il est parti avec tout le reste.

— Mais c'est injuste…

— Oui, tout comme avoir un bébé avec un cœur malade, ou comme perdre son meilleur ami pour des faits hors de mon contrôle. Que veux-tu que je te dise ? La vie est injuste, c'est comme ça. J'ai grandi avec rien, je sais me débrouiller avec très peu.

Il se renversa sur son siège et la regarda.

— Peux-tu m'expliquer ce que tu trouvais à Pete ? Je n'ai jamais compris. C'était parce qu'il était chanteur et tout ça ?

Rhiann émit un petit rire. Elle répondit de façon mesurée, comme si elle avait tourné les phrases maintes fois dans sa tête.

— Au début, on s'entendait bien, lui et moi. Le jour où je l'ai rencontré, je venais d'apprendre que ma mère souffrait d'un cancer en phase terminale. J'étais si stressée que j'avais du mal à respirer. Je ne savais pas à qui me confier. Tu étais parti faire tes études de médecine. Un soir, ma binôme de l'époque a insisté pour que je sorte avec elle et ses amis. On est allé dans un bar où Pete jouait avec son orchestre. Il m'a repérée et s'est mis en tête de me faire sourire.

Elle cligna les yeux pour chasser ses larmes.

— Il m'a fait rire à un moment où j'en avais besoin plus que tout. Voilà.

— Mais après ?

— Tu n'as toujours vu que le mauvais côté. Tu ne supportais pas que je le suive à ses concerts, aux festivals, à tous ces week-ends où il devait jouer quelque part. Tu détestais que je parte avec lui. Mais, sans cela, notre couple aurait tenu encore moins longtemps. Je n'ai commencé à voir ses défauts qu'à partir du moment où nous avons passé plus de temps séparés.

— Sans blague ? Il t'a fallu tant de temps pour t'apercevoir que c'était un abruti narcissique qui n'en avait rien à faire de toi ? Il voulait simplement que tu t'adaptes à son image de ce que devait être une épouse parfaite.

Rhiann haussa les épaules avec humeur.

— Et alors ? Peut-être que je n'avais pas envie de m'en rendre compte, justement. Tu ne t'es jamais posé la question ? Non, bien sûr. C'était tellement plus commode de juger mes choix de vie, toi tu avais fait un mariage parfait… Moi, je faisais de mon mieux pour faire tenir mon couple alors qu'il craquait de toutes parts.

— Rhiann…

— Ça va ! Moi non plus, je n'ai pas envie de parler de certaines choses.

Un silence pénible tomba.

Malgré le chagrin qu'ils s'étaient causé l'un à l'autre, il n'aurait pas supporté de la rendre encore plus malheureuse en assénant le « je te l'avais bien dit » qui lui brûlait les lèvres. Il se rabattit donc sur un autre sujet.

— Levi a l'air comme un coq en pâte.

Blotti entre eux deux, celui-ci dormait, son petit pouce à moitié dans la bouche.

Rhiann repoussa une mèche sur le front du bébé en souriant.

— C'est vrai. Parfois, je me reproche de ne pas être assez présente pour lui. Je passe tellement de temps à travailler pour garder un toit au-dessus de nos têtes et payer les frais médicaux…

— Tu ne devrais pas t'en vouloir.

— Oui, bon… C'est facile à dire.

— Déjà, tu n'auras pas à payer mes honoraires.

— Quoi ? Patrick, je ne peux pas accepter…

— Je fais ça pour Levi. Tu as bien d'autres frais sur les bras, économise ton argent.

Malgré leurs efforts pour alléger la conversation, ils retombaient toujours sur des sujets difficiles !

Il lança de nouveau la discussion dans une autre direction.

— Tu mets longtemps pour aller au travail ?

Il fallait trois bons quarts d'heure de chez elle à l'hôpital général, mais environ vingt minutes pour rejoindre le County, où il l'avait croisée récemment.

Elle renversa la tête sur le dossier, les traits tirés.

— Pas vraiment, non. La caserne se trouve juste à trois rues d'ici.

L'hôpital général disposait du meilleur service ambulancier de la région. Quand Rhiann avait intégré une structure plus petite située en zone défavorisée, son salaire avait dû s'en ressentir.

— Tu as quitté l'hôpital général ? Quand ça ?

Rhiann cala un coussin sur ses genoux en un geste de défense.

— Il y a trois ans.

Il accusa le coup. Avait-elle quitté l'hôpital général à cause de lui ?

Il avait des raisons de se sentir coupable. Quand elle était venue à l'enterrement de Mallory, il avait perdu les pédales et fait un scandale devant tout le monde, notamment devant leurs collègues. Il avait déversé sur elle un tombereau d'accusations. Avait-elle été virée à la suite de cet esclandre ? Avait-elle préféré s'en aller pour ne pas affronter le regard des autres ? Quoi qu'il en soit, il n'aurait pas dû l'humilier en public, et il se sentait en partie responsable de la situation délicate où elle se trouvait.

Il se passa une main sur le visage, furieux contre lui-même, réfléchissant à une manière de s'excuser sans avoir l'air de lui accorder son pardon… Mais lorsqu'il se tourna vers Rhiann, elle s'était endormie, blottie à l'autre bout du canapé. Même dans le sommeil, ses traits demeuraient troublés, comme si elle ne trouvait jamais vraiment le repos.

Il prit dans ses bras le bébé endormi et le porta dans l'unique chambre de l'appartement, meublée d'un grand lit, d'un berceau et d'une table à langer. Il déposa tout doucement le bébé sur la table et réussit à lui changer sa couche sans le réveiller, puis il l'allongea dans le berceau et le recouvrit d'une couverture légère. De retour au salon, il hésita un instant à laisser Rhiann dormir sur le canapé, puis, se disant qu'elle serait plus à son aise dans un lit, il la souleva dans ses bras en veillant à ne pas la réveiller et retourna dans la chambre. Après l'avoir couchée, il lui ôta tout doucement ses chaussures et la couvrit du duvet. Enfin, il se pencha pour effleurer sa joue d'un baiser.

— Repose-toi, murmura-t-il.

Il se rendit ensuite à la cuisine pour s'assurer que Rhiann avait bien rangé au frigo ce qu'il restait du repas. Alors qu'il allait pour éteindre la lumière avant de partir, son regard fut attiré par une pile de prospectus de couleurs vives.

Des invitations à une soirée spaghettis qui servirait à récolter des fonds pour l'opération de Levi !

Seigneur, à quoi en était-elle réduite… Elle avait toujours été quelqu'un de fier. Pour qu'elle ait recours à ce genre d'extrémités, il fallait vraiment qu'elle soit aux abois.

Il repartit chez lui dans un état d'agitation extrême. Une fois rentré, il s'assit lourdement sur le sofa du salon et ne put s'empêcher de mesurer la différence de confort entre son canapé et celui de Rhiann. Il reposa la tête en arrière, en proie à mille pensées.

Plus il y pensait, plus la situation de Rhiann le révoltait : comment Pete avait-il pu l'abandonner avec un enfant malade et une pile de factures qui n'en finissait pas de grandir ?

Il se leva, ouvrit son ordinateur portable, et il ne mit pas longtemps à trouver la trace de cet abruti sur les réseaux sociaux. En quelques clics, il lui envoya un message lui demandant de reprendre contact et lui communiquant son numéro. À sa grande surprise, son téléphone sonna presque immédiatement.

— Quoi de neuf, doc ?

La voix désagréable de Pete lui tapa aussitôt sur les nerfs, comme si celui-ci s'était tenu en face de lui. Il se leva et fit les cent pas dans la pièce afin de se calmer.

— C'est bizarre que tu cherches à me joindre, poursuivit Pete sans attendre de réponse. Toi et moi, on n'a jamais été copains copains, que je sache. Qu'est-ce qu'il t'arrive ?

— J'ai vu ton fils aujourd'hui.

Un rire de dédain résonna dans le combiné.

— Mon fils ? Tu fais erreur, doc. Je n'ai pas d'enfant.

Patrick serra les poings. Si ce minable avait été dans la même pièce, il lui aurait rectifié le portrait façon cubiste.

— Je te parle de Levi.

— Ah… Le fils de Rhiann, tu veux dire ?

— C'est ton fils à toi aussi.

— Et puis quoi encore ? Du point de vue de la loi, ce gosse n'est pas le mien.

— Comment tu as pu les laisser tomber comme ça ? Ta femme et ton propre fils ?

— Arrête deux minutes, OK ? Si tu veux tout savoir, ça ne baignait pas dans l'huile entre elle et moi. Le nombre de fois où on s'est empoignés à cause de toi…

Patrick ignora ce commentaire. Pete n'avait jamais accepté l'amitié qui le liait à Rhiann.

— Tu as idée de ce qu'elle vit en ce moment ?

La question tomba dans le vide. Croyant qu'ils avaient été coupés, Patrick éloigna le téléphone de son oreille.

— Eh, je te parle. Tu as pensé aux problèmes qu'elle a ? À l'aide que tu pourrais leur apporter ?

— Je viens de te dire que je n'ai pas d'enfant.

Patrick s'assit à son bureau et prit un prospectus qu'il avait rapporté de chez Rhiann.

— Elle a organisé une levée de fonds pour l'opération de Levi. Elle s'alimente à peine pour payer ses frais médicaux.

— Tu sais à qui tu me fais penser, doc ?

La question demeura un instant en suspens. Patrick attendait qu'il en dise davantage, mais l'autre faisait durer le suspense, sûrement ravi de son petit effet.

— Tu me fais penser à un mec qui veut refourguer un gamin malade à un autre tout en se payant du bon temps avec la maman. Crois-moi, elle n'en vaut pas la peine.

Hors de lui, Patrick cogna du poing sur la table.

— Espèce de...

— Qu'est-ce qu'il t'arrive, doc ? C'est la vérité qui te met dans cet état ? J'ai tapé juste, on dirait. Ça fait des années que tu tournes autour de Rhiann. C'était déjà le cas quand elle était ma femme. Ne dis pas le contraire, je voyais bien la façon dont tu la regardais sans cesse. Tu la veux ? Pas de problème. Mais mets-toi bien dans la tête que son morveux fait partie du lot.

Le souffle coupé, Patrick ne répondit rien, trop furieux pour parler.

— J'ai toujours su que tu en pinçais pour elle, ajouta Pete. Dis-lui de ma part : « Je te l'avais bien dit. »

Il raccrocha avec un rire mauvais.

Immobile, tremblant de colère, Patrick s'efforçait de retrouver son calme.

Qu'espérait-il obtenir avec ce coup de fil ? Il aurait dû croire Rhiann lorsqu'elle lui avait dit qu'elle n'attendait rien d'un tel minus... De même qu'il aurait dû nier qu'il en avait toujours pincé pour elle.

Seulement, ç'aurait été un mensonge.

9

Lorsque Rhiann vit le numéro californien sur l'écran de son téléphone, la surprise lui fit cligner des yeux. Elle avait retiré le numéro de Pete de son répertoire depuis longtemps, mais elle le connaissait encore par cœur.

— Allô ? demanda-t-elle prudemment.

La dernière fois qu'il l'avait appelée, ç'avait été pour l'incendier parce que le service comptable de l'hôpital s'était adressé à lui.

Comme la dernière fois, Pete attaqua bille en tête.

— Je n'apprécie pas du tout tes façons de procéder. Ça m'a moyennement amusé d'avoir ton petit mec au téléphone au sujet de ce gosse que tu as voulu me coller sur le dos.

— Pardon ? De quoi parles-tu au juste ?

— Allez, ne fais pas l'innocente.

Elle entendit le cliquetis d'un briquet, puis la profonde inspiration de Pete lorsqu'il tira sur sa cigarette.

— Ton toubib m'a appelé hier. Il se figure que je te dois quelque chose.

— Hein ? Oh... Patrick, tu veux dire ?

Patrick avait été un sujet de dispute récurrent entre eux. Pete avait toujours été jaloux de leur amitié. Pas étonnant qu'il soit dans tous ses états si Patrick l'avait contacté.

— Oui, Patrick ! Qui d'autre, à ton avis ? Je savais bien qu'il reviendrait te tourner autour à la première occasion. Préviens-le de ma part qu'il a intérêt à me lâcher les baskets !

Il raccrocha, et la tonalité bourdonna à l'oreille de Rhiann.

Les yeux fermés, elle s'efforça de comprendre ce qu'il s'était passé.

Patrick avait dû téléphoner à Pete en rentrant chez lui. Il avait du culot. Un sacré culot, même.

Une heure plus tard, elle faisait irruption à l'hôpital général. Elle entra comme une bombe dans le cabinet de consultation et tomba sur Clay. Quand celui-ci l'informa que Patrick n'avait pas encore terminé sa tournée des patients, elle monta sans faire ni une ni deux au service de cardiologie pédiatrique. L'ascenseur grimpait à la vitesse d'un escargot. Lorsque les portes s'ouvrirent, elle jaillit sur le palier. Elle repéra bientôt Patrick en entretien avec deux autres médecins et infirmières. Elle lui saisit le bras sans ménagement pour l'obliger à se tourner vers elle.

— Qu'est-ce qu'il t'a pris, bon sang ?

Patrick cligna les paupières, visiblement surpris de cette entrée en matière. Puis il l'attrapa par la main et l'entraîna dans une salle de conférences vide avant de refermer la porte derrière eux.

— Bonjour, au fait, dit-il.

— De quel droit as-tu téléphoné à Pete dans mon dos ? Je n'arrive pas à croire que tu aies fait une chose pareille ! Après tout ce que je t'avais dit à son sujet...

Il fronça les sourcils, comprenant enfin de quoi elle voulait parler.

— Je peux t'expliquer.

— Il n'y a rien à expliquer ! Je t'ai fait confiance, et toi, tu...

Sa diatribe s'interrompit brusquement lorsque Patrick noua les bras autour d'elle. La seconde d'après, il s'emparait de sa bouche avec une douceur exigeante. Et comme un soupir étranglé échappait à Rhiann, il en profita pour mêler sa langue à la sienne.

La main qu'elle avait posée sur son torse pour le repousser saisit le revers de sa blouse et l'attira à elle.

Ce premier baiser avait mis vingt ans à exister, mais il valait bien chaque minute de ces longues années d'attente. Il réveillait en elle des sensations auxquelles elle n'était plus habituée. Les derniers temps, elle s'était focalisée sur Levi et les difficultés du quotidien, elle n'avait songé à rien d'autre. Elle avait été à des lieues d'envisager de reprendre une vie sentimentale, sans parler de tomber amoureuse. Et pourtant, à la seconde où les lèvres de

Patrick avaient touché les siennes, elle s'était mise à désirer des choses, à espérer...

Enfin, Patrick s'écarta, et leurs regards se fixèrent l'un à l'autre. Lui aussi était pris au dépourvu par ce baiser, son expression stupéfaite et bouleversée le lui disait.

Elle se rappela alors ce qu'elle était venue faire là. Ce baiser n'avait pas été au programme. Jamais elle ne l'avait envisagé parmi tous les scénarios qu'elle avait imaginés.

Submergée par la honte, furieuse d'avoir réagi avec tant de ferveur à ce baiser, elle se détourna pour s'enfuir.

— Ne t'en va pas, murmura sourdement Patrick.

Il l'attira à lui pour l'embrasser à nouveau, plus intensément encore.

Elle ferma les yeux, terrassée par un feu d'artifice de sensations fortes. Jamais elle n'avait éprouvé quelque chose d'aussi enivrant. Il lui fallut déployer des trésors de volonté pour le repousser.

— S'il te plaît, arrête.

Patrick tenta de reprendre sa bouche, mais elle plaqua les mains sur son torse pour le tenir à distance.

Il la relâcha et se passa la main dans les cheveux.

— Excuse-moi. Tu as raison, je n'aurais pas dû lui téléphoner.

— Non, pas plus que tu n'aurais dû m'embrasser, répliqua-t-elle, les larmes aux yeux.

— Écoute, Rhiann...

— Ça va comme ça ! Je t'avais pourtant dit que Pete ne voulait rien entendre. Tu aurais dû savoir à quoi t'en tenir, mais non ! Comme d'habitude, tu as pensé que ton avis était le meilleur. Et quand je viens te demander des explications, tout ce que tu trouves à faire, c'est m'embrasser. Alors que, hier encore, tu n'étais pas prêt à me pardonner pour Mallory et Everly...

Elle s'enveloppa de ses bras et respira profondément.

Les hommes l'avaient toujours blessée, toujours déçue. Malgré tout, par faiblesse ou par sottise, elle avait baissé la garde devant Patrick et s'était rendue vulnérable. Bien fait pour elle ! Ça lui apprendrait.

— Pourquoi m'as-tu embrassée si tu n'es pas capable de me pardonner ?

— Rhiann… Laisse-moi t'expliquer, s'il te plaît.

Il fit un pas vers elle et lui saisit le bras avec douceur, mais elle se dégagea et se réfugia derrière une table de conférence.

— Vas-y, je t'écoute.

— Je ne sais pas. Tout est si confus dans ma tête…

Il glissa les mains dans ses cheveux, la regardant comme s'il s'attendait à ce qu'elle lui apporte des réponses.

— Eh bien ? Qu'est-ce qui est confus ?

— Eh bien… Nous. Par moments, je ne pense qu'au passé et à tout ce qui est arrivé ce jour-là, et je t'en veux tellement. À d'autres moments, je ne m'imagine pas vivre sans toi et Levi. Je suis en train de tomber amoureux, et je ne parle pas d'une petite bluette d'adolescent, mais d'amour. Le vrai, avec un grand A, le genre qui vous rend stupide. Et je ne sais pas quoi faire pour arrêter ça.

Elle le dévisagea un instant en silence, sidérée.

Comment pouvait-il l'insulter et, dans la foulée, lui dire qu'il était amoureux d'elle ?

Elle secoua la tête tristement et posa la main sur la poignée de la porte.

— Tu m'excuseras, mais je n'ai ni le temps ni l'énergie de me consacrer à un homme qui ne sait pas ce qu'il veut. Je dois me concentrer sur mon fils. Alors, mieux vaut nous en tenir à nos rôles respectifs : toi à celui de médecin, moi à celui de mère de patient.

Elle sortit de l'hôpital les larmes aux yeux.

Comment Patrick pouvait-il l'aimer et la détester en même temps ? Jamais il ne lui pardonnerait de n'avoir pu sauver sa femme et sa fille, elle serait naïve d'espérer le contraire. De sa part, elle ne devait s'attendre à aucune déclaration d'amour dénuée d'arrière-pensée. Inutile de rêver.

Patrick étudiait l'échographie d'un patient lorsque Marilyn Scott fit irruption dans son bureau avec un claquement de porte qui fit trembler les diplômes accrochés au mur. Sa mère se posta devant lui en brandissant un prospectus rose vif.

— Pourquoi ne m'as-tu rien dit à ce sujet ?

Elle flanqua le papier sur le bureau du plat de la main.

— Le fils de Rhiann souffre d'une malformation cardiaque ? Si ce n'était que cela, ce serait déjà assez grave. Mais voilà qu'elle organise une levée de fonds pour lui, et tu ne me dis rien ? Il a fallu que je l'apprenne par Clay !

Il éteignit son ordinateur avec un soupir.

— Bonjour aussi, maman.

Elle réprima un mouvement d'impatience et se laissa tomber sur un siège.

— Au diable la politesse ! Pourquoi ne m'as-tu pas dit que Rhiann a besoin d'aide ? Avec le carnet d'adresses dont je dispose, il suffirait de quelques coups de fil bien placés pour assurer la réussite de cette soirée.

— J'ai pensé que notre présence serait indésirable, répondit-il avec un haussement d'épaules.

— *Ta* présence, pas la mienne. Moi, je n'ai rien à me reprocher, si ce n'est d'avoir cessé de la voir. J'ai choisi ton camp quand tu t'es fâché avec elle, mais c'était une bêtise.

— Pardon ?

— Dis-moi la vérité. Quel est le but de cette levée de fonds ? Cet enfant est-il très malade ?

— Le secret médical...

— Je veux juste savoir si cette soirée va servir à payer des soins ou des funérailles.

— Des soins, j'espère. Rhiann s'en sortirait peut-être si Levi n'était pas si gravement malade, mais avec tous les frais médicaux, elle a du mal à joindre les deux bouts, d'autant plus que son ex la laisse se débrouiller toute seule.

Le regard de sa mère se durcit.

— Je vois.

— J'ai téléphoné à Pete hier soir. Crois-le ou pas, il est encore pire qu'avant. Je ne sais pas ce qu'elle a pu lui trouver.

— Elle recherchait un homme qui ne te ressemblait pas. Elle essayait de se convaincre que tu n'étais pas celui qu'il lui fallait. Et lorsqu'elle t'a vu revenir avec Mallory, elle s'est accrochée à lui, même si elle savait qu'il ne te valait pas. Qui sait ? Elle a peut-être fini par se persuader qu'elle l'aimait ?

Il secoua ma tête, confus.

— Son fils... Elle lui a donné mon nom : Levi Patrick.

Sa mère posa une main sur son cœur.

— Si, avec ça, tu ne comprends pas à quel point tu comptes pour elle, tu n'es qu'un âne bâté. Et moi, je vais coller un procès à la maternité où j'ai accouché, parce qu'on a dû t'échanger à la naissance, ce n'est pas possible. Mon fils ne peut pas être aussi stupide.

— Maman !

— Donc, elle est célibataire, tu es célibataire… Tout est simple, du coup.

Les yeux de sa mère se mirent à pétiller.

— Au lycée, tu n'arrêtais pas de me parler d'elle. Avant même de la rencontrer, je savais tout sur les reflets blonds dans ses cheveux, sur ses fossettes, sur la façon dont ses yeux brillaient lorsqu'elle riait. À l'époque, je croyais que c'était un amour de jeunesse qui ne résisterait pas au temps.

— Je ne peux pas l'aimer. Ce serait trahir Mallory et Everly.

— Oh ! mon chéri…

Marilyn contourna le bureau et le prit dans ses bras.

— Comment peux-tu penser une chose pareille ? Je sais à quel point cette épreuve t'a affecté, mais tu as fait ton deuil, maintenant. Il est temps de tourner la page. Mallory n'aurait jamais voulu te voir condamné à la solitude. Elle t'aimait trop pour ça.

Comme il restait silencieux, la gorge serrée, elle regarda sa montre d'un air impatienté.

— Je n'ai pas beaucoup de temps, alors écoute. Cette levée de fonds a lieu dans trois jours. Tu vas m'y accompagner parce que j'ai besoin d'un chauffeur. D'ici là, réfléchis à ce jour où nous avons perdu Mallory et Everly. Je t'adore, Patrick, mais tu te laisses aveugler par tes émotions. Rhiann a fait tout son possible pour sauver ta femme et ta fille, tu le sais bien.

Il hocha lentement la tête.

Ces paroles étaient frappées au coin du bon sens, mais l'amour qu'il éprouvait pour Rhiann lui semblait être une insulte à la mémoire de Mallory. Et à supposer qu'il puisse lui pardonner, pourrait-il se lier à elle alors qu'elle avait un fils gravement malade ? Il n'était pas sûr d'avoir la force d'aimer de nouveau un enfant qu'il risquait de perdre.

10

La levée de fonds tombait à point. Rhiann venait de recevoir les factures correspondant aux derniers soins de Levi : le cathétérisme cardiaque, les frais d'hospitalisation, les analyses biologiques. Dieu merci, Patrick avait renoncé à ses honoraires, et de cela, elle lui serait éternellement reconnaissante, mais l'hôpital ne serait pas aussi généreux, et l'assurance suffirait à peine à couvrir les dépenses. Les frais s'accumulaient, et le stress aussi.

L'événement devait se dérouler dans la caserne, et toute l'équipe s'affairait aux derniers préparatifs. À mesure que l'heure approchait, elle sentait croître son angoisse.

Normalement, tout était bon. Des piles d'assiettes attendaient en cuisine, et chaque table était garnie d'une poivrière, d'une salière et d'un saupoudreur de parmesan.

Elle passa une main moite sur son front humide, tentant de se calmer.

Charlie la serra dans une étreinte réconfortante.

— Haut les cœurs ! Tout va bien se passer, tu verras.

Elle hocha la tête en soupirant.

La vie aurait été plus simple si elle était tombée amoureuse d'un homme comme Charlie. Tout l'inverse de Pete : stable, loyal, généreux, bref, un type bien. Seulement, elle n'avait jamais ressenti avec lui ce genre de connexion intense capable de vous faire vibrer l'âme.

Comme avec Patrick...

À propos, ce dernier ne lui avait plus donné signe de vie depuis ce baiser, quelques jours plus tôt. Mais ne lui avait-elle pas demandé de la laisser tranquille ?

N'empêche, au fond d'elle-même, elle avait espéré qu'il l'appellerait.

Un pompier qui entrait poussa un long sifflement.

— C'est impressionnant ! Les gens font la queue tout le long du trottoir, jusqu'au feu. J'espère que vous avez prévu large pour les spaghettis, parce qu'ils ont tous l'air d'avoir les crocs, c'est moi qui vous le dis !

— Non, c'est vrai ?

Charlie lui pressa affectueusement l'épaule.

— Tu vois ? Sur ce, ouvre les portes et tâchons de gagner beaucoup d'argent.

Elle se hâta d'aller accueillir les premiers convives.

— Merci à tous d'être venus... Merci, répétait-elle au fur et à mesure que les arrivants défilaient.

La cagnotte placée à l'entrée était surveillée par un collègue pompier du nom de Jason. La salle ne tarda pas à se remplir, de même que la caisse de dons, et Jason fit signe au chef des secouristes d'en apporter une vide. Alors que celui-ci emportait la cagnotte dans son bureau pour compter l'argent et le mettre en sécurité, Charlie approcha, un large sourire au visage.

— Il va falloir attendre que cette première fournée s'en aille avant de faire entrer d'autres personnes. Question de sécurité.

Elle se jeta dans ses bras, émue aux larmes.

— C'est incroyable...

Elle était loin de s'attendre à un tel succès. Certes, elle avait espéré voir venir du monde, mais à ce point...

— Je te l'avais bien dit.

Charlie ponctua ces mots d'un clin d'œil avant de monter sur la petite estrade.

— Bonjour à toutes et à tous !

Portée par les haut-parleurs, sa voix résonna dans toute la salle jusque dans la rue.

— À ceux qui attendent dehors, nous allons vous servir dès que les tables seront libérées. D'autres marmites de spaghettis sont sur le feu, des fournées de pain à l'ail sont en train de griller, et il nous faut continuer d'alimenter la cagnotte pour cet adorable petit garçon et sa non moins adorable maman, ajouta-t-il en désignant Rhiann et Levi.

Son discours fut interrompu par une salve d'applaudissements, et il attendit que ceux-ci s'apaisent pour poursuivre.

— Peut-être que quelqu'un voudrait venir à ma place pour raconter un souvenir, une anecdote au sujet de Rhiann et lui dire à quel point elle compte pour chacun de nous ? Moi-même, je ne la connais que depuis quelques années, mais elle s'est insinuée dans mon cœur par sa générosité et son courage, et je n'ai pas honte de dire que je la considère comme faisant partie de ma famille.

Émue, Rhiann écrasa une larme au coin de son œil.

Une femme d'allure fragile monta sur l'estrade et salua Rhiann de la main.

— J'ai rencontré Rhiann lors d'un accident de voiture, il y a deux ans, raconta-t-elle d'une voix douce malgré le micro. J'avais fait une embardée pour éviter de heurter un gosse en skate qui avait déboulé devant moi, et je suis rentrée dans un arbre. Il a fallu me désincarcérer, mais les pompiers ont mis du temps à arriver. Heureusement, Rhiann était là, et elle m'a tenu la main tout du long. Je n'oublierai jamais sa gentillesse. Sans elle, j'aurais complètement paniqué. Alors, quand j'ai entendu parler de cette soirée pour son petit garçon, je me suis dit : c'est le moment de lui rendre la pareille.

Des applaudissements éclatèrent, et la femme tendit le micro à un vieil homme qui était monté derrière elle.

— À ma grande honte, je n'ai pas été d'une politesse irréprochable avec cette jeune dame le jour de notre rencontre, dit-il d'une voix chevrotante. Mais je suis sûr qu'elle m'aura pardonné. Ma femme venait de mourir, et... Bref, je n'allais pas bien. Quoi qu'il en soit, Mlle Rhiann passait chaque jour chez moi pour voir comment j'allais. Elle me disait que j'étais un vieux bougon et que je l'amusais. À présent, je peux dire qu'elle m'a donné une raison d'aller de l'avant à un moment où j'en avais grand besoin, et je tiens à l'en remercier.

Il lui adressa un signe de tête, et elle lui souffla un baiser.

Deux jeunes garçons montèrent alors sur l'estrade, et l'un d'eux s'empara du micro.

— Euh, voilà... Mlle Rhiann nous a sauvés l'année dernière. On avait fait une bêtise et...

Son camarade lui donna un léger coup de coude, et il l'écrasa d'un regard noir.

— Oui, bon, je sais ! Elle... Elle nous a sauvé la vie. Sans elle, on ne serait pas ici pour vous parler en ce moment.

Et pour cause : ils s'étaient amusés avec des allumettes, et le vêtement de l'un d'eux avait pris feu. Par bonheur, elle avait pu l'éteindre avant l'arrivée des pompiers.

De nouveaux convives remplaçaient les premiers, et les témoignages se succédaient sur l'estrade. Les histoires étaient diverses, mais dans chaque cas elle avait pris soin des maux de l'âme autant que de ceux du corps, et elle avait tâché de donner à tous de l'espoir dans une situation difficile.

Et même s'ils ne s'en rendaient pas compte, ils lui rendaient la pareille ce soir.

Patrick se faufila dans la salle à la suite de sa mère à un moment où Rhiann avait le dos tourné. Marilyn déposa dans la cagnotte un chèque plié en deux afin d'en dissimuler le montant, mais il était sûr qu'il s'agissait d'une somme rondelette. Craignant qu'une donation portant son nom ne soit jamais encaissée, il avait résolu de verser son obole en espèces : il glissa dans la cagnotte cinq billets de cent dollars.

Le secouriste qui surveillait la caisse ouvrit de grands yeux, mais il arbora un sourire entendu quand Patrick porta l'index à ses lèvres en lui adressant un clin d'œil.

Une fois qu'ils furent servis, Patrick guida sa mère jusqu'à deux places libres au fond de la salle et observa Rhiann tout en mangeant.

Elle portait une robe mauve joliment assortie à ses yeux émeraude. Son sourire était radieux, mais des larmes faisaient briller ses prunelles.

Il aurait tellement voulu les sécher et la serrer dans ses bras, lui dire qu'il était prêt à financer les frais médicaux de Levi ! Tant pis si ces sentiments revenaient à trahir Mallory et Everly...

Comme Rhiann se tournait dans leur direction, il baissa les yeux pour éviter son regard. Il planta sa fourchette en plastique dans ses spaghettis avant de jeter un bref regard vers elle pour s'assurer qu'elle ne s'approchait pas de leur table.

Sa mère lui flanqua une tape sur le bras.

— Tu essaies de l'éviter, dit-elle d'un air réprobateur.

— Chut ! J'écoute.

De la pointe de sa fourchette, il désigna la femme qui parlait au micro.

Marylin secoua la tête.

La cagnotte se remplissait et, sur l'estrade, les témoignages se succédaient. Hommes, femmes et même enfants, tous avaient une histoire, une anecdote à raconter. Dans chaque cas, Rhiann ne s'était pas contentée d'offrir une aide ponctuelle. Souvent, par son courage, sa compassion, elle avait changé leur vie.

Il sentit sa gorge se serrer lorsqu'un jeune couple présenta un bébé potelé qui se serait étouffé sans son secours.

Comment une femme aussi dévouée envers des inconnus avait-elle pu laisser mourir une amie proche et son bébé ?

Il sentit les larmes lui brûler les paupières.

— Bon, je m'en vais, dit-il en repoussant son assiette.

Sa mère haussa un sourcil parfaitement dessiné.

— Seulement si tu changes d'avis au sujet de Rhiann. Arrête de te créer des problèmes.

— Je te ramène chez toi ? demanda-t-il sur un ton sec.

Mais elle le congédia d'un geste.

— Merci. J'ai repéré plusieurs personnes de connaissance : comme je te l'ai dit, j'ai convié du monde à cette soirée. Dans le pire des cas, je peux toujours téléphoner à ton père après sa conférence. C'est plutôt toi qui m'inquiètes. Es-tu en état de conduire ?

Il se leva et posa un baiser sur la tête de sa mère.

— Je vais bien, ne t'en fais pas. Envoie-moi un texto lorsque tu seras rentrée, d'accord ?

Rasant les murs, il se dirigea vers la sortie en évitant le groupe qui entourait Rhiann, puis il s'attarda un instant sur le seuil pour observer l'attention affectueuse dont elle et Levi faisaient l'objet et la salle encore pleine à craquer.

Tous ces gens étaient venus témoigner de leur gratitude envers Rhiann. Mais où était-elle, cette secouriste compétente et dévouée, quand Mallory se vidait de son sang ? À croire qu'ils parlaient d'une personne différente.

Il s'apprêtait à sortir quand le capitaine des pompiers grimpa à son tour sur l'estrade.

— Comme la soirée touche à sa fin, j'ai pensé que vous seriez intéressés de savoir quelle somme nous avons rassemblée jusqu'à présent.

La foule répondit par une acclamation chaleureuse, et le capitaine leva une main pour obtenir le silence.

— Nous avons récolté plus de dix mille dollars, et on n'a pas fini de compter !

Visiblement émue aux larmes, Rhiann se cacha le visage dans les mains.

Patrick ne supportait pas de la voir pleurer. Submergé par l'émotion, il aurait voulu crier, flanquer son poing contre un mur. Comment réconcilier les deux Rhiann, celle dont le dévouement faisait l'objet d'éloges unanimes et celle qui avait laissé mourir sa femme et sa fille ?

Il poussa la porte d'un coup sec. La brise nocturne lui frappa le visage. Il respira longuement pour se calmer et regagna sa voiture comme un automate.

Arrivé chez lui, il se servit un grand verre d'alcool.

Au fond, en faisant peser la responsabilité du drame sur les frêles épaules de son amie, il avait choisi la solution de facilité. Il se dédouanait ainsi des torts qui lui revenaient, ou du moins il évitait d'y réfléchir. Le médecin de garde ce soir-là lui avait dit que l'ambulance n'était pas arrivée à temps. Partant de là, il s'était muré dans sa douleur et avait refusé d'en savoir plus. Il ne s'était même pas donné la peine d'écouter Rhiann, pensant qu'elle essaierait juste de se faire pardonner. C'était si commode de l'accuser... Mais lui non plus n'avait pas été à la hauteur. Savait-il exactement ce qu'il s'était passé ce soir où sa vie avait basculé ?

Tout à coup, il eut besoin d'en avoir le cœur net.

Il entra dans son cabinet de travail en faisant claquer la porte contre le mur. Où avait-il rangé ce dossier ? Il fouilla le bureau, puis la bibliothèque. Il le trouva enfin, enterré sous une pile de papiers. L'enveloppe en papier kraft n'avait jamais été ouverte.

Il déchira le rabat avec des doigts tremblants.

11

Il ouvrit l'enveloppe avec une telle hâte qu'il se coupa, et une goutte de sang tacha le papier. Le cœur battant, il sortit la liasse de documents et s'enfonça dans son fauteuil.

Collé sur la première page, un Post-it rose pâle portait une phrase écrite de la main de Rhiann :

Si tu as besoin d'en parler, appelle-moi.

Avec une profonde inspiration, il arracha le Post-it et ouvrit le dossier.

Le rapport de Rhiann venait en premier. Il s'agissait d'un document factuel, aussi neutre que possible, mais quelques taches rondes sur la page ressemblaient à des traces de larmes, comme si elle avait pleuré en rédigeant son rapport… La gorge serrée, il parcourut en diagonale la première page, qui précisait l'heure et le lieu des événements, puis il passa à la seconde page.

Rhiann y décrivait les derniers moments de Mallory.

Nous avons été appelés au centre commercial d'Opry Mills pour prendre en charge une femme enceinte en état de choc. Au téléphone, le témoin a raconté que la patiente s'était plainte de vertiges avant de chanceler et de s'écrouler. Il a alors remarqué qu'elle saignait abondamment, sans préciser que le saignement était d'origine vaginale.

À notre arrivée, je reconnais la patiente comme étant Mallory Scott, dont je sais qu'elle est enceinte de vingt-quatre semaines de son premier enfant. Mallory est consciente par intermittence et désorientée. Elle a du mal à se rappeler mon nom, alors que nous sommes amies depuis longtemps. Elle presse ses mains contre son ventre et dit avoir mal « comme si on lui arrachait l'utérus ». Elle présente différents signes de décollement placentaire sévère et d'hypovolémie qui, d'après nos directives de soins, justifient un transport d'urgence au service d'obstétrique de l'hôpital général.

Nous l'installons sur une civière à l'arrière de l'ambulance, et je lui administre une solution saline en intraveineuse de large calibre ainsi que de l'oxygène à haut débit. Pendant ce temps, mon binôme contacte par radio l'hôpital général pour que notre patiente soit prise en charge dès notre arrivée. Je demande aussi qu'on prévienne le mari de Mallory, le Dr Patrick Scott.

Les moniteurs confirment des contractions continues. L'utérus est douloureux et rigide à la palpation. L'examen visuel du col montre un saignement important. La fréquence cardiaque fœtale est indétectable malgré plusieurs tentatives pour la mesurer. Je surélève les pieds de Mallory et l'enveloppe de couvertures chauffantes pour tenter d'atténuer le choc.

Un accident important sur l'autoroute nous oblige à rebrousser chemin et allonge notre trajet de dix minutes. Cinq minutes avant d'arriver, Mallory subit un arrêt cardio-respiratoire. Je commence une RCP et continue les compressions jusqu'à l'hôpital général. Nous passons le relais au personnel hospitalier.

Notes : hypertension à dix-sept / dix et tachycardie à cent vingt lors de la prise en charge.

Chaque ligne, chaque mot avaient avivé son chagrin. Une main sur la bouche afin d'étouffer un haut-le-cœur, il repoussa le dossier, et quelques pages voltigèrent par terre. Il attendit que la nausée s'éloigne avant de lire les notes de l'obstétricien de garde.

L'ambulance amène une patiente présentant un décollement placentaire sévère. Pas de rythme cardiaque détectable chez la mère ni chez le fœtus à l'arrivée. Nous avons procédé à une césarienne d'urgence, mais ni la mère ni l'enfant prématuré n'ont survécu. Apparente cause du décès de la mère : hémorragie utérine sévère ayant entraîné une hypovolémie. Apparente cause du décès du fœtus : décollement placentaire ou mort maternelle.

La poitrine de Patrick se soulevait convulsivement, et une grosse larme solitaire roula sur sa joue avant de tomber lourdement sur le mot « décès ». Dans un grincement de chaise, il se renversa sur le dossier de son fauteuil et demeura immobile un long moment, le temps d'assimiler les faits et de maîtriser ses émotions.

Mallory et Everly n'avaient eu quasiment aucune chance de s'en tirer. Pour cela, il aurait fallu que l'accident survienne à l'hôpital, et encore. Rhiann n'avait rien pu faire.

Il se leva et se dirigea vers sa chambre d'un pas incertain avant de s'effondrer sur le lit.

Pendant des années, il l'avait accusée à tort, il l'avait tenue à distance alors qu'elle n'était pour rien dans ses malheurs. Elle n'avait eu ni la formation, ni les équipements nécessaires pour prendre en charge un décollement placentaire sévère, mais il n'avait rien voulu savoir. Pire, il l'avait accusée devant tout le monde du décès de sa femme et de sa fille. Comment avait-elle pu lui pardonner malgré tout ? Parce qu'elle l'avait fait. Il avait bien vu la façon dont elle le regardait, l'espoir et le désir qu'elle peinait à dissimuler sous ses longs cils. Mais il risquait d'avoir gâché tout cela.

Il s'empara du portrait de Mallory sur la table de chevet et le caressa avec tendresse.

— Tu aurais honte de moi, Mallory. Mais c'est si dur ici, sans toi. Je ne suis même pas sûr que tu me reconnaîtrais dans la personne que je suis devenue. Certains jours, moi-même, j'ai du mal. Pendant des années, j'en ai voulu à Rhiann. Je pensais qu'elle n'en avait pas fait assez pour toi et Everly. Mais je connais enfin la vérité.

Mallory l'aurait giflé pour la façon dont il avait traité Rhiann. Contrairement à Pete, jamais elle n'avait été jalouse de leur vieille amitié. Au contraire, elle l'avait acceptée sans jamais poser de questions. C'était d'ailleurs une des raisons pour lesquelles il l'avait autant aimée.

« L'avait aimée »...

Les larmes jaillirent de nouveau de ses yeux.

Oui, Mallory appartenait au passé, il ne pouvait plus s'enfermer de la sorte dans les souvenirs. Depuis cette tragédie, il avait oublié de vivre. Mais Rhiann lui avait redonné l'envie d'aller de l'avant. Il était temps de faire ses adieux à son épouse décédée et de se donner la chance d'avoir un avenir. Pour cela, il devrait d'abord présenter des excuses à Rhiann.

Il regarda une dernière fois le portrait de Mallory et le porta à ses lèvres avant de le ranger dans le tiroir. Puis, après une brève hésitation, il ôta son alliance et la posa délicatement sur la photo.

— Je ne cesserai jamais de t'aimer, Mallory, mais je choisis d'avancer et de faire de la place pour quelqu'un d'autre. Et je suis sûr que tu serais d'accord avec moi.

Rhiann se gara devant la caserne trois minutes à peine avant le début de sa garde. Elle bondit hors de la voiture et passa en courant devant Charlie pour aller pointer.

Celui-ci haussa le sourcil à juste titre : elle n'avait pas pour habitude d'arriver ainsi au dernier moment.

Lorsqu'elle le rejoignit pour garnir l'ambulance en prévision de la journée qui s'annonçait, il lui jeta un coup d'œil inquiet.

— Qu'est-ce qui ne va pas par ce beau matin ? Tu ne vois pas ce ciel bleu parsemé de petits nuages légers ?

— Levi ne va pas bien, dit-elle tout en vérifiant le contenu de sa mallette de travail. Je ne sais pas si c'est son cœur ou juste un mauvais rhume, mais il s'accrochait à moi, et ça m'a brisé le cœur de le laisser avec la nounou. Donc, tu m'excuseras, mais je ne suis pas trop d'humeur à disserter sur la couleur du ciel.

Charlie lui tapota l'épaule avec sa grosse paluche d'ours.

— Pauvre petit... Si tu veux, pour te tranquilliser, on passera lui rendre visite pendant la pause de midi. Je te lâcherai devant chez toi, et j'irai nous chercher un sandwich.

— Merci, Charlie. Tu es un amour.

— Je sais.

Il accompagna sa réponse d'une grimace qui la fit sourire – son premier vrai sourire de la journée.

— Au fait, j'ai rencontré quelqu'un hier soir, poursuivit-il. Il est trop tôt pour savoir où ça va nous mener, mais elle m'a littéralement coupé le souffle. C'est un miracle que j'arrive à parler aujourd'hui.

Elle sourit poliment. Elle se rendait bien compte qu'il changeait de sujet sciemment, afin de lui changer les idées. À défaut d'être efficace, cela partait d'une bonne intention.

— Et toi ? demanda-t-il. Ça avance avec ton beau toubib ?

— Qu'est-ce qui te fait dire ça ?

— Il était présent à la soirée. Tu ne l'as peut-être pas vu, mais il était assis au fond de la salle, et il te dévorait des yeux. J'ai discuté un bon quart d'heure avec sa mère : une dame charmante. Je suis sûr qu'elle a fait un joli chèque.

Rhiann se figea.

Patrick était venu ? Elle ne l'avait pas remarqué... Ni sa mère non plus. Dommage, elle aurait bien aimé parler un peu avec Marilyn. Cela faisait des années qu'elle ne l'avait pas vue.

— Tu rêves de ton toubib ?

— J'essaie plutôt de comprendre pourquoi il ne m'a pas fait savoir qu'il était là avec sa mère. D'un autre côté, la dernière fois qu'on s'est parlé...

Comme sa phrase restait en suspens, Charlie flanqua un coup contre la porte avec un soupir exaspéré.

— Alors ? Tu ne vas pas t'arrêter maintenant et me laisser sur des charbons ardents !

Elle sourit. À vrai dire, elle avait besoin de se confier à une oreille attentive et amicale.

— Après l'examen de Levi, il nous a ramenés à la maison, et il a passé la soirée avec nous.

Charlie remua les sourcils avec un sourire entendu.

— Qu'est-ce que tu vas t'imaginer ? dit-elle en lui donnant une tape sur le bras. C'était purement innocent... On ne s'est même pas embrassés. Bref, en revenant chez lui, il a téléphoné à Pete pour lui demander de s'impliquer dans la vie de Levi. Au moins financièrement.

Charlie eut un sifflement admiratif.

— C'est un mec bien, ton toubib.

— Oui, bon, ça va...

Il ne fallait surtout pas que Charlie ou Patrick se mettent en tête de faire revenir Pete dans sa vie. Elle ne voulait plus avoir quoi que ce soit à faire avec lui.

— Quoi qu'il en soit, j'ai reçu un coup de fil de Pete, furieux, qui me demandait des explications. Alors, je suis allée voir Patrick...

En haleine, Charlie se pencha vers elle.

— Et ?

Elle laissa échapper un soupir de lassitude.

— Et là, il m'a embrassée. Deux fois.

Charlie lança son poing en l'air.

— *Yes !* J'en étais sûr.

Elle secoua tristement la tête.

— Mais non... Il m'a dit ensuite qu'il ne sait pas s'il m'aime ou s'il me déteste. Il est perdu.

— Hein ?

Elle repoussa une mèche de cheveux échappée de sa queue-de-cheval.

— Du coup, moi non plus, je ne sais plus où j'en suis.

— Mais il t'a parlé d'amour, pas vrai ? Donc, tout n'est pas sans espoir.

— De toute façon, quelle importance ? Avec Levi, j'ai assez de soucis comme ça.

Soudain fatiguée, elle s'adossa à l'ambulance, le regard dans le vague.

Pourquoi fallait-il qu'elle tombe amoureuse de Patrick ? Sa situation n'était-elle pas assez compliquée en l'état ? Pourtant, c'était plus fort qu'elle...

Le bip de leur radio la ramena à la réalité. Charlie se pencha vers l'appareil en lui lançant un clin d'œil.

— Crois-moi, s'il t'a parlé d'amour, c'est qu'il y pense. Ne perds pas espoir.

12

En fin de matinée, mal réveillé d'une nuit trop courte, Patrick se gara devant l'immeuble de Rhiann.

Sa voiture n'était pas là, mais elle pouvait très bien se trouver encore chez le garagiste. Avec un peu de chance, elle serait chez elle : la conversation qu'il comptait avoir avec elle nécessitait un minimum d'intimité.

Il gravit quatre à quatre les marches avant de frapper à sa porte d'une poigne ferme qui résonna dans le calme du matin.

Un bruit de pas se fit entendre à l'intérieur.

Incapable de tenir en place, Patrick se mit à danser d'un pied sur l'autre. Enfin, la porte s'entrouvrit.

— Rhiann, je...

Il s'interrompit à la vue d'une dame d'un certain âge dont les petits yeux bruns le dévisageaient d'un air suspicieux.

Pourtant, il ne s'était pas trompé, c'était bien là.

— Excusez-moi, j'aurais voulu parler à Rhiann Masters...

La dame le toisa de bas en haut et de haut en bas avant de daigner lui répondre.

— Elle est partie au travail. Vous devrez repasser plus tard.

Un cri plaintif leur parvint de l'intérieur, et la femme se tourna dans cette direction. Haussant le cou, Patrick distingua Levi, allongé sur le canapé.

Le teint pâle, le souffle court, le bébé faisait peine à voir.

— Il est comme ça depuis combien de temps ? demanda-t-il avec inquiétude.

La dame se crispa, sur la défensive.

— Il était déjà malade ce matin quand je suis arrivée. Rhiann est au courant. Je suis sûre qu'elle va revenir sans tarder. Elle s'occupe bien de son fils.

— Oui, je sais.

Il força le passage, entra dans le salon et s'accroupit devant Levi.

— Alors, mon petit gars… Ça n'a pas l'air d'aller fort, aujourd'hui.

Levi tendit la main vers lui avant de la laisser retomber faiblement.

Patrick lui effleura le front de la main et constata avec soulagement qu'il n'avait pas de fièvre. Il se frotta le menton, contrarié de n'avoir pas apporté sa trousse médicale. Sans matériel, il devait se contenter d'un examen visuel. Tout en s'astreignant au calme, il passa en revue les différentes raisons susceptibles d'expliquer cet état. Avait-il attrapé un virus parmi les gens réunis pour la levée de fonds ? Son petit cœur arrivait-il au bout de ses forces ?

— Dites donc…

Une main abîmée par l'arthrose s'abattit sur son épaule comme pour le jeter dehors.

Il aurait trouvé cela risible si la situation avait été moins grave.

— Je suis son médecin, expliqua-t-il sans un regard pour la nounou.

— Ça, c'est vous qui le dites. Vous pourriez aussi bien être un tueur en série, pour autant que je sache.

Il ne répondit rien. Il observait Levi d'un air soucieux et lui caressa le front pour repousser une mèche. Puis il lui tâta le pouls, et son inquiétude grimpa d'un cran.

— Levi doit partir à l'hôpital tout de suite, dit-il en prenant l'enfant dans ses bras.

— Mais sa mère…

— Écoutez, la vie de Levi est en jeu, et chaque minute compte. Voici ce que vous allez faire : vous allez téléphoner à la caserne et demander qu'on vous passe Rhiann. Vous allez lui dire que j'ai emmené Levi à l'hôpital. Si elle est d'avis de faire intervenir la police, dites-leur de me retrouver au service de cardiologie pédiatrique de l'hôpital général.

— Vous n'allez pas l'emmener comme ça !

— Si. Rassemblez ses affaires et appelez sa mère.

Il serra délicatement l'enfant dans ses bras et ressentit un pincement d'angoisse en entendant son souffle irrégulier. À présent que Levi n'était plus allongé, le bruit de sa respiration avait changé, ce qui confirmait l'origine cardiaque du trouble. Normalement, sa chirurgie était prévue pour la semaine suivante, mais il était impossible d'attendre davantage. En fait, il aurait fallu l'opérer la veille. Restait à espérer qu'il survive à l'intervention.

En tout cas, ses propos semblaient avoir fait mouche. Sans discuter davantage, la nounou réunit dans un sac des vêtements de rechange, des couches, un biberon et une boîte de lait maternisé.

— Il a mangé ce matin ?

La nounou secoua négativement la tête.

— Il a refusé son biberon, même avec Rhiann.

— Vous avez un siège-bébé ?

— Oui, et Levi l'utilise de temps en temps. Par contre, je m'en sers aussi pour mon petit-fils.

— Je veillerai à ce qu'il vous soit rendu.

La nounou prit son bip, ouvrit la porte et se pencha à l'extérieur afin de commander l'ouverture à distance.

— Il est dans la voiture bleue. Je vous laisse l'installer, je n'ai jamais su me débrouiller avec ces nouveaux modèles.

Patrick hocha la tête et prit le sac de Levi.

— Appelez Rhiann et dites-lui de me retrouver à l'hôpital le plus vite possible.

Alors qu'il sortait avec Levi, il l'entendit passer le coup de fil au sujet d'une urgence concernant le fils de Rhiann. Il descendit l'escalier en parlant doucement à Levi.

— J'espère que ta mère ne va pas s'affoler parce qu'on a tous une rude journée devant nous. Mais ne t'inquiète pas, je vais faire mon possible pour que tu guérisses.

Levi calé sur un bras, il s'efforça tant bien que mal d'extraire le siège-auto.

— Ce serait plus simple si tu me laissais te poser sur la banquette, tu sais.

Mais le bébé s'accrochait à lui, et Patrick rechignait à le contrarier alors qu'il avait déjà tant de mal à respirer.

— Attendez, je vais vous aider, dit la nounou derrière lui. Laissez-moi le porter.

Son sac au bras, elle avait enfilé un pull et semblait prête à partir.

— Si vous l'emmenez à l'hôpital, je vous accompagne.

Il lui tendit Levi, qui gémit en protestation. L'installation du siège leur fit perdre de précieuses minutes, et Patrick hésita à appeler une ambulance. Quoique, raisonna-t-il une fois cette corvée expédiée, il mettrait sans doute moins de temps à l'amener. Du moins, il l'espérait. Il effleura des lèvres le front du bébé et lui murmura quelques mots, assez bas pour que la nounou ne puisse pas les comprendre.

— Il faut que tu guérisses, hein ? Je ne supporterais pas de perdre un autre enfant.

En fin de matinée, Charlie venait tout juste de garer l'ambulance lorsque la radio grésilla.

Rhiann émit un soupir exaspéré.

Un autre appel, c'était bien sa veine ! Pile au moment où elle pensait enfin prendre sa pause et filer chez elle voir comment allait son fils. Elle était tellement pressée de rentrer qu'elle en éprouvait des tiraillements d'estomac.

Charlie marmonna un juron et s'empara de l'appareil.

— Oui ?

— J'ai un message urgent pour Rhiann. Mme Bradley vient d'appeler pour dire qu'un homme est passé chez elle et qu'il a insisté pour emmener Levi. Je n'en sais pas plus, on a été coupées juste après. Je la rappelle, et je vous tiens au courant dès que j'ai du nouveau.

Elle eut l'impression que ses poumons se vidaient.

Levi... Un homme avait emmené son bébé ?

Par bonheur, Charlie prit la situation en main.

— S'il te plaît, tu peux pointer à notre place ? Rhiann n'est pas en état de travailler, de toute façon. Je l'emmène chez elle.

Il se pencha vers elle pour lui presser la main.

— Ça ira ?

Elle secoua la tête, anéantie.

— Levi...

— Je sais. Allez, on file.

Charlie fit aussitôt marche arrière et appuya à fond sur l'accélérateur, gyrophares et sirène allumés.

Il était absolument interdit d'utiliser l'ambulance à des fins personnelles, et ils s'exposaient tous les deux à de gros soucis s'ils se faisaient prendre, mais dans l'état où elle se trouvait, elle n'y songea même pas.

Elle se passa les mains sur le visage pour essuyer ses larmes, mais d'autres arrivèrent aussitôt.

Quelle mère elle faisait... Elle aurait dû rester avec Levi ce matin. Il était malade et avait besoin d'elle. Mille questions s'entrechoquaient dans son esprit. L'état de Levi avait-il empiré ? Où était-il ? Et si elle ne le revoyait jamais ? Qui l'avait emmené ? Pete ? Non, pas lui, il n'avait jamais voulu s'occuper du petit. Quoique, aurait-il changé d'avis après le coup de fil de Patrick ? Le front en sueur, elle essaya de se ventiler avec les mains. Son cœur battait à cent à l'heure, et l'air semblait se raréfier autour d'elle.

— Charlie... J'ai du mal à respirer... J'étouffe...

Tout en conduisant, il tendit le bras vers elle et lui fit baisser la tête entre les genoux.

— Ressaisis-toi, bon sang ! Tu es une femme forte, indépendante. On arrive dans cinq petites minutes. Là, tu auras le fin mot de l'histoire. Mais d'ici là, tu tiens le coup, OK ?

Elle marmonna des paroles sans doute incohérentes.

— Levi a besoin de toi, poursuivit Charlie. Il faut que tu sois forte pour lui. Allez, respire. Tu inspires... Et tu expires. Voilà. Encore une fois...

La tête penchée, elle s'efforçait de maîtriser son souffle et ses émotions, se concentrant sur la voix rassurante de Charlie pour évacuer la panique et les pensées négatives.

Son téléphone sonna soudain.

— Madame Masters ? Ici le service de cardiologie pédiatrique de l'hôpital général. Votre fils vient d'être admis. Le Dr Scott m'a demandé de vous joindre. Il a essayé de vous téléphoner à deux reprises et vous a aussi envoyé des textos.

— J'arrive tout de suite.

Elle raccrocha et consulta aussitôt ses messages.

En effet, Patrick avait tenté de la contacter plusieurs fois. Ses SMS reprenaient peu ou prou les informations que la secrétaire venait de lui donner.

S'il avait emmené Levi directement, sans même prendre le temps de l'avertir, c'était qu'il y avait urgence.

— Levi est à l'hôpital général, dit-elle. Tu peux m'y conduire ?

Charlie hocha la tête et changea aussitôt d'itinéraire. Quelques minutes plus tard, il s'arrêtait devant l'entrée du bâtiment.

— Je dois te laisser ici et ramener l'ambulance à la caserne avant qu'on se fasse virer tous les deux. Mais je t'appelle dès que possible pour avoir du nouveau. Ça ira ?

Elle hocha la tête et lui pressa la main.

— Du moment que mon fils va bien, moi aussi.

Elle entra dans l'hôpital d'un pas pressé. À la réception, on lui communiqua un numéro de chambre au service de cardiologie pédiatrique. Elle avait l'impression que le chemin n'en finissait pas. Une fois arrivée à l'étage, enfin, elle atteignit la chambre et ouvrit la porte, la gorge serrée.

Levi était allongé sous une tente à oxygène. Il était connecté à un moniteur cardiaque ainsi qu'à d'autres appareils qui mesuraient ses constantes.

Dieu merci ! Si désagréables soient-ils, les bips des différents appareils signifiaient qu'il était encore en vie.

— Rhiann !

Elle se retourna vers Patrick. Il était visiblement soulagé de la voir.

— Comment... Comment va-t-il ?

Il allait répondre lorsque Mme Bradley intervint.

— Oh ! Rhiann, ma chérie ! J'espère que je n'ai pas fait de bêtise en permettant à ce monsieur d'emmener Levi. J'aurais voulu vous appeler, mais il ne m'en a pas laissé le temps.

— Non, vous avez bien fait. Si Patrick dit qu'il faut l'hospitaliser, je lui fais entièrement confiance.

Rhiann s'approcha du lit et contempla son fils, battant des paupières pour repousser ses larmes.

Malgré l'équipement médical, le pauvre petit avait toutes les peines du monde à respirer.

Elle avait eu un moment de faiblesse dans l'ambulance, mais là, elle devait se mobiliser pour son fils. Levi avait assez de problèmes sans qu'elle s'effondre à son chevet.

Elle sentit soudain la main de Patrick sur son épaule.

— Il a du mal à respirer. Il faut l'opérer sans tarder, dès que tu m'en donnes l'autorisation et qu'une salle se libère.

Trop bouleversée pour parler, elle se contenta de hocher la tête. Au prix d'un énorme effort, elle se redressa et leva les yeux vers lui, réprimant l'envie de s'accrocher à lui pour recevoir un peu de sa force.

— Tu vas vraiment l'opérer maintenant ?

Il la prit dans une étreinte réconfortante.

— Oui. Je dois te laisser pour préparer l'intervention, mais je reviens vers toi dès que j'ai du nouveau.

Il effleura son front de ses lèvres et la serra fort contre lui, puis il se dirigea vers la porte et s'arrêta sur le seuil.

— Lorsque la situation sera plus calme, il faudra qu'on discute, toi et moi.

Puis il sortit sans lui laisser le temps de répondre.

Mme Bradley lui tapota affectueusement le bras.

— Je m'en vais moi aussi, si je ne vous sers plus à rien. Donnez-moi vite des nouvelles de Levi.

Une fois la vieille dame sortie, Rhiann se laissa tomber sur une chaise au chevet de Levi et se mit à lui parler, indifférente au fait qu'il dormait.

— Maman est ici, mon chéri. Tout va bien se passer, je te le promets. J'en suis sûre, parce que c'est Patrick qui va s'occuper de toi. Il va te guérir, et tu vas pouvoir devenir grand et fort.

Elle essuya une larme au coin de son œil.

— J'ai confiance en lui. Et j'ai confiance en toi aussi, mon chéri.

Patrick ne tarda pas à revenir dans la chambre. Il était accompagné de plusieurs personnes, dont des infirmières et, plus surprenant, de sa mère.

— Une salle d'opération vient de se libérer, expliqua-t-il. On va emporter Levi pour le préparer.

Les infirmières ôtèrent la tente à oxygène et s'affairèrent autour de Levi. Réveillé par la soudaine agitation, il s'agita et pleura un peu.

— Je peux le prendre dans mes bras ? implora Rhiann. Juste un petit moment, s'il te plaît.

Patrick hocha la tête, et elle serra Levi contre elle.

Elle savait qu'elle devait envisager que Levi ne survive pas à l'opération. Auquel cas, ce bref câlin serait vraiment le dernier.

Les larmes aux yeux, elle reposa doucement Levi sur le lit.

— Je t'aime, mon chéri. Tu dois aller avec Patrick maintenant, mais je reste là, promis. Je t'attends.

Patrick lui prit la main et la pressa.

— Je te donne des nouvelles dès que possible.

13

Pour la énième fois, Patrick détailla en lui-même le déroulement de l'intervention. Il se concentra sur sa respiration et s'efforça de faire le vide dans sa tête pour ne penser qu'à l'opération.

Clay le rejoignit en salle d'habillage en ajustant son calot de chirurgien.

— Tu sais que j'avais un rencard ce soir ? Avec une blonde aux jambes plus longues que les miennes.

— Merci pour ton sacrifice. Je sais ce que ça te coûte.

— Tu crois ? Alors, tu accepteras de me laisser la priorité pour les vacances pendant un an et tu me remplaceras pour mes cinq prochaines gardes de week-end.

— Si c'est le prix à payer, répliqua-t-il sèchement.

Il prit le savon antiseptique et commença à se laver les mains.

— Excuse-moi, ajouta-t-il avec un soupir. J'ai les nerfs à fleur de peau. Hier soir, je me suis enfin décidé à lire le rapport médical concernant le décès de Mallory et d'Everly. Ce matin, je suis allé chez Rhiann pour discuter avec elle. Elle n'était pas là, mais j'ai trouvé Levi en détresse respiratoire. Tu sais que ce gosse compte pour moi. Si la situation m'échappe, je ne sais pas si je tiendrai le coup.

Clay réfléchit un instant à ces paroles.

— Tu es sans doute trop impliqué pour être objectif à cent pour cent. À mon avis, il serait plus sage de me laisser diriger cette chirurgie. J'ai déjà opéré des tétralogies de Fallot.

Mais Patrick secoua la tête avec résolution. Trois ans plus tôt, il ne s'était pas montré à la hauteur avec Mallory. Il était hors de question qu'il délègue ses responsabilités une seconde fois.

— Non, je dois m'en charger.

Clay lui donna un coup d'épaule, veillant à ne pas contaminer leurs blouses.

— Comme tu voudras. Tu sais que tu peux compter sur moi, de toute façon.

Une infirmière les aida à enfiler des gants et un masque. Lorsqu'ils entrèrent au bloc, Levi était déjà installé sur la table d'opération, anesthésié et intubé.

Patrick se figea à la vue du petit corps inconscient, si chétif et fragile sous la lumière agressive des néons.

— Je peux le faire à ta place, répéta Clay. Laisse-moi t'aider.

Patrick s'approcha de la table d'opération.

— Non ! C'est mon patient, et je maîtrise la situation. Scalpel.

Il n'hésita qu'une brève seconde avant d'inciser la peau tendre de Levi. Une fois son patient ouvert, Patrick constata que la communication entre les deux ventricules était encore plus importante que sur les clichés. Clay se tenait à ses côtés, prêt à intervenir au moindre problème.

— Donc, c'est le petit gars qui a fait fondre ton cœur de glace… À moins que ce soit sa jolie maman ?

— La ferme, Clay, grommela Patrick en préparant un patch synthétique.

Pour mener à bien cette opération, il essayait de se convaincre que Levi n'était qu'un patient parmi d'autres. Il n'avait pas besoin que Clay lui rappelle qu'une seule erreur risquait de coûter la vie à un enfant qui comptait tellement pour lui.

— Ah… Ce sont les deux, alors. C'est une bonne chose. Ça te fait du bien de t'ouvrir aux autres.

— Tais-toi, j'ai dit.

Malgré Clay et son bavardage, et même si la malformation était plus grave que prévu, il parvint à poser le patch et à rediriger le flux sanguin pour qu'il suive le trajet qu'il aurait dû avoir depuis le début. Ensuite, il remplaça la valve pulmonaire, trop petite et fragile pour être élargie.

Il se souvint alors de la promesse faite à Rhiann.

— Quelqu'un pourrait dire à sa mère que l'opération se déroule bien jusqu'à présent ?

— Entendu, docteur Scott.

Une infirmière s'éloigna pour relayer l'information.

— On devrait réséquer du tissu sur le ventricule droit, tu ne penses pas ? suggéra Clay.

Patrick hocha la tête et se mit en devoir d'ôter le tissu musculaire en excès qui obstruait le passage dans le ventricule droit. Ceci fait, il vérifia soigneusement que rien ne gênait l'écoulement du sang du ventricule gauche vers l'aorte. Enfin, il referma le thorax de Levi en s'efforçant de faire coïncider au mieux les bords de l'incision pour minimiser les cicatrices.

De retour en salle d'habillage, il prit son temps pour se nettoyer.

À présent que c'était fini, il subissait l'assaut des émotions qu'il avait réprimées au cours de cette opération longue et complexe, et il avait du mal à garder son sang-froid.

La chirurgie s'était bien passée, mais la convalescence s'annonçait longue et difficile, d'autant plus que Levi était encore faible. Il faudrait attendre plusieurs jours avant de le considérer comme tiré d'affaire. Par bonheur, il allait pouvoir annoncer à Rhiann que l'opération avait été une réussite. Il se faisait une joie de le faire – dès qu'il aurait maîtrisé le tremblement de ses mains.

— Tu aurais pu te passer de moi, en définitive, fit remarquer Clay.

— Je ne pense pas…

Patrick se sécha les mains, une hanche appuyée contre le lavabo.

— Merci.

Clay haussa les épaules et jeta un coup d'œil à l'horloge murale.

— Si tu n'y vois pas d'inconvénient, je vais passer un coup de fil, histoire de voir si mon rencard est encore disponible.

Sur ces mots, il s'empressa de partir.

Patrick s'étira longuement pour détendre les muscles de son dos, puis il se mit en quête de Rhiann.

Rhiann faisait les cent pas dans la vaste salle d'attente, de la porte à l'écran de suivi des opérations en cours et retour. De temps en temps, l'écran clignotait, signe que le statut d'une intervention avait changé. Alors, toutes les personnes présentes dans la pièce s'approchaient pour voir si la mise à jour les concernait. À chaque patient était attribué un numéro d'identification anonyme auquel était associé un statut permettant de suivre son parcours opératoire.

Parfois, le statut affichait « Chirurgie commencée » pendant quarante minutes avant de passer à « Se déroule comme prévu ». D'autres étaient actualisés plus souvent, avec des messages tels que « Patient se porte bien » ou « Rien à signaler ». Et lorsque l'écran signalait « Entrée en salle de réveil », l'annonce était saluée par un soupir de soulagement ou des embrassades. Enfin, un message indiqua que l'opération de Levi « se déroulait bien jusqu'à présent », et le soulagement la fit presque vaciller.

Marilyn Scott tapota la chaise à côté de la sienne.

— Venez donc vous asseoir une minute à côté de moi, maintenant que vous voilà un peu rassurée.

Rhiann obtempéra à contrecœur.

Malgré la bonne nouvelle, elle était encore sur des charbons ardents et avait du mal à rester immobile, d'autant plus que le siège à dossier bas lui fit tout de suite mal au dos.

Elle promena un regard autour d'elle.

Des chaises droites et des canapés étroits étaient disposés en demi-cercles à divers endroits de la salle et des bancs sans dossier longeaient une cloison vitrée donnant sur le parking. Tout le mobilier était d'un beige uniforme et terne et d'un confort aléatoire.

— Je ne comprends pas pourquoi vous êtes ici, mais merci.

La plupart des patients en pédiatrie étaient accompagnés de leurs père et mère, ou de l'un des deux avec un grand-parent. Elle-même s'était attendue à devoir rester assise toute seule ou à faire les cent pas, chargée du sac des affaires de Levi, faute d'avoir quelqu'un pour les surveiller.

— En tout cas, ne vous sentez pas obligée de rester. Si vous devez partir, je comprendrai.

Marilyn lui tapota la main.

— Je suis ici parce que Patrick me l'a demandé, précisément parce qu'il pense que vous ne devriez pas rester seule. Et je suis d'accord avec lui.

Ces paroles mirent du baume au cœur à Rhiann. Elle retrouvait le Patrick qu'elle avait longtemps considéré comme son meilleur ami et dont la perte lui avait brisé le cœur. Malgré tout, elle n'osait pas croire à son bonheur.

Les portes automatiques s'ouvrirent en chuintant, laissant passer un courant d'air froid qui les fit frissonner.

— On devrait s'asseoir ailleurs, remarqua-t-elle.

Elle pointa le doigt vers des sièges en face du bureau d'information. Marilyn hocha la tête, et elles rassemblèrent leurs affaires pour changer de place.

— Pourquoi Patrick pense-t-il une chose pareille ?

Marilyn se cala sur le petit canapé et soupira d'aise en constatant que l'endroit était mieux chauffé.

— Parce que vous comptez beaucoup pour lui, pardi. Vous ne le voyez donc pas ?

— Nous avons été amis pendant des années, lui et moi. Comme il s'est vu confier l'opération de Levi, il se sent responsable vis-à-vis de nous, mais c'est tout.

— Tss... Ma petite, vous vous trompez, croyez-moi, ce n'est vraiment pas pour cela qu'il m'a demandé de vous accompagner. La vérité, c'est qu'il s'est attaché à vous et à votre petit garçon. Il est même fou amoureux de vous.

Rhiann rougit devant la franchise de ces propos et détourna le regard.

— Si Patrick ressent quoi que ce soit pour moi, c'est de la colère parce que je n'ai pas réussi à sauver sa femme et sa fille.

Le volume sonore élevé de la pièce n'arrivait pas à la distraire de la gêne que lui procurait cette conversation avec la mère de Patrick.

Mme Scott posa une main sur son genou pour la contraindre à revenir à la discussion.

— Si vous voulez tout savoir, je ne vous ai jamais tenue responsable de ce qu'il s'est passé. Au contraire, j'ai toujours dit à Patrick qu'il était stupide de vous accuser.

Rhiann battit les paupières pour chasser ses larmes. Elle ne devait surtout pas se mettre à pleurer, faute de quoi elle n'était pas sûre de pouvoir s'arrêter.

— J'ai besoin d'un café. Pas vous ?

— Non merci, mon petit. Ça ira.

Elle se leva d'un bond et se dirigea d'un pas vif vers un stand de restauration rapide situé à proximité du bureau d'information. Elle commanda un muffin à la citrouille ainsi qu'un café et prit son temps pour y ajouter de la crème et du sucre, puis elle retourna s'asseoir à côté de Marylin.

En trempant ses lèvres dans la tasse, elle plissa le nez.

— Berk. C'est presque aussi mauvais que le jus de chaussettes qu'on nous sert à la caserne.

— Ah bon ? Pourtant, le stand ne désemplit pas.

— Parce qu'ils sont bien placés. Enfin, le muffin n'est pas mauvais, quoiqu'un peu sec, ajouta-t-elle.

— Je crois vraiment que mon fils est amoureux de vous.

Sentant ses joues s'enflammer, Rhiann baissa la tête.

Pourquoi s'était-elle attaché les cheveux en queue-de-cheval ? Elle ne pouvait même pas se dissimuler derrière eux !

— Et si je ne m'abuse, vous aussi, vous avez des sentiments pour lui, ajouta Marylin avec un doux sourire.

— Je...

La sonnerie de son portable lui fournit une interruption providentielle. Elle sursauta à la lecture du message.

Je t'attends à l'accueil du service de chirurgie pédiatrique.

Elle leva les yeux et vit Patrick. Il se tenait juste à côté de la réception avec un grand sourire.

14

Lorsque Patrick rencontra le regard de Rhiann, le visage de celle-ci passa de l'angoisse au soulagement. Elle se précipita dans ses bras et s'accrocha à lui en sanglotant.

— Levi est en salle de réveil, dit-il.

Il la serra contre lui en lui murmurant à l'oreille des paroles rassurantes : la chirurgie s'était bien déroulée, Levi se portait bien. Il ferma les yeux, la joue posée sur le haut de sa tête, submergé par une paix qu'il n'avait pas éprouvée depuis longtemps.

Il sortait toujours soulagé d'une opération réussie, mais à la tenir ainsi dans ses bras, il se sentait flotter sur un nuage. Le bonheur de Rhiann était communicatif et s'insinuait au plus profond de son âme. La raideur qui lui crispait les muscles depuis la veille s'était dissipée, le laissant épuisé mais léger.

Lorsqu'il était ado, il aurait voulu être plus qu'un ami pour elle, mais il ne se souvenait pas avoir éprouvé de tels sentiments. Rhiann l'apaisait, l'aidait à se retrouver, à revenir à la vie. Elle faisait fondre la glace qui enserrait son cœur et libérait les émotions emprisonnées depuis des années. Grâce à elle, le contentement remplaçait l'apathie, le désir chassait la colère. Peu à peu, il se faisait à l'idée d'accueillir le changement dans sa vie et dans sa relation avec elle.

Sa mère les rejoignit avec un sourire plein d'espoir et des questions dans les yeux.

— Alors, comment va-t-il ?

— Il est en salle de réveil, répondit-il sans lâcher Rhiann. La chirurgie s'est bien passée. Il lui reste encore du chemin à faire, mais il a remporté la première étape haut la main. Par contre, les prochaines vingt-quatre à quarante-huit heures risquent d'être difficiles.

Marilyn émit un soupir tremblant.

— Je suis sûre qu'il s'en sortira avec votre soutien à tous les deux. Bon ! Puisque jusqu'ici tout va bien, je m'en vais. Je lui rendrai visite demain matin. D'ici là, n'hésitez pas à m'appeler en cas de besoin.

Elle repoussa une mèche de cheveux du visage de Rhiann.

— Je dis ça pour vous deux, ajouta-t-elle.

Il s'estimait heureux d'avoir une mère comme la sienne !

Il lui passa un bras autour de l'épaule et l'attira contre lui, Rhiann sous son autre bras.

— Je t'adore, maman. Tu réponds toujours à l'appel quand j'ai besoin de toi. Merci d'être venue.

— Ça sert à ça, une mère.

Il s'efforça de ne pas grimacer lorsqu'elle lui pinça la joue comme à un gamin de cinq ans.

Oui, il adorait sa mère, même si elle s'ingéniait sans cesse à le faire mourir de honte.

Rhiann blottie contre lui, il suivit Marylin du regard tandis qu'elle récupérait ses affaires et sortait de la salle d'attente avec une grâce qu'il avait toujours admirée chez elle. Puis il baissa les yeux vers Rhiann et, d'une caresse du pouce, essuya les larmes de son visage.

— Tu es prête pour voir ton fils ?

Rhiann hocha la tête.

— Alors, allons-y.

Tout en lui enserrant lâchement la taille de son bras, il la guida dans les couloirs, à travers quelques portes réservées au personnel. Enfin, il fit glisser son badge dans le lecteur commandant l'accès au secteur opératoire où se trouvait la salle de réveil et s'arrêta devant les toilettes.

— Débarbouille-toi un peu. Il ne faut pas que Levi te voie avec cette tête.

— Façon subtile de me dire que j'ai une mine affreuse ?

— Affreusement jolie, dit-il en l'embrassant. Allez, va. Je t'attends.

Quelques minutes plus tard, Rhiann réapparut, le visage net et les cheveux dénoués sur les épaules.

Il l'attira à lui et effleura ses lèvres d'un baiser, savourant le réconfort que lui procurait cette étreinte. Mais le moment, l'endroit étaient mal choisis. Il s'écarta et prit la main de Rhiann au creux de la sienne.

— C'est par là.

Elle le suivit dans la salle et s'arrêta avec lui devant un box vitré.

— Il est encore intubé. Je préfère qu'il le reste encore vingt-quatre heures environ. Il ne faudrait pas aller trop vite et endommager des réparations qui nous ont demandé tant de mal.

— Mais il va bien, dis ?

— Aussi bien que possible, compte tenu de la gravité de sa maladie et de l'invasivité de la chirurgie mise en place.

Surtout, ne pas lui donner de faux espoirs. Le pronostic de Levi était certes encourageant, mais il n'était pas tiré d'affaire. Même si, tout autant que Rhiann, Patrick priait pour qu'il se rétablisse.

Car si la mort de Mallory et d'Everly l'avait ébranlé, celle de Levi finirait de le détruire.

Les vingt-quatre heures qui suivirent l'opération s'écoulèrent dans un brouillard.

Épuisée, les yeux gonflés, Rhiann passa la nuit dans la chambre de Levi, installée sur une monstruosité inconfortable que le personnel appelait un fauteuil relax. Elle refusa de s'éloigner du chevet de Levi, restant des heures entières le regard scotché sur les moniteurs qui affichaient ses constantes vitales.

À force, elle aurait pu les réciter par cœur. Il fallait voir comme il s'accrochait, son petit champion ! Elle était fière de lui. Il refusait de jeter l'éponge. D'ailleurs, elle ne l'aurait pas toléré. Il ne pouvait pas abandonner, point final.

Attendre, toujours attendre. Attendre qu'il se réveille, attendre un signe d'amélioration. Les infirmières allaient et venaient avec des mines sombres, et elle se demandait si elles ne lui cachaient pas quelque chose. Elle se rongeait les sangs. C'était insupportable.

Quand Patrick arriva le lendemain soir, elle se précipita vers lui, folle d'inquiétude à l'idée qu'on ne lui disait pas tout pour la ménager.

Il la serra dans une étreinte réconfortante.

— Je vais me répéter, mais à présent, c'est une question de

patience. Il faut voir s'il tient le coup. En revanche, tu ne peux pas rester le ventre vide.

Elle lutta contre la nausée lorsqu'il ouvrit une barquette de poulet.

— Allez, Rhiann, fais un petit effort. Je sais que les repas de l'hôpital ne valent pas le détour, mais tu dois te nourrir un peu.

Comment avaler quoi que ce soit avec Levi dans cet état, tout couturé de cicatrices, relié à des tubes et à des machines ? Son estomac protestait à chaque bouchée.

Mais Patrick insistait.

— Tu te sentiras mieux après. Je peux t'apporter un vrai repas ce soir, si tu me dis ce qui te ferait plaisir.

Elle réprima un haussement d'épaules.

Ce qui lui ferait plaisir, ce serait de voir son fils guérir !

Toutefois, elle se contraignit à manger suffisamment pour tranquilliser Patrick.

Celui-ci s'assit par terre à ses pieds.

— On va le laisser intubé un jour de plus, le temps qu'il récupère un peu. Peut-être douze ou vingt-quatre heures, je ne sais pas encore.

— Mais plus il reste sous ventilation artificielle, plus il aura de mal à s'en passer, non ?

Patrick lui prit la main.

— C'est vrai, mais n'imagine pas tout de suite le pire. Je t'assure que son pronostic est encourageant.

Il lui caressait la paume avec son pouce, et la douceur de ce contact lui apportait une distraction bienvenue.

Elle ferma les yeux.

— Comme ça m'a manqué, dit-elle en soupirant.

Il haussa un sourcil, l'air amusé.

— Quoi, de m'avoir à tes genoux ?

Elle répondit par un petit rire de dérision.

— Non, de pouvoir discuter avec toi. Même si j'aurais préféré le faire dans d'autres circonstances.

Il porta son poignet à ses lèvres.

— Tu te souviens que, au temps du lycée, on passait la moitié de notre temps libre comme ça : toi perchée sur le lit et moi par terre, parce que si ta mère ou la mienne nous avaient surpris sur un lit, même tout habillés et pour réviser, elles auraient fait un scandale.

Rhiann hocha la tête en riant.

— C'est vrai. Tu te rappelles la fois où on s'est endormis sur le canapé devant un film ? Ma mère a piqué une crise quand elle nous a vus.

Ils passèrent quelques heures à se remémorer des souvenirs, à rire et à profiter de leur complicité retrouvée. Lorsque Patrick se leva enfin pour partir, elle remarqua son hésitation.

— Ne t'inquiète pas, va. Nous serons encore là demain matin.

Elle accompagna ces paroles d'une brève étreinte qu'il lui rendit avec effusion.

— Je déteste te laisser seule, dit-il, la voix étouffée dans ses cheveux.

Comme il resserrait les bras autour d'elle, elle eut un rire gêné.

— Tu t'en vas ou tu ne t'en vas pas ?

— Pas avant que tu m'aies dit au revoir convenablement, répondit-il, le visage niché dans son cou. Quand Levi ira mieux, je sortirai le grand jeu pour toi : dîner aux chandelles, fleurs, champagne... Tout.

— OK, murmura-t-elle.

Son cœur se mit à battre lorsqu'il effleura ses lèvres des siennes avant de les entrouvrir du bout de la langue. Mais il s'écarta avant que leur baiser s'enflamme, et elle eut un soupir de regret.

— Je reviens demain matin à la première heure, promit-il.

15

Le lendemain en arrivant à l'hôpital, Patrick fut étonné de ne pas trouver Rhiann dans la chambre de Levi. Elle n'était pas non plus aux toilettes ni dans la salle de pause à la disposition des parents obligés de passer la nuit auprès de leur enfant hospitalisé.

Il s'arrêta dans le bureau du personnel.

— Savez-vous où se trouve Rhiann Masters ? C'est la mère du patient de la chambre 5102.

L'infirmière de garde leva vers lui des yeux fatigués.

— Elle a dit qu'elle avait besoin d'une douche et de vêtements qui ne sentent pas l'hôpital. J'ai essayé de lui expliquer que, au bout d'une heure, ils vont de toute façon prendre l'odeur, mais elle n'a rien voulu savoir.

— OK, merci.

Il résista à l'envie de lui conseiller de boire un café. Décidément, certaines infirmières supportaient mal les horaires de nuit. Il retourna dans la chambre de Levi et il lui ébouriffa doucement les cheveux.

— Je vais visiter mes patients, mais je repasse dans un petit moment. Je suis sûr que ta maman sera là à mon retour.

Et pourtant, au bout d'une heure, Rhiann n'était toujours pas revenue.

Patrick se lava les mains et procéda à l'examen de Levi.

Celui-ci était toujours intubé, mais on avait réduit le flux de ventilation, et Levi avait bien réagi.

Patrick préconisa de réduire la ventilation de façon progressive, toutes les deux ou trois heures, de manière à le sevrer en douceur, si possible en fin de journée.

Une fois l'examen terminé, il s'assit à côté du berceau et prit la menotte de Levi.

— Je dis toujours aux parents de parler à leur enfant comme s'il pouvait les entendre, donc je vais m'appliquer ce conseil à moi-même.

Il fit courir l'index le long de la petite main de Levi, résistant à l'envie de le serrer dans ses bras et de sentir contre lui le poids léger de son petit corps.

— Écoute-moi bien, mon bonhomme. Je sais que tu as eu des débuts difficiles avec ton cœur fêlé et ton imbécile de père, mais je vais faire mon possible pour que le reste de ta vie se passe mieux. Déjà, j'ai réparé ton cœur. Tu t'en rendras compte lorsque tu auras repris quelques forces.

Il s'interrompit pour prendre une profonde inspiration.

— Au risque de te paraître un peu vieux jeu, j'aimerais te demander ta permission pour sortir avec ta maman. On avait un passif, elle et moi, mais je t'assure que ça va changer...

Il se tut de nouveau et pressa ses yeux humides.

Certes, il avait eu son compte d'erreurs et de fautes, mais c'était du passé. Pendant trois ans, il s'était contenté d'exister. Depuis, Rhiann et Levi avaient débarqué dans son univers et lui avaient redonné goût à la vie. Il voulait être tout pour eux, vivre pour eux, avec eux.

Il s'éclaircit la gorge et reprit sa conversation à sens unique.

— Surtout, je te promets d'être l'homme dont ta mère a besoin. Avec moi, elle n'aura plus besoin de se tuer à la tâche : je serai là pour l'aider à payer les factures. Tu ne vivras plus dans une maison avec des murs si minces que tu entends les voisins tousser. Ta mère ne sera plus obligée de sauter des repas pour arriver à payer les tiens. Elle ne sera même pas obligée de travailler, même si je pense qu'elle ne lâchera pas son métier, parce qu'elle l'aime. Je ne le lui demanderai jamais, d'ailleurs.

Il sourit tendrement à Levi.

— Et tous les soirs, je t'aiderai à faire tes devoirs. Ta mère est nulle en maths, alors je te filerai un coup de main. Je serai là pour tes matchs de foot, tes concerts… Enfin, les activités que tu choisiras. Je veux être le père que tu mérites.

Un bruit lui parvint du couloir.

S'attendant à voir Rhiann derrière lui, il fit volte-face, mais l'encadrement de la porte était vide.

Il relâcha le souffle qu'il avait retenu et se tourna à nouveau vers le berceau.

— Donc, tiens le coup encore quelques jours, et je m'occupe du reste. J'ai pas mal à faire, à commencer par convaincre ta maman, mais je suis prêt à relever le défi. Qu'en penses-tu ? Tu es partant ?

Il respira profondément.

Levi ne pouvait pas répondre, bien sûr, mais Patrick se plaisait à penser qu'il était à cent pour cent d'accord avec ses projets. À présent qu'il avait fait part de ses intentions à quelqu'un, il se sentait gagné par un sentiment de paix et de contentement. Et lorsque Levi lui serra le pouce dans sa menotte, il sourit.

— Ça va marcher, tu verras. Je ne te laisserai pas tomber.

Rhiann posa la main sur sa bouche pour étouffer un sanglot.

Alerté par le bruit, Patrick s'était retourné, mais elle s'était cachée juste à temps. Il l'avait littéralement fait fondre avec sa déclaration. Bien sûr, dans l'état où il se trouvait, Levi n'avait sûrement rien entendu, mais ces paroles n'en demeuraient pas moins touchantes.

— Je ne te laisserai pas tomber.

Patrick avait baissé la voix, mais celle-ci restait audible depuis le couloir.

Elle ferma les yeux et fit un souhait.

Elle n'avait jamais affectionné les prières, accordant davantage de crédit à la science et à la médecine, mais cela ne l'empêchait pas de nourrir des espoirs et des rêves comme tout un chacun. Or, en cet instant précis, son rêve le plus cher était très simple : partager le reste de sa vie avec les deux occupants actuels de la chambre 5102 de l'hôpital général.

— Si vous n'épousez pas cet homme, c'est moi qui vais le faire, chuchota quelqu'un à ses côtés.

Elle ouvrit les yeux et reconnut l'infirmière qui s'était occupée de Levi le jour du cathétérisme cardiaque. Celle-ci souriait, visiblement émue aux larmes.

— Dire que j'ai toujours pensé que cet homme avait un cœur de glace... En fait, c'est tout l'inverse : un gros sentimental !

Rhiann prit l'infirmière par le poignet et l'attira assez loin dans le couloir pour être hors de portée des oreilles de Patrick.

— Chut ! Il va vous entendre.

— De vieux amis réunis pour sauver un enfant, poursuivit l'infirmière. C'est si romantique !

Elle fit mine de s'éventer de la main.

— Prochaine étape : il vous déclare sa flamme et vous propose de l'épouser. Et là, bim ! Un méchant arrive de nulle part pour faire obstacle à votre amour.

— Ça va, arrêtez votre mélo, dit Rhiann en soupirant. Ni lui ni moi n'avons parlé d'amour. Pour l'heure, je dois rester concentrée sur mon fils.

L'infirmière sourit et la serra dans ses bras pour une étreinte inattendue.

— Ce dont votre fils a besoin, c'est d'une maman heureuse et d'un nouveau papa très sexy, ajouta-t-elle avec un haussement suggestif des sourcils. Si vous ne voyez pas le sex-appeal de cet homme, je vous prends tout de suite un rendez-vous chez l'ophtalmo.

En rougissant, Rhiann détourna les yeux.

Elle n'était pas aveugle. Seulement, elle avait d'autres priorités, autrement plus pressantes.

— Ah ! Je savais bien que vous étiez sensible à ses charmes.

Elle secoua légèrement la tête.

— C'est à mon fils que je dois faire attention, et rien qu'à lui.

L'infirmière leva les yeux au ciel.

— Votre fils dort. Que vous comptiez les dalles du carrelage ou que vous embrassiez le Dr Scott, je vous assure qu'il ne verra pas la différence. Simplement, l'une de ces deux options est nettement plus intéressante.

Rhiann ne put s'empêcher de rire.

— Vous m'excuserez, mais je dois retourner auprès de mon fils.

C'était vrai, mais cette obligation lui fournissait un prétexte pour mettre fin à une conversation gênante et pour éviter d'affronter la vérité.

L'infirmière ne fut pas dupe.

— Bien, mais prenez le temps de réfléchir à ce que j'ai dit, répondit-elle en lui pressant le bras. Et sachez que je suis contente de constater que son cœur de glace a fini par se fêler.

Rhiann bredouilla un au revoir puis pressa le pas vers la chambre, veillant à annoncer ainsi sa présence.

Elle ne tenait pas à mettre Patrick au pied du mur. S'il voulait lui déclarer ses sentiments, il fallait qu'il le fasse de lui-même, quand bon lui semblerait. Par égard pour lui, elle ferait mine de ne pas avoir entendu ce qu'il avait dit.

Lorsqu'elle entra dans la pièce, il lui adressa un sourire penaud.

Comme si de rien n'était, elle s'approcha du lit et caressa le front de l'enfant.

— Tu m'excuseras, mais j'avais besoin de prendre une douche et de me changer. Je ne supportais plus cette odeur.

Patrick noua les bras autour d'elle et plongea le nez dans ses cheveux.

— Pas de problème. Tu sens bon... Très bon, même.

— Patrick... Comment va Levi ?

— Levi va bien. On va commencer aujourd'hui le sevrage de ventilation. J'ai donné des instructions en ce sens. L'objectif, c'est qu'il s'en passe complètement demain matin.

Il lui parlait dans les cheveux et sa main à plat sur son ventre lui communiquait une chaleur délicieuse. Mais on frappa à la porte, et Patrick s'écarta précipitamment.

Une infirmière se tenait dans l'encadrement, rouge comme une pivoine.

— Euh, désolée... Docteur Scott, vous pourriez jeter un coup d'œil au patient de la chambre 5116 ? J'ai essayé d'appeler le Dr Whitehurst, mais il n'a pas encore répondu. On m'a dit que vous étiez présent, et je... Enfin, je ne voulais pas vous déranger...

— Pas de problème, Carrie. J'arrive dans deux secondes.

Celle-ci hocha la tête et disparut précipitamment.

Rhiann pouffa de rire.

— La prochaine fois qu'on se bécote, il faudra tâcher d'être plus discrets.

Patrick l'attira à lui pour une brève étreinte, et ses lèvres effleurèrent à peine son front.

— Je file voir ce gamin. À mon retour, on verra comment Levi réagit au sevrage.

16

Lorsque l'on eut retiré à Levi le dispositif de ventilation, une vague de soulagement submergea Rhiann, et elle s'autorisa à se détendre un peu.

— La sédation devrait se dissiper bientôt. Il était sous anesthésie à cause de l'intubation, mais à présent qu'il peut respirer tout seul, il peut se réveiller. Il risque d'avoir mal et d'être grognon.

— Merci, Patrick, répondit-elle sans le regarder.

— Il n'est pas encore tiré d'affaire, mais ses constantes sont encourageantes jusqu'à présent.

Il s'approcha d'elle, assez pour qu'elle ressente sa chaleur.

— Levi est un battant, comme sa maman.

Elle soupira.

Patrick était un homme bien, le meilleur qu'elle ait connu. Seulement, le timing était mauvais.

— Tu m'excuseras, Patrick, mais je dois rester concentrée sur mon fils.

Il l'entoura de ses bras et posa la joue sur sa tête.

— Je comprends.

Un court silence tomba, puis Patrick lui jeta un regard hésitant.

— Dis-moi, tu étais seule lors de la naissance de Levi ? demanda-t-il d'une voix douce.

— Non, pas tout le temps, heureusement. Charlie était passé prendre des nouvelles, et il n'a pas voulu repartir lorsqu'il s'est rendu compte que j'étais seule. Il m'a tenu la main et a vu de moi bien plus qu'il n'aurait dû, ajouta-t-elle en riant. Il est resté à mes côtés jusqu'au bout. Il est le grand-père que Levi n'a pas eu.

— Charlie est un type bien, répliqua Patrick d'une voix tendue.

Elle se tourna pour lui faire face.

— C'est vrai. Mais tu sais quoi ? Cette expérience m'a rendue plus forte. Elle m'a prouvé que je pouvais m'en sortir seule. Et quand tu ne dépends de personne, personne ne peut te décevoir.

— Je ne te savais pas aussi désabusée.

— Je suis réaliste, répliqua-t-elle avec un haussement d'épaules. Tôt ou tard, tout le monde te laisse tomber. Ça m'est arrivé si souvent que, à force, ça ne m'étonne même plus. Par contre, ce qui m'énerve, c'est de retomber malgré tout dans ce genre de situation.

— Rhiann...

— Et tu sais quoi ? Ceux qui te promettent monts et merveilles sont ceux qui font le plus de mal. Pete m'avait juré de rester à mes côtés dans la santé comme dans la maladie, mais ça ne l'a pas empêché de décamper dès qu'il a su que Levi souffrait d'une malformation...

Oui, Pete l'avait blessée, mais elle s'était fait une raison. Certains mariages ne sont pas faits pour durer, elle le comprenait. Ce n'était pas cela le pire. Sa capacité à faire confiance avait été plus malmenée par sa brouille avec Patrick. Mais cela, pouvait-elle le lui dire ?

Elle se mordilla la lèvre, songeuse, avant de reprendre.

— Et toi, du jour au lendemain, tu m'as rayée de ta vie à cause de choses qui ne dépendaient pas de moi. Comme quoi, même en amitié, on finit déçu.

Il lui prit la main d'un air tourmenté, et elle se rendit compte qu'il cherchait ses mots.

— Rhiann, j'étais brisé. Quand j'ai perdu Mallory et Everly, le monde s'est effondré sous mes pieds. Bêtement, je m'en suis pris à toi parce que tu étais la seule personne que je pouvais accuser. J'étais tellement furieux contre la vie. Furieux contre moi-même parce que je n'avais pas été là pour les aider, furieux contre toi parce que tu n'avais pas pu les sauver, furieux contre Mallory parce qu'elle m'avait quitté. Je n'étais pas dans mon état normal. Je n'aurais pas dû m'en prendre à toi. Mais, sur le coup et jusque très récemment, je n'ai pas vu les choses ainsi.

Rhiann retira sa main pour essuyer une larme sur sa joue.

— Bah, tout ça, c'est du passé, hein ?

Il émit un long soupir.

— Je te dois des excuses, même si je ne pourrai jamais rattraper le mal que je t'ai fait.

Elle pointa du menton Levi, qui sortait de son sommeil artificiel et commençait à bouger.

— Tu as réparé son cœur, c'est l'essentiel. Je ne sais pas ce que c'est de perdre un enfant, et j'espère bien n'en faire jamais l'expérience. En revanche, j'ai vu Levi dépérir de jour en jour, et là, il n'a pas eu aussi bonne mine depuis des mois. Je suis prête à tout pardonner à n'importe qui, du moment que mon fils va mieux.

Le cœur de Patrick se mit à battre à tout rompre. Chacune des paroles que Rhiann venait de prononcer lui lacérait le cœur comme un scalpel émoussé.

Elle aurait tout pardonné à n'importe qui pourvu que son fils aille mieux... Même à lui ?

En ce cas, elle le ferait uniquement à cause de Levi. Inutile de se leurrer, rien n'avait changé entre eux. Il resterait toujours un fossé d'incompréhension, de ressentiment.

Il recula d'un pas et respira à fond.

Non, Rhiann ne lui avait pas vraiment pardonné, et sans doute ne le méritait-il pas. Bon sang, comme il aurait voulu faire taire cette petite voix intérieure qui l'incitait à implorer son pardon ! C'était justement pour cela qu'il avait autant de mal à se lier aux autres. Chaque fois qu'il baissait la garde, il se rendait vulnérable.

Les yeux embués par ce qui ressemblait à des larmes, il cligna les paupières. Sans un mot de plus, il tourna les talons et sortit de la chambre. Sa main tremblait lorsqu'il appela l'ascenseur. Comme celui-ci tardait à s'ouvrir, il descendit l'escalier quatre à quatre. Il avait besoin de se dépenser pour évacuer l'agitation dont son corps était saturé.

Son téléphone vibra soudain.

C'était l'infirmière de Levi. L'état de ce dernier s'était brutalement détérioré.

Il remonta aussitôt au pas de course et arriva le souffle court. Plusieurs infirmières s'agitaient autour du berceau. L'une d'elles croisa son regard et secoua la tête.

— Il aurait sans doute fallu attendre un peu plus pour le sevrer.

Il se pinça l'arête du nez.

— OK. Il faut le réintuber.

Rhiann fit un pas vers lui, les poings serrés.

— Non ! Vous ne pouvez pas lui donner plus de temps pour qu'il s'habitue ?

Patrick avança le bras pour lui prendre la main, mais elle se déroba.

— Levi désature, son rythme cardiaque est instable parce qu'il a du mal à respirer. Il faut l'intuber à nouveau pour épargner son cœur.

Il s'approcha de l'évier pour se laver les mains. Alors qu'il les séchait, Rhiann l'empoigna pour le forcer à la regarder.

— Tu me fais ça à cause de ce qu'on vient de se dire ? lâcha-t-elle, les yeux noyés de larmes. Si c'est le cas, laisse-moi te dire que c'est minable de ta part.

Les épaules crispées, il la domina le regard noir.

— Si tu m'estimes capable d'une chose pareille, on n'a vraiment plus rien à se dire en dehors de ce qui concerne les soins médicaux de Levi. Tu es sa mère, mais moi, je suis son médecin, et je te dis qu'il a besoin d'être intubé. Ça n'a rien à voir avec toi. Par conséquent, si tu ne t'écartes pas, j'appelle la sécurité pour te faire évacuer.

Une main sur la bouche, Rhiann recula dans un coin de la pièce, et il reporta son attention sur le bébé qui peinait à respirer.

— Donnez-moi une sonde endotrachéale.

17

Quarante-huit heures s'écoulèrent avant que Patrick donne son feu vert pour extuber Levi. Ils allaient de nouveau tenter de le sevrer aujourd'hui. Restait à espérer qu'il réagisse mieux cette fois-ci.

Après une courte nuit, Patrick arriva tôt à l'hôpital. Il entra dans l'ascenseur et appuya sur le chiffre 5. Alors que la cabine se refermait, il entendit la voix de Clay.

— Retiens l'ascenseur !

Il enfonça vite un bouton, et les portes se figèrent une seconde avant de s'ouvrir à nouveau.

Clay s'engouffra à l'intérieur, légèrement essoufflé.

— Merci. Que c'est dur, ce matin ! Après mes visites, j'ai des rendez-vous toute la journée.

— J'avais justement l'intention de jeter un coup d'œil ce matin à ton patient atteint d'atrésie tricuspide.

Clay se rencogna dans un angle de la cabine d'un air préoccupé.

— Il m'inquiète, ce gosse. Les échographies ont l'air normales, mais il ne récupère pas comme je l'avais espéré.

— Oui, j'ai le même problème, dit Patrick avec un soupir. Je vais à nouveau tenter d'extuber Levi ce matin, mais je ne te cache pas que j'appréhende.

L'ascenseur sonna, et les portes coulissèrent avec un chuintement.

— Prends un café avec moi, ensuite on fera les visites ensemble. Tu as l'air d'avoir besoin d'un ami ce matin. Allez, je t'invite.

Patrick secoua la tête avec impatience.

— Le café est gratuit, ici, idiot.

— Qui t'a dit que j'avais l'intention de te le payer ? Alors, c'est oui ?

Il haussa les épaules et le suivit jusqu'à la salle de pause.

Clay remplit deux tasses et lui en tendit une. À ses yeux pétillants de malice, Patrick se crispa dans l'attente de ce qu'il allait bien pouvoir lui dire cette fois-ci.

— Tu connais les rumeurs qui circulent dans le service ?

— Non, mais tu vas me le dire.

Le visage de Clay se fendit d'un large sourire.

— Il paraît qu'une jolie secouriste et son bébé ont fait fondre un cœur de glace.

— Tu ne devrais pas faire attention à ces ragots.

— Tu crois ? Je sais de source sûre que tu as été surpris en train d'embrasser la maman d'un patient à son chevet. Et ce n'est pas tout ! On t'a entendu faire des promesses à ce même patient, et elles ont fait le tour du service. Elles ont entraîné une pénurie de mouchoirs.

Patrick se laissa tomber dans un fauteuil, dépité.

Quelqu'un avait entendu ses confessions au chevet de Levi ? Ah, zut... La nouvelle avait dû se répandre comme une traînée de poudre. Pourvu qu'elle n'arrive pas aux oreilles de Rhiann ! Avec un peu d'espoir, ils parviendraient à renouer le dialogue avant qu'elle ait vent de ces bruits. Depuis leur dernière dispute, ils se parlaient à peine, et leurs conversations, pénibles, se limitaient au seul sujet de Levi.

Clay lui donna un petit coup sur la chaussure pour attirer son attention.

— Il y a toujours eu quelque chose de spécial entre toi et Rhiann. Je sais que tu aimais Mallory, mais Rhiann est vraiment ton âme sœur.

— Je sais.

— Ah ! Donc, ces rumeurs sont fondées. Parfait.

Patrick contempla sa tasse sans faire attention à cette dernière remarque. Rhiann, son âme sœur ? Il ne l'avait jamais considérée comme telle, même s'il avait toujours eu un énorme béguin pour elle. Jusqu'à ce qu'il rencontre Mallory, en fait. Et pourtant, s'agissant de Rhiann, l'expression n'était pas incongrue, loin de là.

— Au fait, les infirmières ont arrêté de te surnommer la Glacière, ajouta Clay.

— Je me demande bien pourquoi elles m'ont donné ce sobriquet pour commencer.

Clay plongea la main dans la boîte à gâteaux.

— À la place, elles t'appellent le Fondant, parce que tu es moelleux là où il faut.

Patrick renversa la tête en arrière et se frotta les yeux.

Parfois, il en avait marre de cet endroit et des ragots qui y proliféraient. Mais on pouvait en dire autant de n'importe quel hôpital. Simplement, il détestait être la cible de rumeurs.

« Le Fondant ». Dire qu'il allait devoir traîner ce surnom idiot. Au moins, « la Glacière », cela avait une certaine dignité.

Il vida sa tasse de café tiédi et se leva pour quitter la pièce avec Clay.

— Et si Rhiann s'obstine à ne plus m'adresser la parole, à ton avis, on va m'appeler comment ?

Levi respirait sans ventilation artificielle depuis maintenant deux jours et, au lieu de régresser, son état montrait des signes d'amélioration significative. Elle se sentait revivre, et la tension nerveuse qui lui barrait l'estomac commençait enfin à se dissiper.

Tandis que Levi dormait, elle promena un regard absent par la fenêtre, qui donnait sur les toits et la section adulte de l'hôpital. Lorsqu'elle pressait le front contre la vitre, elle arrivait à distinguer un coin de parking.

Le panorama ne valait pas le détour, mais au moins, cette pièce bénéficiait de la lumière naturelle. Ce n'était pas le cas de toutes les chambres.

Tout en contemplant les gravillons qui recouvraient le toit en terrasse, elle laissa ses pensées se tourner vers un avenir qu'elle appelait de ses vœux sans en parler à personne. Un avenir où Patrick jouait un grand rôle dans sa vie comme dans celle de Levi.

Il était toujours à ses côtés, disponible pour rompre la monotonie du quotidien. S'il devait y avoir un gros point positif à la situation, ce devait être celui-ci. En plus du fait que Levi était encore en vie, évidemment... Mais il y avait aussi un inconvénient à côtoyer Patrick. Malgré elle, elle se sentait tomber inexorablement amoureuse. Elle avait du mal à ne pas se laisser distraire par son charme et par son sourire à faire chavirer les cœurs. C'était plus fort qu'elle : chaque fois qu'elle le voyait tenir Levi dans ses bras, elle se sentait fondre. Mais n'avait-elle pas gâché ses chances avec lui par ses propos inconsidérés ?

— Toc toc, dit une voix douce derrière elle.

Elle pivota vivement sur elle-même.

Marilyn Scott se tenait dans l'encadrement de la porte, un petit ours en peluche à la main.

— Vous m'excuserez, mais je l'ai trouvé si mignon dans la devanture que je n'ai pas pu résister.

— C'est très gentil, mais vous ne devriez pas apporter sans cesse des cadeaux.

C'était le quatrième jouet que Marylin offrait à Levi cette semaine, après le petit dragon en velours côtelé orange et rouge, le camion de pompiers et le livre d'histoires coloré.

Marilyn s'assit au chevet du petit garçon et lui caressa les cheveux.

— Bien sûr que si ! Au contraire, je ne le gâte pas suffisamment.

Depuis l'opération, Marilyn montrait à qui voulait le voir qu'elle comptait bien endosser pleinement un rôle de grand-mère. Elle pouponnait Levi chaque fois qu'il était réveillé et célébrait la moindre de ses petites victoires avec autant d'enthousiasme que Rhiann. Et lorsque le bébé dormait, elle priait à son chevet avec une ferveur qui rendait Rhiann mélancolique.

Rhiann avait perdu sa mère quelques années plus tôt, et depuis que Pete et sa famille avaient disparu des radars, Levi n'avait pas eu d'autre famille qu'elle. Celui qui pouvait le mieux se prévaloir du rôle de grand-père, jusqu'à présent, c'était Charlie. Mais sa spécialité à lui, c'était les chatouilles et les bruits de pets plus que les prières et les caresses. De plus, Marilyn lui avait déjà fait savoir ce qu'elle pensait de la valse-hésitation à laquelle Patrick et elle se livraient depuis quelque temps. Elle les poussait l'un vers l'autre sans la moindre subtilité.

Et comment lui donner tort ? Dès que Rhiann était en présence de Patrick, elle sentait son cœur s'affoler, ses joues s'enflammer. Malgré tout, elle s'entêtait à prétendre qu'ils n'étaient qu'amis. Et encore... Depuis leur dispute, ils ne se parlaient même plus.

— Comment va notre petit bonhomme, aujourd'hui ?

— Bien, dit Rhiann avec un sourire sincère. D'après Patrick, il pourrait bientôt rentrer à la maison. Il dort encore beaucoup, mais ce matin, il s'est levé et a même fait quelques pas en se retenant au lit. En revanche, l'intraveineuse l'énerve, il faut sans cesse le surveiller pour qu'il ne l'arrache pas.

— En matière de bêtises, ce petit a du retard à rattraper. Très bientôt, il va courir et sauter partout, c'est moi qui vous le dis.

Rhiann ferma les yeux le temps d'une brève prière.

— Jamais vous ne m'entendrez me plaindre de son niveau d'activité.

— Ah, mais vous aurez sans doute un ou deux mots à dire de ses sottises. Si je vous racontais les tours pendables que m'a joués Patrick lorsqu'il était petit... Malgré tout, je regrette cette époque. J'aurais dû avoir une douzaine d'enfants, je suis tellement désœuvrée à présent, dit-elle avec un soupir.

Rhiann sourit tristement.

— Je ne sais pas si Levi aura des frères et des sœurs. Un jour, peut-être...

— J'ai bon espoir, dit Marilyn avec un clin d'œil.

Rhiann se retourna en entendant frapper un coup léger contre le cadre de la porte.

— Charlie !

Elle s'écarta de Marilyn pour donner une accolade à son binôme.

— Enfin, te voilà, toi et ta sale tête. Qu'est-ce que tu fabriquais ?

— Il y en a qui travaillent, dit-il en tirant affectueusement sur une mèche de ses cheveux.

— C'est un plaisir de vous revoir, Charlie.

Il se tourna vers Marilyn avec un sourire éblouissant.

— Tout le plaisir est pour moi, madame Scott.

— Puisque vous êtes là, je voulais vous demander... La levée de fonds a-t-elle porté ses fruits ? J'imagine que oui, à en juger par la quantité de personnes qui sont venues.

Charlie hocha la tête.

— Elle a même dépassé nos espérances. On a pu solder les anciennes dépenses médicales de Levi et avancer les frais pour les nouvelles.

— Non, c'est vrai ? C'est formidable !

Marilyn tapa dans ses mains, ravie, puis jeta un regard inquiet vers Levi pour s'assurer qu'elle ne l'avait pas réveillé. Le voyant dormir paisiblement, elle ajouta à voix basse :

— C'est une excellente nouvelle.

Rhiann hocha la tête avec un soupir.

— Si vous saviez comme j'ai pleuré, ce soir-là ! Ils m'ont tous mis la larme à l'œil, je crois.

— Vous devriez être fière de l'impact que vous avez eu sur leurs vies, décréta Marilyn en la serrant contre elle avec affection. Sur ce, je vous quitte, j'ai une réunion. Je repasse demain. D'ici là, faites une bise à Levi de ma part.

Marilyn prit congé d'un signe de la main, et Rhiann se tourna vers Charlie.

— Alors, qu'est-ce qui t'amène ?

— Quoi ? Il me faut une raison pour voir ma binôme préférée ?

Elle secouait la tête en souriant lorsqu'un mouvement près de la porte attira son attention.

18

Ces derniers jours, Patrick avait pris l'habitude de terminer sa tournée des patients par Levi.

La plupart du temps, Rhiann était seule avec son fils, mais à deux occasions, il l'avait trouvée en compagnie de Marylin. Une fois, la nounou était passée prendre des nouvelles, mais à l'arrivée de Patrick, elle s'était éclipsée en bredouillant des excuses. En revanche, Patrick ne s'était pas attendu à tomber sur un homme, Charlie, en l'occurrence. Et la façon dont Rhiann souriait à cet homme lui nouait le ventre. Il aurait voulu être à la place de ce type et, comme lui, faire naître ces adorables petites fossettes sur ses joues. Il respira un bon coup pour déloger la boule qui lui bloquait la gorge et il s'efforça de sourire lorsque Rhiann croisa son regard.

— Patrick !

Il la salua d'un hochement de tête et se dirigea vers Levi.

— Comment va-t-il aujourd'hui ?

Sans attendre sa réponse, il se pencha pour l'ausculter. Rhiann s'approcha à son tour du lit, et un nouvel afflux d'émotions le submergea. Il ferma les yeux pour ne pas la voir et s'efforça de se contenir. Une fois calmé, il se concentra sur les battements cardiaques de Levi, qu'il trouva rassurants. De même, ses mains et ses lèvres n'étaient plus cyanosées. Tout avait l'air parfait. Enfin, il s'autorisait à penser que la chirurgie avait réussi.

Il se redressa, et Rhiann lui répondit.

— Levi va bien. Il continue à dormir beaucoup, mais il mange mieux que jamais. Tout à l'heure, il a même fait quelques pas autour du lit.

Patrick caressa légèrement les cheveux de Levi.

Il aurait tellement voulu prendre le petit bonhomme dans ses bras et le laisser se nicher contre lui, comme avant.

— Parfait. Sous réserve qu'il ne fasse pas de rechute pendant la nuit, il devrait pouvoir sortir demain matin.

Ces paroles à peine prononcées, il aurait voulu les retirer.

Tant que Levi restait à l'hôpital, il pouvait continuer à les voir tous les deux. Ce serait fini lorsque le petit repartirait chez lui. Mais qu'y pouvait-il ? Impossible de retenir Levi à l'hôpital pour des raisons personnelles.

Il fut tiré de ses réflexions par l'ami de Rhiann.

— Excellente nouvelle ! Ça commence à faire un bail qu'il est ici.

Rhiann sourit à Charlie comme s'il avait dit la chose la plus intelligente du monde.

— Pour autant, si mes finances me le permettent, je ne vais pas retourner tout de suite au boulot.

— Je sais, mais vivement que tu reviennes. J'en ai marre de changer de partenaire tous les jours. Je suis trop vieux pour ça.

Patrick serra le cordon de son stéthoscope.

Il n'aimait pas du tout le ton de familiarité que ce type employait. À tort ou à raison, il se sentait exclu, mis de côté. Clairement, Rhiann comptait Charlie parmi ses proches. À une certaine époque, il en avait fait partie, lui aussi. Quelques jours plus tôt, il avait même espéré pouvoir prétendre à nouveau à ce titre...

— Je serai de retour quand je serai de retour, Charlie, répliqua-t-elle avec une petite grimace malicieuse. Et puis, avec ou sans moi, tu te fais vieux, c'est comme ça.

— Je ne te le fais pas dire... Bref, je vais ramener ma vieille carcasse chez moi. Demain, je me lève à 4 heures du matin.

— C'est gentil d'être passé, dit-elle d'une voix douce.

Elle serra Charlie contre elle en guise d'adieux.

Patrick s'efforçait de ne pas les regarder, en vain. Il souffrait de voir Rhiann dans les bras d'un autre, mais il n'arrivait pas à détacher les yeux d'elle. Peu importe si Charlie n'était qu'un ami pour elle, il enviait la complicité qui les unissait.

Charlie se tourna vers lui pour lui serrer la main.

— Je tiens à vous remercier d'avoir pris soin de Rhiann et de son petit bonhomme. Ça compte beaucoup pour moi.

Patrick hocha la tête en échangeant avec lui une poignée de main.

— Ils comptent beaucoup pour moi aussi.

Charlie saisit le sous-entendu et sourit.

— Bien. Sur ce, bonne soirée à tous les deux.

Charlie parti, un silence inconfortable tomba dans la pièce.

— C'est vrai ? Il pourra sortir demain ? demanda enfin Rhiann.

— Je l'espère.

Patrick tapota nerveusement sa cuisse avant d'ajouter :

— Et bientôt, tu ne seras plus obligée de me voir. Tu pourras arrêter de faire comme si tu m'avais pardonné, ou comme si tu m'appréciais.

Rhiann ouvrit de grands yeux.

— Non, tu penses vraiment ça ?

— Je ne sais pas ! J'ignore ce que tu veux, au juste. Chaque fois que je me dis que ça marche entre nous deux, paf ! On trouve le moyen de se disputer.

Il se passa la main dans les cheveux en soupirant.

— Moi, je sais ce que je veux, mais je ne suis pas sûr que tu sois sur la même longueur d'onde, si tu préfères rester seule.

Il se détourna, la gorge serrée.

— Mine de rien, toi et Levi, vous êtes entrés là, dit-il en portant la main à son cœur. Devant toi, j'ai le cœur qui bat à cent à l'heure comme un ado devant une fille qui risque de lui rire au nez.

Rhiann s'enveloppa de ses bras comme pour se protéger.

— J'ai l'air de rire ?

Une lueur d'espoir s'insinua en lui. Il s'approcha d'elle, mais elle se déroba.

Rhiann se posta près de la fenêtre, et son regard se perdit sur le toit à défaut d'un meilleur panorama.

Elle aurait aimé pouvoir se réfugier quelque part, remettre un peu de distance entre eux. Chaque fois que Patrick la touchait, elle avait du mal à réfléchir. Or, elle avait besoin d'avoir les idées claires s'ils devaient s'engager dans une relation, quelle qu'elle soit.

Patrick s'approcha derrière elle et fit glisser les mains sur ses bras.

— Rhiann… Essaie d'envisager la situation de mon point de vue.

Je pensais qu'on avançait, tous les deux. De nouveau, on s'entendait bien. Et pourtant, il reste entre nous un fossé.

— Je ne veux pas souffrir à nouveau.

— Je sais.

Patrick déposa un baiser au creux de son cou, à l'endroit où une veine palpitait.

— S'il te plaît, supplia-t-elle sans trop savoir elle-même si elle implorait ou protestait.

Comment garder les idées claires lorsqu'il lui mordillait doucement le cou ? Elle ne se reconnaissait plus. Qu'était devenue la secouriste réfléchie, la mère célibataire forte et indépendante ? On aurait dit qu'elles avaient disparu, remplacées par une midinette en pâmoison devant l'homme qu'elle adulait.

Mais trop tôt, bien trop tôt, Patrick mit fin à son baiser.

— Le moment et l'endroit sont mal choisis, dit-il en guise d'excuse.

Il avait raison, bien sûr. De même qu'ils avaient beaucoup de choses à mettre à plat avant d'envisager d'aller plus loin tous les deux.

Elle allait répondre lorsque Levi commença à s'agiter.

— Il se réveille, dit-elle en s'approchant du lit. Coucou, ma petite marmotte. On a bien dormi ?

Elle repoussa d'une main légère les mèches qui lui tombaient sur les yeux.

Lorsqu'il irait mieux, une visite chez le coiffeur allait s'imposer !

C'était la première fois qu'elle y pensait. Un signe parmi d'autres que Levi allait mieux, que l'espoir était permis.

Comme il lui tendait ses petits bras pour réclamer un câlin, elle le souleva en veillant à ne pas tirer sur la cicatrice. Il se blottit contre elle et fourra son pouce dans sa bouche, mais il prit un air grognon lorsque son regard tomba sur la perfusion sur le dos de sa main. Il esquissa le geste de l'arracher, mais Patrick le devança.

— Pas tout de suite, bonhomme. Mais puisqu'elle t'embête, je vais demander à une infirmière de te l'enlever.

— Tu ne peux pas le faire toi-même ?

Patrick chatouilla doucement le flanc du bébé.

— Si, mais je n'ai pas envie qu'il m'associe à quelque chose de douloureux.

— Pourtant, c'est toi qui l'as opéré.

— Il était sous anesthésie générale, alors que, à présent, il est réveillé. Ça ne se compare pas.

— Cœur tendre, va, dit-elle en souriant.

— Seulement avec vous deux. Je reviens tout de suite.

Elle le regarda quitter la pièce puis fit danser la petite peluche que Marylin avait apportée la veille.

— Ne touche pas à ta perfusion, mon chéri. Tu veux jouer ? Regarde un peu ce nounours !

Captivé, Levi suivit le jouet des yeux, et un rire s'échappa de ses lèvres. Quand Patrick revint avec une infirmière, Levi le gratifia d'un sourire radieux et lui tendit les bras.

— J'en connais un qui s'est réveillé de bonne humeur, dit-il en prenant le bébé contre lui.

L'infirmière sourit tout en préparant le matériel pour enlever la perfusion.

— Vous êtes prêt, monsieur Levi ?

Le bébé répondit par un babillage joyeux.

— Je prends ça pour un oui, dit celle-ci avant de se tourner vers Patrick. Pouvez-vous vous asseoir pour le tenir ?

Patrick s'installa dans le fauteuil relax et, en quelques gestes efficaces, l'infirmière eut tôt fait d'ôter la perfusion. Moins d'une minute plus tard, Levi avait au dos de la main un pansement décoré de personnages de dessins animés et une sucette rose à la bouche, et les quelques larmes qu'il avait laissé couler avaient déjà séché. Après avoir rangé ses affaires, l'infirmière retira ses gants de latex.

— Je repasse dans un moment pour voir comment il va.

Blotti contre le torse de Patrick, Levi savourait sa sucette avec un air de contentement.

— Il a l'air heureux avec toi, remarqua Rhiann.

Patrick lui sourit, les yeux brillants.

— Et moi de même.

Elle ouvrit la bouche, et les mots qui s'en échappèrent les prirent l'un comme l'autre au dépourvu.

— Je t'aime.

19

La nuit suivante, sa dernière à l'hôpital, Levi dormit comme un loir. Rhiann, en revanche, ne cessait de se tourner et de se retourner dans le fauteuil inclinable qui lui faisait office de couchage depuis près d'une semaine. La veille, Patrick l'avait quittée en coup de vent, comme pour lui échapper. Il n'en était rien, bien sûr, puisqu'il avait été appelé auprès d'un patient, mais elle se reprochait quand même d'en avoir trop dit. L'avait-elle brusqué ? Clairement, il ne s'était pas attendu à un tel aveu d'amour, mais elle non plus. Oui, elle l'avait toujours aimé, mais en tant qu'ami. À présent, elle l'aimait avec le cœur d'une femme qui sait ce que c'est de perdre un être cher, et elle ne demandait qu'à partager sa vie avec lui. Avait-elle gâché ses chances ?

Le petit matin arriva enfin, et quand les internes et les médecins commencèrent à aller et venir dans les couloirs, elle cessa de chercher le sommeil et s'habilla. Lorsque Levi se réveilla enfin, elle lui changea sa couche avant de lui enfiler des vêtements propres.

— Maman va te préparer un vrai bain une fois de retour à la maison. En toute franchise, je n'ai pas envie de te ramener dans cet appartement miteux, mais pour le moment, je ne peux pas prétendre à mieux. Bientôt, peut-être...

Elle leva les yeux et vit Patrick appuyé contre le chambranle de la porte.

Depuis quand était-il là ? Qu'avait-il entendu de ce qu'elle venait de dire ?

— Alors, prêt à partir de cette prison ?

— Oh oui !

Il leva les yeux au ciel et entra dans la pièce.

— Je parlais à Levi.

— Je peux répondre en son nom sur ce sujet.

Patrick lui tendit une liasse de papiers.

— Tiens, voilà son formulaire de sortie. L'infirmière va venir le lire avec toi, comme l'exige la procédure.

Elle parcourut le document en vitesse.

Régime alimentaire, exercice, soins postopératoires... La routine, en somme. Rien d'inquiétant.

Pendant ce temps, Patrick, penché au-dessus du berceau, faisait des grimaces à Levi, qui se tordait de rire sans même déclencher une quinte de toux.

Son fils était en bonne voie de guérison, grâce à lui. Comment ne pas tomber amoureuse de cet homme ?

Elle s'affaira de nouveau pour ne pas risquer de lui montrer les émotions qui l'agitaient.

Elle passait en revue la petite chambre afin de vérifier qu'elle n'oubliait rien, quand elle sentit le bras de Patrick se refermer autour de sa taille.

— Ça va ?

Elle aurait voulu résister, ne pas s'alanguir dans la chaleur délicieuse de son étreinte. Mais malgré sa meilleure volonté, elle ne put s'empêcher de se blottir contre lui.

— Hum... Je rassemblais juste les affaires de Levi.

— Tu n'essayais pas de m'éviter, par hasard ?

Elle se contenta de secouer la tête, de peur que sa voix ne trahisse ses émotions.

— Bien, dit-il. J'ai une surprise pour toi. J'attends qu'on s'en aille pour te la montrer.

À sa surprise, Patrick avait insisté pour les ramener à la maison.

Piquée par la curiosité, elle se risqua à croiser son regard.

— Je ne t'en dis pas plus pour l'instant, ajouta-t-il en souriant. Tu verras.

Elle allait demander des précisions lorsqu'une infirmière entra pour les formalités de sortie, et quelques minutes plus tard, Levi fut officiellement autorisé à quitter l'hôpital.

— Je ne comprends pas pourquoi tu ne me laisses pas conduire, dit-elle lorsque Levi fut installé dans le siège-auto. Il va bien falloir que je revienne à l'hôpital pour récupérer ma voiture.

Patrick se contenta de sourire d'un air énigmatique et démarra. Au bout de quelques instants, arrivés au niveau de la bretelle qu'ils auraient dû prendre pour rentrer chez elle, il continua tout droit.

— Où allons-nous ? demanda-t-elle avec étonnement.

Il allongea le bras pour lui prendre la main.

— Tu vas voir. Tu me fais confiance, n'est-ce pas ?

— Oui, dit-elle en étirant le mot d'un ton dubitatif.

Elle se renversa sur le siège en s'efforçant d'ignorer la caresse de son pouce au creux de sa paume.

Ils avaient quitté la ville et sa banlieue, et une campagne luxuriante s'étalait de part et d'autre de la route. Patrick s'engagea sur un chemin étroit dissimulé par la végétation, et elle se redressa pour observer les alentours.

L'allée débouchait sur un enclos verdoyant au milieu duquel se dressait une adorable maison traditionnelle en bois.

— Où sommes-nous ?

— Chez moi.

— Tu as déménagé ?

Patrick opina du chef.

— Cette monstruosité moderne où j'habitais avait été choisie par Mallory, je ne m'y suis jamais senti à l'aise. Lorsqu'elle a été partie, ces grandes surfaces vitrées accentuaient mon sentiment de solitude. Alors, j'ai cherché une maison radicalement différente.

Elle eut un lent hochement de tête appréciateur.

Elle aussi, elle aimait l'architecture traditionnelle. Elle s'imaginait bien sous ce porche, assise dans un fauteuil ou sur une balancelle tandis que Levi s'amuserait dehors. Avec un peu d'imagination, elle voyait l'enclos se transformer en jardin. Une oasis de tranquillité parfaite pour se ressourcer loin de la ville et du stress du métier…

— C'est magnifique, Patrick !

Il ouvrit la portière avec un grand sourire.

— J'espérais que cela te plairait. Viens, entrons avec notre garçon.

« Notre garçon ».

Le cœur battant, elle descendit de voiture.

Levi calé dans ses bras, Patrick précéda Rhiann dans la maison et observa sa réaction avec une pincée d'anxiété.

— Waouh... Cette maison est exactement comme toi.

— C'est-à-dire ? demanda-t-il, un peu piqué.

Elle haussa les épaules.

— Eh bien, de l'extérieur, elle est jolie sans être du goût de tout le monde. Elle est discrète, un peu sauvage, difficile à trouver pour qui ne fait pas l'effort d'aller vers elle : comme toi, en somme. Mais au-delà de cette première impression, tu es quelqu'un de chaleureux qui souffre de vivre seul. De même, cette maison est faite pour accueillir une famille.

Il sentit son cœur battre plus vite.

— Avance un peu et pousse la première porte à ta gauche.

Rhiann le considéra avec surprise avant d'ouvrir la porte prudemment. Ce qu'elle vit lui arracha une exclamation étouffée.

Elle se tourna vivement vers lui, les larmes aux yeux.

— Patrick ! Tu as vraiment aménagé une chambre pour Levi chez toi ?

Sa voix tremblait et, devant son émotion, il comprit que sa maison avait enfin trouvé une famille. Auquel cas, ses efforts étaient récompensés : ces derniers jours, il avait à peine pris le temps de dormir de manière à achever les préparatifs à temps.

— Levi, tu veux jouer un peu pendant que je parle avec ta mère ?

Il déposa doucement le bébé dans le parc rempli de jouets, puis il prit la main de Rhiann et l'attira dans la pièce d'en face.

— Viens dans mon bureau. Je laisse la porte ouverte pour qu'on garde un œil sur Levi. J'ai beaucoup à te dire, et une chambre d'enfant n'est sans doute pas l'endroit le mieux indiqué pour une conversation aussi sérieuse.

D'un geste, il l'invita à s'asseoir dans la grande bergère en cuir, puis il s'agenouilla devant elle.

— Rhiann, je ne mérite pas ton pardon, mais je te le demande quand même. Je sais que tu n'es pas responsable de la mort de Mallory et d'Everly. Au fond, je l'ai sans doute toujours su, mais j'avais besoin d'un bouc émissaire. Je ne voulais pas admettre ma part de culpabilité. La semaine qui a précédé l'accident, j'étais parti à un séminaire. J'étais censé revenir la veille, mais mon avion avait été retenu. Plutôt que d'annuler ou de reprogrammer mes rendez-vous, j'ai filé tout droit à l'hôpital au lieu de voir comment elle allait.

— Patrick...

— Non, laisse-moi terminer...

Il prit une longue inspiration.

— Lorsque les urgences m'ont contacté, Mallory était encore en salle d'opération. Un médecin m'a dit qu'ils auraient peut-être eu une chance de la sauver si les secouristes étaient arrivés à temps. Je me suis accroché à ce constat, et je me suis convaincu que tu avais tous les torts. Alors que si j'avais été là, j'aurais sans doute pu détecter les signes beaucoup plus tôt.

Rhiann l'interrompit en secouant la tête.

— Ne dis pas ça, Patrick. Tu n'as rien à te reprocher. Ni toi ni personne. Ce jour-là, l'autoroute était complètement bloquée, et nous avons dû tourner un bon moment dans le quartier pour trouver un autre itinéraire. Nous avons mis trop de temps pour arriver, mais de toute façon, ça n'aurait rien changé. Pour les sauver, il aurait fallu qu'un obstétricien détecte le problème placentaire bien avant l'accident. Si, et c'est un grand « si », son malaise était survenu à l'hôpital, Mallory aurait sans doute eu des chances d'en sortir, et encore... J'ai fait tout ce que j'ai pu, Patrick, il faut que tu me croies. Mais c'était mission impossible. Et toi non plus, tu n'aurais rien pu faire.

Il porta sa main à ses lèvres et lui baisa le bout des doigts.

— Oui, maintenant, je le sais, et j'ai honte de t'avoir accusée à tort. Tu remuerais ciel et terre pour venir en aide à un inconnu. Ça a dû être terrible pour toi d'assister au décès d'une amie sans pouvoir rien faire malgré tous tes efforts. Et, pour ne rien arranger, je t'ai repoussée.

Les yeux de Rhiann se mouillèrent de nouveau.

— Oui, j'aimais beaucoup Mallory, et je me faisais une joie d'être la Tata Rhiann d'Everly. Et lorsque, en plus, tu m'as tourné le dos...

Elle n'acheva pas sa phrase.

La gorge serrée, il serra sa main dans la sienne.

— Je sais... Peux-tu me pardonner ?

Il la regarda fixement, suspendu à sa réponse.

Rhiann posa une main tremblante sur la joue de Patrick.

— Il n'y a rien à pardonner, Patrick. J'ai toujours su que le chagrin t'aveuglait, et j'ai gardé espoir que tu finirais par changer d'avis lorsque tu aurais fait ton deuil.

— Tu es trop gentille. Il y a beaucoup à pardonner, au contraire. Je ne mérite pas d'avoir une amie comme toi.

Rhiann sourit pour essayer d'alléger l'atmosphère.

— Je veux bien laisser le passé au passé, du moment que tu me promets de ne plus être aussi stupide.

— Je vais essayer, dit-il avec un petit rire. Attends, je vais voir comment va Levi.

Tandis qu'il se dirigeait vers le seuil pour jeter un coup d'œil vers la chambre, elle se demanda s'il ne saisissait pas ce prétexte pour interrompre une conversation difficile. Elle s'inclina dans le fauteuil et le regarda.

— Il va bien ?

Patrick se tourna vers elle avec un grand sourire.

— Oui, il joue avec des blocs de lettres. Nous avons peut-être un futur écrivain.

— Tu n'arrêtes pas de dire « notre garçon », « nous avons ». Comme si mon fils faisait partie de ta vie.

— Eh bien...

Il revint vers elle et posa un genou à terre.

— Rhiann Masters, je suis fou amoureux de toi. Je suis bien placé pour savoir que la vie est courte, et je veux passer la mienne avec toi sans perdre un jour de plus. Me feras-tu l'honneur d'être ton mari et le père de Levi ?

— Oh oui...

Leurs lèvres s'unirent, et elle aurait juré que leurs âmes se mêlaient l'une à l'autre.

Quelques semaines plus tôt, elle avait repris contact avec Patrick pour qu'il donne à Levi une chance de vivre. Jamais elle n'avait songé que cette démarche allait tout changer, et pas seulement pour son fils. Patrick avait réparé le cœur de Levi, mais il avait aussi guéri le sien, à elle.

Il interrompit leur baiser pour tirer un petit écrin de sa poche, et en sortit un anneau qu'il lui glissa au doigt.

— Tu ne regardes pas ta bague ?

— C'est toi que je regarde. Ton amour est mille fois plus précieux que tous les bijoux du monde. Je t'aime.

Il effleura son front d'un baiser.

— Moi aussi. Et maintenant, je vais chercher notre fils pour vous faire visiter à tous les deux notre maison !

En souriant, elle le regarda prendre Levi dans ses bras et baissa enfin les yeux vers l'anneau d'or qui brillait à son doigt.

Comme quoi, parfois, les vœux devenaient réalité.

Épilogue

Trois ans plus tard

Patrick s'agenouilla devant la tombe et passa le dos de la main sur le marbre pour retirer quelques brins d'herbe.

— Salut, Mallory, Everly... Je tenais à vous présenter quelqu'un. Everly, voici ta petite sœur, Arden. Elle n'a que quelques jours.

Il s'assit dans une position plus confortable en calant le bébé sur sa cuisse.

— Vous me manquerez toujours, toutes les deux. Et ne vous inquiétez pas : je parlerai de vous à Arden lorsqu'elle sera assez grande pour comprendre.

— Papa !

Il leva les yeux et vit Levi arriver en courant comme un dératé.

À maintenant quatre ans, le petit garçon était complètement guéri. Sans les cicatrices sur son torse, il aurait été impossible de se douter qu'il avait été malade. Il se laissa tomber dans l'herbe à côté de lui.

Patrick l'entoura de son bras.

— Qu'as-tu fait de ta mère ?

— On a fait la course, mais je crois qu'elle m'a laissé gagner.

Levi tendit la main pour chatouiller Arden.

— Pourquoi elle ne rit pas ?

— Elle est encore trop petite.

— Il faut qu'elle se dépêche de grandir, je veux jouer avec elle.

En arrivant vers eux, Rhiann surprit ces paroles et se mit à rire.

— J'ai essayé de le garder dans la voiture, mais il ne tenait pas en place. J'avais peur qu'il ne te dérange.

— Pas du tout, dit Patrick en ébouriffant les cheveux blonds de son fils. Levi, tu peux revenir à la voiture avec maman ? Mais doucement, hein ? Maman doit se tenir tranquille, en ce moment, tu te souviens ? Je vous rejoins tout de suite.

Levi se leva et prit à contrecœur la main que lui tendait Rhiann, puis il jeta un coup d'œil à Patrick par-dessus son épaule.

— OK. Mais seulement parce que c'est toi qui me le demandes.

Comme tous deux s'éloignaient, Patrick se tourna à nouveau vers la tombe et posa une main sur la pierre.

— Les premiers temps sans vous, je n'ai fait que survivre. J'avais fait une croix sur la possibilité d'aimer à nouveau. Heureusement, Rhiann et Levi sont entrés dans ma vie. Et maintenant, Arden…

La brise charriait des notes légères de gardénia, la fleur préférée de Mallory. Il ferma les yeux pour l'inspirer à fond.

N'était-ce pas un signe de Mallory pour lui dire qu'elle était heureuse de le voir avancer dans sa vie ?

— Je vous aime toutes les deux. À bientôt.

Lorsqu'il fut de retour à la voiture, Rhiann lui prit Arden des bras pour un bref câlin avant de l'installer sur son siège.

— Alors, cette discussion ?

— Elle s'est très bien passée. Merci, ajouta-t-il en nouant ses bras autour d'elle.

— Merci pour quoi ?

— Merci d'être toi-même. Merci d'être ma femme et de comprendre que l'amour que je leur porte ne diminue pas celui que j'ai pour toi.

Il se pencha vers elle pour l'embrasser, mais une petite voix s'éleva derrière eux.

— Ah, non ! Vous n'allez pas encore vous faire des bisous ! C'est comme ça que vous avez fabriqué Arden, hein ? La prochaine fois, je peux avoir un petit frère, au moins ?

— Pourquoi pas ? Si ta mère est d'accord, je suis toujours partant…

Rhiann lui donna une tape sur le bras.

— Tu rêves !

Son rire contagieux était une mélodie dont il ne se lassait pas et qu'il voulait entendre jusqu'à son dernier jour.

Il l'embrassa tendrement sur les cheveux.

— Toujours, avec toi.

CAROLINE ANDERSON

Unis par l'amour

Traduction française de
GABY GRENAT

BLANCHE

HARLEQUIN

Titre original :
BOUND BY THEIR BABIES

Ce roman a déjà été publié en 2018.

1

— Salut, Emy, je viens juste de sortir de la salle d'opération et je trouve deux appels de ta part sur mon répondeur. J'ai téléphoné chez toi, personne n'a répondu. Où es-tu ? Tout va bien ?

Jake entendit un petit cri étouffé, puis un hoquet. Son inquiétude augmenta d'un cran.

— Emy ? Dis-moi quelque chose !

— Je... je suis dans la salle de réception de l'hôpital. Les contractions ont commencé il y a un moment, mais je... je ne vais pas y arriver toute seule. J'ai besoin de toi, Jake ! Est-ce que...

Cette interruption brutale laissa supposer à ce dernier que la contraction devait être à son maximum.

— J'arrive, ne t'inquiète pas, répondit-il en sentant les battements de son cœur s'accélérer.

Son téléphone rangé dans la poche de sa blouse de chirurgien, il se précipita vers l'ascenseur.

C'était fou. Complètement fou. Pourquoi réagissait-il de manière aussi intense ? Il était gynécologue, tout de même ! À longueur de journée, il s'occupait de femmes en train d'accoucher... mais cette fois, c'était différent. Il s'agissait d'Emy, sa plus ancienne amie, sa meilleure amie, à qui il avait promis d'être à ses côtés ce jour-là, non pas en tant que praticien, mais en tant que soutien. Mission difficile à remplir, car c'était Pete qui aurait dû se trouver là, pas lui.

Malheureusement, Pete, qui avait été le mari d'Emy pendant onze ans et qui était le père du bébé qui allait naître, serait absent. Aujourd'hui et tous les jours à venir. Le destin l'avait privé, lui qui avait tout, absolument tout ce qu'un homme peut désirer, de vivre ce moment privilégié. Depuis sa mort, le seul réconfort qui restait à Emily, c'était lui, Jake.

Hélas, comment pourrait-il jamais prendre la place de Pete, surtout en un jour pareil ?

— J'arrive, Emy, j'arrive…, marmonna-t-il en hâtant le pas.

Dès qu'il eut rejoint Emily, il s'assit à côté d'elle et, posant la main dans le dos de son amie, le massa doucement. Elle eut un gémissement avant de se laisser aller contre lui. Patiemment, le regard fixé sur la fenêtre où les premières lueurs du jour commençaient à poindre, Jake attendit que la contraction prenne fin.

— Comment tu te sens ? demanda-t-il quand Emily se redressa, le souffle court.

— Horriblement mal !

Elle prit dans les siennes les mains de son ami.

— La naissance est prévue pour dans deux semaines, Jake. Ce n'est pas possible que le travail ait déjà débuté ! Je ne suis pas prête.

Jake retint un soupir. Ils étaient donc deux dans cette situation…

— Mais si, tu es prête ! répliqua-t-il pourtant d'un ton calme. Tu sais bien comment ça se passe avec les bébés, ils arrivent quand ça leur plaît. Le côté sympa, c'est que tu es déjà à l'hôpital, ce qui m'évite de faire trente kilomètres de route au milieu de la nuit pour t'y conduire. Ne t'inquiète pas, tout ira bien. Tu es en pleine forme et…

— Arrête ton laïus, s'il te plaît ! coupa Emily. Je suis gynéco, moi aussi, et je sais toutes les complications qui peuvent survenir même si la mère est en parfaite santé.

— Et arrête le tien ! Tu sais aussi bien que moi qu'il y a infiniment peu de risques pour que cela se produise. Tout ira bien, Emily, ajouta-t-il en dépit de l'inquiétude qu'il ressentait malgré tout. Je suis là pour veiller à ce que tout se passe au mieux pour toi et pour le bébé.

Il allait effectivement s'y employer avec d'autant plus de soin que c'était l'ultime promesse qu'il avait faite à Pete.

— Viens, je t'accompagne aux admissions. Tu peux marcher ou tu préfères que je demande un fauteuil roulant ?

— Je préfère marcher.

— D'accord, répliqua-t-il, la guidant vers l'ascenseur.

Arrivés devant les portes coulissantes, ils retrouvèrent Liv, une des sages-femmes les plus expérimentées de l'hôpital. Jake retint un soupir de soulagement.

— Salut, Liv. Je te présente Emily, l'amie dont je t'ai déjà parlé.

Puis, se tournant vers Emily :

— Emy, Liv est la sage-femme en chef que tout le monde adore pour sa gentillesse et respecte pour sa compétence.

— Allons donc, docteur Stratton, arrêtez vos flatteries, vous allez me faire rougir ! déclara Liv en riant. Venez, Emily, je vais vous accompagner jusqu'à votre chambre. Voulez-vous que je reste pour l'accouchement ?

— Ce serait magnifique, répondit Jake tandis qu'Emily se cramponnait de nouveau à son bras en gémissant de douleur.

— Ça va aller, Emy. Respire lentement, bien à fond, dit-il d'une voix calme.

Il sentit le souffle tiède d'Emily s'insinuer dans l'échancrure en V de sa blouse de chirurgien.

— C'est très bien, c'est exactement comme ça qu'il faut faire, ajouta-t-il pour l'encourager.

— Deux minutes quarante, annonça Liv.

Les contractions revenaient rapidement, de plus en plus violentes, et la souffrance d'Emily n'avait rien d'étonnant.

Quand ils furent arrivés à l'étage, Liv la conduisit dans sa chambre.

— Installez-vous, je reviens très vite vous chercher pour vous emmener en salle d'accouchement.

Les deux heures qui suivirent parurent à Jake les plus longues de sa vie. Les contractions d'Emily s'enchaînaient maintenant de façon continue, accompagnées des commentaires rassurants de Liv.

Il était infiniment reconnaissant à cette dernière d'être restée avec eux. Il avait une entière confiance en elle, et à juste titre, car elle demeura calme et efficace tout au long de l'accouchement. De son côté, il s'efforça de soutenir Emily en lui massant le dos, en la prenant dans ses bras et en essuyant son front baigné de transpiration. Enfin, au bout de ce qui lui parut une éternité, il souleva le petit corps du bébé qui hurlait à pleins poumons, encore tout enduit de vernix caseosa. Il le posa sur la poitrine d'Emily et le recouvrit aussitôt d'une serviette tiède.

— Bravo, Emy ! Tu t'es très bien débrouillée.

— Qu'est-ce que c'est ?

— Un garçon.

Jake était très ému. Bien plus qu'il ne voulait se l'avouer. Il avala sa salive avant de répéter d'une voix douce :

— Un très beau petit garçon.

Dans l'impossibilité d'apercevoir le regard d'Emily qui tenait le visage baissé sur son bébé, il se laissa fasciner par le geste tendre de sa main posée sur le crâne minuscule. Comme toutes les accouchées, elle vivait intensément les moments privilégiés suivant chaque naissance.

— Bonjour, mon tout-petit, murmura-t-elle, les lèvres posées sur la tête du bébé. Bienvenue parmi nous...

Ses doigts miniatures enroulés autour de l'index de sa mère qui le regardait avec toute la tendresse du monde, le bébé s'était calmé.

Jake était si ému qu'il préféra poser la main sur l'épaule d'Emily plutôt que de parler, de crainte que sa voix ne le trahisse. Elle leva les yeux et lui sourit, rayonnante dans la lumière du soleil levant.

— Nous avons réussi..., dit-elle d'une voix encore incrédule.

— C'est toi qui as réussi. Tu as été super courageuse, Pete serait fier de toi.

Une larme glissa sur la joue d'Emily qui se pencha sur son fils et déposa un nouveau baiser sur le petit crâne.

— Votre fils est magnifique, tout rose et potelé, annonça Liv tandis que Jake reculait pour lui laisser jouer son rôle de soignante.

Maintenant que sa présence n'était plus nécessaire, il éprouvait le besoin de sortir respirer à l'air libre. Respirer et surtout mettre un peu d'ordre dans les sentiments confus qui l'envahissaient. Certains, il le pressentait, n'avaient rien à faire dans cette aventure.

— Dix sur dix pour le score d'Apgar, déclara Liv.

C'était parfait. Comme placé en pilotage automatique tant ses émotions le submergeaient, Jake se tourna vers le lavabo pour se laver les mains.

Sa fille, la petite Matilda, était née quatorze mois plus tôt, en avril, dans ce vieil hôpital du Suffolk, mais il avait l'impression que cela s'était passé la veille. C'était la seule autre fois où il s'était tenu au chevet de l'accouchée et non à sa place de gynécologue. Il se rappelait le bouleversement qu'il avait ressenti quand la sage-femme avait déposé sa fille dans ses bras, et la vague d'amour infini qui l'avait envahi à ce moment-là.

Il y avait peu de temps qu'il travaillait au Yoxburgh Park Hospital. Sa compagne, Jo, la mère du bébé, avait refusé de s'installer avec lui dans cette petite ville du bord de mer, mais elle l'avait appelé à temps pour lui permettre d'assister à la naissance, d'entendre le premier cri du bébé et de le prendre tout de suite dans ses bras. Un lien très intense s'était instantanément créé entre eux et il l'avait renforcé en passant autant de temps qu'il l'avait pu avec sa petite merveille.

À ses yeux, c'était insuffisant, mais, au moins, il avait eu la chance d'être là, bien vivant. Pete ne connaîtrait jamais son fils. Tout ce qu'il avait pu en apercevoir était la silhouette floue sur le cliché de l'échographie qu'Emily avait passée peu de temps avant la mort de son mari. Maintenant, Emy était seule et le petit garçon qui venait de naître déjà orphelin. Pareille pensée lui faisait mal au cœur et l'incitait encore davantage à respecter la promesse qu'il avait faite à Pete de toujours être là pour Emy et son enfant.

Avant de quitter la salle d'accouchement, il revint vers Emy et essuya ses cheveux blonds humides de transpiration.

— Je laisse Liv vous faire beaux tous les deux. Dès que votre toilette sera terminée, passe-moi un coup de fil, je remonterai.

— Oui, va boire quelque chose pour te remettre des émotions que je t'ai causées, dit Emily.

Une fois dans le couloir, Jake fut heureux de le trouver désert car il avait besoin de solitude. Lorsqu'il fut arrivé au café de l'hôpital, il commanda un cappuccino et sortit respirer l'air du matin dans le jardin.

Il n'était que 7 heures et il faisait encore frais, mais cette journée de juillet s'annonçait magnifique. Il avisa un banc et alla s'y installer afin de laisser la tension qui nouait son corps disparaître peu à peu.

Tout le temps de l'accouchement, il avait eu les nerfs à vif. C'était parfaitement illogique car tout s'était déroulé aussi normalement que possible, mais, lié par la promesse qu'il avait faite à Pete, il se sentait responsable de la sécurité de la mère et de l'enfant. Tant qu'il n'avait pas entendu les premiers cris du bébé, il était demeuré sur le qui-vive, prêt à intervenir si le besoin s'en faisait sentir.

Avec une certaine surprise, il s'aperçut qu'il avait été beaucoup moins inquiet quand Jo avait accouché, sûrement parce qu'il n'avait jamais été réellement amoureux d'elle. Ce qui ne signifiait pas pour autant qu'il était amoureux d'Emily, même s'il en avait été tout près autrefois. Jusque-là, il n'avait jamais osé se l'avouer et, évidemment, encore moins à elle. Pourtant, il s'en était fallu de peu... Quinze ans plus tôt, invités tous les deux au mariage d'amis communs, ils étaient rentrés ensemble à leur hôtel une fois la fête terminée. Emy était déjà fiancée à Pete, mais elle l'avait accompagné dans sa chambre pour prendre un café et là... ils avaient un peu perdu le contrôle de la situation.

Était-ce à cause du champagne, ou de la musique, ou parce que le moment était follement romantique ? Bref, ils étaient à deux doigts de faire l'amour quand le téléphone d'Emily avait sonné. C'était un message de Pete. Un seau d'eau froide reçu en pleine figure n'aurait pas eu un effet plus dissuasif. Ils s'étaient ressaisis, Emily avait regagné sa chambre et ils n'avaient plus jamais évoqué cet incident.

Pourtant, à cette occasion, il avait pris conscience de la profondeur des sentiments qu'il éprouvait pour Emily sans être payé de retour. Elle était retournée auprès de Pete dès le lendemain et il avait dû apprendre à vivre sans elle.

Avec le temps, il avait enfoui ces émotions si profondément qu'il les avait presque oubliées, se contentant d'apprécier Emily en bon camarade prêt à tout pour elle, certain qu'elle était dans les mêmes dispositions à son égard.

Leur complicité amicale remontait à leur première année à l'université. Un matin où Emily était sortie faire son footing quotidien, elle l'avait découvert, honteux et confus, attaché par des menottes à une grille du parc, nu comme un ver et affligé d'une atroce gueule de bois. Juste à côté de lui se trouvaient ses vêtements soigneusement pliés et, posée sur la pile, la clé des menottes. Farce de carabins un peu éméchés, évidemment. Tout en le délivrant de cette fâcheuse posture, elle ne s'était pas privée de lui faire la morale et avait continué pendant tout le temps où il se rhabillait.

En même temps, elle riait comme une petite folle et se moquait de lui à n'en plus finir.

Il était tombé amoureux d'elle à ce moment-là, amoureux transi qui ne s'était jamais déclaré, mais, tout au long de leurs études, ils ne s'étaient jamais perdus de vue, et ils avaient même cohabité de temps à autre. Il avait assisté à son mariage le jour où elle avait épousé Pete. Déjà, à l'époque, le cancer de Pete avait été découvert, mais Emily était bien décidée à lutter avec son mari contre l'insidieuse maladie. Jake savait que le chemin qu'elle avait choisi serait difficile à suivre, mais il s'était promis qu'il serait là pour elle, quoi qu'il arrive.

Il avait tenu parole, et il en serait toujours ainsi.

Quelques instants plus tard, un texto s'afficha sur l'écran de son téléphone :

Tu peux revenir ! Nous sommes tous les deux prêts à recevoir ta visite.

Son café terminé et ses idées un peu moins agitées, il regagna le bâtiment de la maternité.

Calée contre un oreiller, Emily allaitait son fils. Cette découverte fut pour Jake un choc inattendu. Jo n'avait pas nourri Matilda. Elle avait vu que sa décision l'attristait, mais elle avait déclaré ne pas se sentir faite pour cela et ajouté que ce choix ne relevait que d'elle, et non de lui qui n'avait donc pas d'avis à donner sur la question. Son ton avait été si déterminé qu'il lui en avait été reconnaissant d'avoir accepté de supporter la grossesse.

Tout en écartant cette pensée pas très agréable, il déposa un baiser plein de tendresse sur le front d'Emily.

— Comment te sens-tu ?

— Nettement mieux !

Elle lui prit la main qu'elle pressa doucement.

— Merci de m'avoir accompagnée dans cette aventure. J'étais tout simplement terrorisée...

— Idiote ! Je t'ai toujours dit que je veillerais sur toi. Et ce n'est pas parce que ton bébé est né que je vais arrêter. Je serai toujours là quand tu auras besoin de moi. Tu sais que ce ne sont pas que des mots !

— Jake...

Les yeux d'Emily s'étaient remplis de larmes.

Il se pencha pour la serrer dans ses bras un instant, pressé tout de même de rétablir entre eux la distance qui lui paraissait nécessaire à sa tranquillité d'esprit.

— Comment se passe l'allaitement ?

— Très bien. Ce petit bonhomme a tout de suite compris comment s'y prendre. J'ai l'impression qu'il sait déjà ce qu'il veut et qu'il va droit au but.

— Parfait ! Vous allez très vite vous adapter l'un à l'autre.

Il s'assit sur la chaise placée à côté du lit sans pouvoir retenir un bâillement.

Emily s'en inquiéta.

— Tu es fatigué ?

— Un peu. J'avais déjà passé pas mal de temps en salle d'op quand tu es venue ajouter ta note personnelle à ma nuit déjà bien remplie ! répondit-il avec un sourire affectueux. Tu vois, tout s'est bien déroulé, comme je te l'avais promis. Pas de problème, aucune complication...

— Heureusement. C'est bien assez difficile de me dire que mon fils ne connaîtra jamais son père.

— Je comprends.

Puis, après une courte pause, il ajouta :

— Tu as choisi son prénom ?

— Oui. Ce sera Zachary. Zach. C'est celui que Pete avait choisi si nous avions un garçon et j'étais tout à fait d'accord. Ensuite, son deuxième prénom sera Pete, en souvenir de son père, et le troisième, Jake, comme toi.

Elle lui sourit.

— Parce que tu es mon meilleur ami.

Jake sentit sa gorge se serrer d'émotion.

— Merci, Emy. Cela me touche beaucoup.

— C'est le moins que je puisse faire. Sans toi, je crois que je serais devenue folle depuis la fin de la rémission de Pete.

— Quelle idée ! Tu as fait preuve d'un énorme courage.

— Pas vraiment. Je me suis contentée de vivre au jour le jour... Je n'avais pas le choix.

Elle baissa le regard sur le bébé endormi contre son sein.

— J'ai du mal à penser que je vais reprendre le travail et que je vais être obligée de le confier à quelqu'un !

Jake tenta de la rassurer.

— Écoute, Emy, tu viens juste d'accoucher. Tu as beaucoup de temps devant toi pour en profiter.

— C'est vrai, mais je m'inquiète... Comment vais-je me débrouiller pour gérer à la fois ma présence auprès de mon fils et mon travail ? Il faut que je pense à bien organiser le futur !

Jake lui pressa la main.

— Le côté financier de ta situation ne justifie pas que tu t'en préoccupes. Tu t'en sortiras, j'en suis sûr. Et si jamais tu n'y arrives pas, je te donnerai un coup de main.

Emily leva vers lui un regard inquiet.

— Comment ? Jo et Matilda sont déjà à ta charge. Tu ne peux assurer l'intendance de trois maisonnées. De plus, ce n'est pas seulement une question d'argent. Ma carrière est en jeu. Si je la néglige, tous les efforts que j'ai fournis pour en arriver où je suis seront réduits à néant.

Il réussit à adresser un sourire rassurant à son amie.

— Nous trouverons une solution. Pour l'instant, profite de ton fils, c'est le plus important. Le reste s'organisera d'une manière ou d'une autre.

Après avoir à nouveau pressé la main d'Emily, il se mit debout.

— Il faut que je te laisse, Emy. Je dois passer voir les deux patientes que j'ai opérées cette nuit. Après, je rentrerai chez moi m'écrouler dans mon lit. Ensuite, je préparerai la maison pour vous accueillir tous les deux.

De retour dans sa grande maison, il se félicita d'avoir réussi à convaincre Emily de s'installer chez lui avant l'accouchement. Il lui avait semblé que c'était le meilleur moyen de veiller sur elle et, après quelques réticences, elle avait fini par accepter. Maintenant, à sa sortie de l'hôpital, il pourrait facilement l'aider à mettre au point la routine avec son nouveau-né avant qu'elle ne rentre chez elle.

En attendant, il ressortit le berceau qui avait servi pour Matilda et, le jour de la sortie d'Emily, il disposa des fleurs dans le salon avant de partir la chercher à la maternité de l'hôpital.

À peine venait-il de pénétrer dans la chambre d'Emily qu'elle lui tendit son fils.

— Tiens, fais-lui un câlin pendant que je rassemble mes dernières affaires !

Lorsque Jake se retrouva avec Zach au creux de son bras, une sensation étrange l'étreignit.

— Salut, mon bonhomme...

Du doigt, il caressa le petit nez.

— C'est fou ce que Zach ressemble à son père !

— Oui. Les parents de Pete ont dit la même chose.

Tant mieux... Ils n'avaient donc pas tout à fait perdu leur fils. Et Emy n'avait pas tout à fait perdu Pete.

— Allons-y, reprit-il, la gorge serrée. Rentrons vite à la maison.

Sauf que pour Zach et Emily, ce qu'il appelait « la maison » n'était que la sienne.

2

Le mois d'avril suivant

Juste après avoir entendu le coup frappé à la porte de la salle de consultation, Jake vit apparaître le visage de la réceptionniste dans l'entrebâillement.

— Docteur Stratton ? Je suis désolée de vous déranger, mais M. Walker vous attend tout de suite au café de l'hôpital.

Contrarié, Jake soupira.

— Je ne peux pas partir, Elsa. Je m'apprête à examiner une patiente. Qu'y a-t-il donc de si urgent ?

La jeune femme baissa la voix.

— Il est avec votre petite fille. Sa mère a disparu.

— Disparu ? Qu'est-ce que c'est que cette histoire ?

Elle haussa les épaules.

— C'est ce que M. Walker vient de me dire.

— Bon… Je vais voir de quoi il s'agit. Pouvez-vous s'il vous plaît demander à l'interne de service de me remplacer ?

Après avoir présenté des excuses à sa patiente, il se hâta dans le couloir, plus intrigué qu'inquiet. Mais, comme il se rapprochait, les cris hystériques de Matilda le plongèrent dans l'affolement.

En arrivant dans la salle du café, il aperçut Ben Walker, penché sur la poussette, qui essayait en vain de calmer la petite fille.

Aussitôt, il lui tendit les bras.

— Ça y est, ma chérie, me voilà ! Viens vite me faire un gros bisou.

Tout en parlant, il défaisait les bretelles qui maintenaient

Matilda dans sa poussette. Sitôt qu'elle en fut libérée, il souleva la petite qui sanglotait à fendre l'âme, la cala contre son épaule et alla s'asseoir sur un des sièges de l'accueil pour la bercer tandis qu'elle hoquetait en enfouissant son visage dans sa blouse blanche.

— Papa...

Une fois le gros de la crise de désespoir passé, Ben vint prendre place à côté de son collègue.

— Où est Jo ? s'enquit Jake qui n'y comprenait rien. Pourquoi Matilda se trouve-t-elle ici ?

— Aucune idée ! Tout à l'heure, Jo s'est avancée vers moi en m'appelant par mon nom imprimé sur mon badge. Elle m'a dit qui elle était, puis elle m'a demandé si je pouvais garder Matilda le temps qu'elle retourne au parking mettre le ticket de stationnement en évidence sur le pare-brise. Et depuis, elle n'est pas revenue.

— Quand est-ce que ça s'est passé ?

— Il y a à peu près un quart d'heure. Elle paraissait bizarre, assez émue, surtout quand elle a embrassé la petite, et j'ai trouvé ça un peu étrange... Au bout d'un moment, j'ai commencé à m'inquiéter de ne pas la voir revenir. C'est alors que j'ai aperçu cette enveloppe attachée à la poussette et que je t'ai fait appeler.

— Qu'est-ce que c'est ?

— Je n'en sais rien, mais ton nom est écrit dessus.

Jake ouvrit l'enveloppe pour en sortir une feuille de papier et déchiffra le message en se demandant s'il ne devenait pas fou. Il le lut même une seconde fois, mais les termes étaient bien les mêmes :

Je suis désolée de te faire ça, mais je ne peux plus m'occuper de Matilda. Je l'aime, mais ça ne marche pas entre nous. Je regrette aussi que ça n'ait pas marché entre nous deux. Je viens de rencontrer quelqu'un avec qui je veux faire ma vie. Nous allons voyager, ce que j'ai toujours eu envie de faire. C'est sans doute égoïste, mais c'est le choix que je fais. Je sais que Tilly sera mieux avec toi qu'avec moi.

Elle t'adore et tu le lui rends bien. Elle aura auprès de toi une vie plus agréable que celle que je pourrais lui offrir. J'aimerais la voir de temps en temps, mais je t'en prie, n'essaie pas de me retrouver et de me dissuader de ce choix. Comme c'est, je crois, ce que tu tenterais de faire, j'ai préféré ne pas te rencontrer. Je suis sûre que cette solution est la meilleure pour tout le monde. Pardonne-moi aussi au sujet de l'argent.

Aime Matilda pour moi.

J.

Mis à part la clé qui se trouvait dans l'enveloppe, c'était tout. Certainement la clé de son appartement ? Évidemment. Qu'est-ce que cela pourrait être d'autre ? Elle l'avait déjà sûrement quitté en y laissant les affaires de Matilda. Et qu'est-ce que signifiait cette allusion à de l'argent ?

Jake jeta un regard incrédule sur son ami.

— Cette histoire ne tient pas debout. C'est impossible qu'elle ait abandonné Matilda comme ça ! Je vais lui téléphoner.

Jake sortit son appareil pour appeler Joh, mais n'obtint aucune réponse.

— Je n'arrive pas à la joindre.

— Tu veux que je contacte la police au cas où il lui serait arrivé quelque chose ?

— Non, Ben, merci, c'est inutile. Elle est partie, un point c'est tout. Elle nous a abandonnés.

Il embrassa les cheveux de sa fille en murmurant :

— À partir de maintenant, nous sommes seuls, toi et moi, Tilly, mais je vais m'occuper de toi, ne t'inquiète pas.

Il l'embrassa à nouveau tandis que la fillette se blottissait contre lui, ses petits bras tièdes lui serrant très fort le cou.

— Tu ferais bien de rentrer chez toi, dit Ben.

— Facile à dire... Je suis en pleine consultation et nous ne sommes que lundi. Qu'est-ce que je vais faire le restant de la semaine ? Rentrer chez moi n'est pas une solution.

— Écoute, ne t'inquiète pas pour le travail. Quelqu'un va te remplacer aujourd'hui et nous modifierons le planning de la semaine. C'est ta fille la priorité.

Jake avait du mal à envisager les conséquences de la démission de Jo, mais, peu à peu, la colère succédait au choc de la surprise. Si elle aimait Matilda comme elle l'assurait, comment Jo avait-elle pu l'abandonner ainsi, sans même lui en avoir parlé auparavant ?

Elle ne se trompait pas en pensant qu'il s'occuperait de leur fille, mais comment allait-il s'organiser ? Il avait un travail à plein temps, avec des horaires irréguliers et de lourdes responsabilités. Tout laisser tomber était inenvisageable. D'autant moins qu'il avait l'emprunt de sa maison à rembourser. Restait à espérer que Jo n'avait pas vidé tous ses comptes bancaires... Est-ce ce qu'elle voulait dire en lui demandant de lui pardonner au sujet de l'argent ? Une vague de panique envahit Jake.

Heureusement, Matilda était avec lui. Que se serait-il passé si Ben n'avait pas été là ? Est-ce que Jo l'aurait abandonnée tout de même ? À cette pensée, il sentit une nausée d'angoisse lui soulever l'estomac.

— Dieu merci, Ben, tu te trouvais là. Sans toi, n'importe quoi aurait pu arriver à Matilda. Ce jardin est ouvert à tout le monde, quelqu'un aurait pu l'enlever...

Ben secoua la tête.

— Arrête d'imaginer le pire, Jake. Emmène ta fille chez toi, ça vaudra mieux.

Jake hocha la tête. Ben parlait avec la voix du bon sens. Il alla donc signaler son absence puis regagna sa voiture avec Matilda, affolé à l'idée du chaos qu'était devenue sa vie en quelques instants.

Le lendemain matin, il se rendit chez Jo. Mis à part les meubles du propriétaire et une pile des affaires de Matilda, l'appartement était vide. Jo avait rassemblé les vêtements de la petite, ses jouets et la moitié d'un paquet de couches.

Le propriétaire parut très heureux de le rencontrer.

— Il y a deux mois de loyer en retard, annonça-t-il sans ménagement. J'avais averti hier ma locataire que je passerais aujourd'hui me faire payer, mais, apparemment, elle a disparu de la circulation. Des voisins l'ont aperçue hier partir avec la petite dans un camping-car conduit par un homme qu'ils voyaient souvent dans le quartier depuis quelque temps.

Voilà qui cadrait parfaitement avec ce que Jo avait écrit. Non seulement elle avait abandonné sa fille, ce qui était déjà monstrueux, mais encore elle s'était aussi déchargée sur lui de son loyer alors qu'il lui versait chaque mois largement de quoi le régler et faire face à ses dépenses quotidiennes. Cerise sur le gâteau, elle avait vidé leur compte commun avant de partir…

Jake se passa une main sur le front. La mesure était comble.

— Au fait, qui êtes-vous ? demanda le propriétaire.

— Le père de Matilda. Je suis venu récupérer ses affaires et je n'en sais pas plus que vous sur la destination de sa mère.

L'homme croisa les bras.

— De toute façon, quelqu'un doit payer le loyer. Je vous dispense d'un mois étant donné que je garde la caution, mais je veux le reste de ce qui m'est dû.

— Je payerai, dit Jake.

Payer ce loyer était le cadet de ses soucis pour l'instant. La phrase « Pardonne-moi aussi au sujet de l'argent » l'avait incité à vérifier l'état de son compte la veille au soir, et il avait découvert que Jo avait tout retiré. À l'heure actuelle, il n'avait plus un sou vaillant. Voilà qui lui apprendrait à se montrer plus méfiant à l'avenir.

En tout cas, les frais s'arrêteraient là. Il n'allait pas payer pour la balade en camping-car de Jo avec son nouvel amoureux !

Il posa Matilda par terre et fit le virement à partir de son téléphone pendant que la petite trottinait dans l'appartement en cherchant sa mère.

— Maman ? Coucou, maman !

Un nœud lui bloquant la gorge, Jake dut faire un effort pour avaler sa salive tandis qu'il reprenait sa fille dans ses bras.

— Elle a été obligée de partir, ma chérie. Maintenant, tu vas venir vivre tout le temps dans ma maison et moi, je ne m'en vais nulle part. Je reste avec toi.

Puis il fourra toutes les affaires de Matilda dans le grand sac qu'il avait apporté et sortit, plein de colère, de déception, de regrets, et d'une multitude de sentiments désagréables qui l'avaient tenu éveillé une partie de la nuit précédente.

Maintenant, il n'avait plus qu'à aller voir le directeur des ressources humaines de l'hôpital pour voir comment il pouvait aménager son emploi du temps en tenant compte de ses nouvelles obligations. Mais avant tout, il avait besoin de parler à quelqu'un, de trouver une épaule sur laquelle pleurer un bon coup avant de reprendre le dessus.

Se lamenter sur ce qui s'était passé ne servirait à rien. En revanche, trouver une oreille compatissante lui serait certainement un vrai réconfort.

Lorsque le téléphone sonna, Emily était en train d'empêcher Zach d'étaler le reste de son dessert sur la tablette de sa chaise haute. Elle faillit ne pas prendre l'appel, mais, Zach ayant terminé son repas, elle s'essuya rapidement les mains et décrocha.

— Jake ? Si tu me voyais ! Je suis à moitié tartinée de compote !

Un rire amusé lui répondit.

— Ne te moque pas de moi ! répliqua-t-elle un peu agacée. Tu n'as pas idée des dégâts que peut commettre mon adorable rejeton quand il mange. Comment vas-tu ?

Autre rire au bout du fil. Sarcastique, cette fois.

— Pas si bien que ça. Écoute, je ne suis pas loin de chez toi, est-ce que je peux passer prendre un café ?

— Bien sûr. J'espère que ce n'est rien de grave.

— Je te raconterai. Mets la bouilloire en route !

— OK. Je t'attends.

Inquiète, elle tendit un jouet à Zach pour qu'il la laisse tranquillement nettoyer la table de la cuisine. La voix de Jake lui avait paru inhabituellement stressée, comme s'il était sur le point de craquer, ce qui ne lui ressemblait pas du tout. Il était d'ordinaire de bonne humeur, détendu et serein. Que se passait-il donc pour qu'il soit dans un état pareil ?

Elle passa dans le salon, ramassa le linge propre qu'elle avait laissé traîner sur le canapé et était en train de retaper les coussins du dossier lorsqu'elle entendit la voiture de Jake. Elle s'avança pour ouvrir la porte d'entrée et l'aperçut qui descendait de son véhicule, un grand sac à la main.

— Tu as été vite là..., déclara-t-elle, mais, en voyant la mine défaite de son ami, elle s'arrêta net. Qu'est-ce qui t'arrive, Jake ? Tu parais mal en point.

— Jo est partie en m'abandonnant Matilda. Plus exactement, elle l'a déposée au café de l'hôpital et s'est évanouie dans la nature.

Emily demeura un instant bouche bée.

— Tu plaisantes ? Pourquoi aurait-elle fait une chose pareille ?

Jake haussa les épaules.

— Elle dit qu'elle veut voyager. Tout au moins, c'est ce qu'explique la lettre qu'elle m'a laissée accrochée à la poussette de Matilda. D'après le propriétaire de l'appartement où elle vivait, elle est partie avec un type qui possède un camping-car. Dieu sait ce qu'elle a fait de la voiture que je lui avais donnée... Vendue, sûrement. Elle a vidé mon compte bancaire et m'a laissé son loyer à payer.

— Quel culot !

— En effet. Mais ce n'est pas ça qui me met tellement en colère. Après tout, ce n'est que de l'argent. Ce qui me rend vraiment malade, c'est qu'elle ait pu laisser Matilda comme ça, au café de l'hôpital. Heureusement, Ben Walker se trouvait là. Elle lui a demandé de garder Tilly, le temps de mettre un ticket de stationnement sur son pare-brise, mais elle n'est jamais revenue. Tu te rends compte ? Le bouquet, c'est qu'elle désire rester en contact, ajouta-t-il, hors de lui.

— Quelle histoire ! s'exclama Emily. Comment va Matilda ? Est-ce qu'elle a bien dormi ?

— Oui. Elle a l'habitude de venir chez moi, donc elle n'est pas dépaysée, tout au moins pour l'instant. Je ne sais pas comment ça se passera plus tard. Quand je suis allé à l'appartement pour prendre ses affaires, elle cherchait sa mère en l'appelant.

— Ça me paraît bien normal, tu ne trouves pas ?

— Si, mais je m'inquiète pour la suite.

— Où est Matilda en ce moment ?

— Dans la voiture. Je vais la chercher. Je voulais d'abord te raconter tout ça sans qu'elle l'entende. J'avais besoin de parler avant de péter un câble. Elle n'a pas deux ans, mais elle comprend certainement beaucoup de choses. Comment est-ce qu'elle vit tout ça ?

— Pauvre petite ! Et pauvre de toi... Amène-la vite ici pendant que je sers le café.

— Dans ce sac, tu trouveras des cookies au chocolat encore chauds. J'ai vraiment besoin de douceur pour me remonter le moral.

— Je te tiendrai compagnie bien volontiers, dit Emily en soulevant Zach qui s'était rapproché d'eux en marchant à quatre pattes.

Un instant plus tard, ils étaient tous les quatre dans le salon. Jake tenait son regard obstinément fixé sur le sol tandis que Matilda bâtissait une tour de cubes sous le regard admiratif de Zach.

— Hé, Jake ! dit Emily doucement.

Il leva vers elle un regard chargé d'une anxiété qu'il n'essayait même pas de cacher. Sa colère avait totalement disparu, tout au moins pour l'instant, mais le désespoir l'avait envahi.

Emily lui tendit sa tasse de café et un cookie.

— Emy, je ne sais absolument pas ce que je vais faire. On m'a trouvé un remplaçant pour un maximum de dix jours. Ce sera vite passé. Je n'ai pas envie d'utiliser la crèche de l'hôpital pour Matilda qui vient juste d'être abandonnée par sa mère, car elle risque de s'y sentir très malheureuse et de croire que, moi aussi, je l'ai abandonnée. De toute façon, j'ai des horaires de fou, il faudrait qu'elle y passe le plus clair de son temps. Et qu'est-ce que je ferai les nuits où je serai de garde ? La seule solution est que j'engage une nounou à plein temps, mais ça ne court pas les rues, il me faudra du temps pour en trouver une.

Emily le considéra calmement.

— J'ai la solution... C'est très simple : je vais venir m'installer chez toi pendant quelques semaines, voilà tout.

— Non, Emy, je ne peux pas te demander une chose pareille !

— Tu ne me demandes rien, c'est moi qui te le propose. Et je te jure que par rapport à tout ce que tu as fait pour moi depuis la mort de Pete, ce n'est vraiment rien du tout. Cet arrangement te laissera le temps de réfléchir à la meilleure solution.

— Réfléchir ? Mais je ne fais que ça depuis hier, Emy ! Ce que tu proposes ne peut pas être la solution.

— Pas à long terme, bien sûr, mais je suis en congé de maternité jusqu'à la mi-juin et entièrement libre de mon temps. Franchement, je ne pense pas que ce soit plus difficile de s'occuper de deux enfants au lieu d'un.

D'un geste vif, elle souleva Zach dans ses bras juste avant qu'il ne donne un coup de poing dans la tour si soigneusement construite par Matilda.

— Écoute, c'est trop compliqué, Emy. Pour commencer, je n'ai plus de berceau pour Zach parce que Matilda dort dans un lit maintenant. Et comment tu feras pour les emmener en promenade ? Ils ont besoin de prendre l'air !

— Pas de problème. J'ai un petit lit pliant pour Zach, et nous trouverons facilement à acheter d'occasion une poussette à deux places qui me permettra de les sortir. Quant à nous, qui avons si souvent cohabité quand nous étions étudiants, je suis sûre que nous nous débrouillerons pour survivre.

Emy eut l'impression que le regard de Jake avait recouvré un peu de vitalité.

— De cette manière, poursuivit-elle, tu auras le temps de remettre ta vie sur les rails et tu n'auras pas besoin de prendre un remplaçant pour ton service pendant que tu cherches la solution définitive.

— Tu crois ?

— J'en suis sûre. S'il te plaît, laisse-moi t'aider.

L'air désarmé, Jake laissa retomber ses épaules.

— Écoute, j'accepte... C'est sûr que si je n'étais pas au bout du rouleau, je refuserais, mais c'est vrai que dans l'immédiat, c'est une solution qui me soulage énormément. Quand penses-tu venir chez moi ? La semaine prochaine ?

Emily éclata de rire.

— Pourquoi pas aujourd'hui ? Étant donné que mon réfrigérateur est vide, ça me paraît un bon moment. Il ne me reste que du lait en poudre pour Zach.

Jake grimaça.

— Je dois t'avouer que mon propre réfrigérateur ne vaut guère mieux que le tien, mais je peux y remédier facilement. Je vais aller faire les courses avec Matilda et préparer le lit. Tu es sûre que tu ne veux pas changer d'avis ?

— Encore des scrupules ? demanda Emily en riant. Mais non, gros bêta, j'ai de la suite dans les idées, tu devrais le savoir depuis le temps que tu me connais.

— Emy, tu es un amour !

Le cœur d'Emily se serra. Tout à coup, elle avait envie de pleurer. Jake avait été tellement merveilleux avec elle depuis la mort de Pete. Il avait été plus qu'un ami, il avait été son roc. Lui rendre service lui ferait énormément de bien à elle aussi parce qu'elle ne serait plus seule avec ses pensées entre le moment où elle mettait Zach au lit le soir et celui où il se réveillait le matin. Elle supportait si mal la solitude !

— Allez, file faire les courses. Je prépare nos affaires et je te retrouve chez toi vers 17 heures. De cette façon, je pourrai m'occuper de Zach sans bousculer l'heure de son bain et de son repas.

— Parfait. Qu'est-ce tu veux que j'achète pour son repas ?

— Rien du tout ! J'apporterai ce qu'il lui faut. Et moi, comme tu sais, je mange de tout sans problème.

Comme à son habitude, Emily arriva en avance. Jake avait comme règle d'or de ne jamais être en retard, mais il n'arrivait jamais plus tôt que prévu. Juste à temps.

Aussi, s'il avait fait les courses et préparé le lit de Zach, il n'avait pas eu le temps de remettre la maison en ordre, et les affaires de Matilda qu'il avait rapportées la veille se trouvaient encore dans l'entrée, à côté de la poussette double empruntée à Daisy Walker et qui bloquait le passage.

Il la déplaça pour aller ouvrir. Aussitôt, Emily lui mit Zach dans les bras.

— S'il te plaît, garde-le un instant pendant que je vide ma voiture !

Elle avait à peine tourné les talons que Matilda tirait sur son jean en le regardant d'un air courroucé.

— Pas le bébé, papa. Pas le bébé !

Jake se pencha vers elle.

— D'accord, ma chérie, pas le bébé ! Je suis ton papa à toi. Je garde Zach juste un petit moment en attendant que sa maman revienne. Regarde comme il est mignon. Tu veux lui dire bonjour ?

— Non !

Matilda se détourna et croisa les bras en répétant, l'air buté :

— Non.

Jake réprima un sourire car il trouvait mignon l'accès de mauvaise humeur de sa fille. À ce moment-là, Emily rentra, les bras chargés de paquets.

— Que se passe-t-il avec Matilda ?

— Je suis *son* papa, dit-il avec emphase.

Emily se mordit les lèvres pour ne pas rire.

— Tilly aura vite fait de s'habituer à Zach, et réciproquement, répliqua-t-elle en attrapant son fils qui était sur le point d'échapper des bras de Jake tant il gigotait pour qu'elle l'attrape.

— Je vais finir de vider la voiture..., reprit Jake.

Il s'avança dans le hall, laissant Matilda à côté d'Emily.

— Papa ! hurla la petite aussitôt en lui courant après.

Il la réceptionna de justesse au moment où elle trébuchait sur la marche de l'entrée dans sa précipitation pour le rejoindre. Une fois contre sa poitrine, elle se mit à sangloter dans son cou.

Jake sentit son estomac se serrer.

— Calme-toi, Tilly ! Je suis juste en train d'aider Emily à vider sa voiture. Tu veux venir m'aider ?

Matilda hocha la tête en hoquetant.

Arrivé à la voiture, il lui tendit un ours en peluche qui trônait en haut d'un paquet. Puis, de l'autre main, il attrapa la valise d'Emily et rentra.

— Allons, c'est juste le début ! Ils vont vite faire connaissance.

En tout cas, c'était ce qu'il souhaitait, car, en fait, aucun d'eux n'avait le choix de faire autrement.

Quand il redescendit dans le salon après avoir mis Matilda au lit, il trouva Emily installée sur le canapé, occupée à nourrir Zach.

— Tu allaites encore ce gros garçon ? demanda-t-il sur un ton taquin.

Emily leva vers lui un regard illuminé de tendresse maternelle qui le bouleversa.

— C'est encore un bébé, Jake. Il n'a pas dix mois et, comme je n'aurai pas d'autre enfant, autant continuer aussi longtemps qu'il le souhaite. Je lui donne juste une tétée le matin et une autre le soir. Ça me prend peu de temps, mais, affectivement, c'est énorme pour nous deux.

— Tu n'as pas besoin de te justifier, Emy. Je suis tout à fait en faveur de ce que la nature propose, mais, comme tu m'avais parlé de lait en poudre, je pensais que tu avais arrêté de lui donner le sein.

Un peu gêné, il se détourna. Jamais il n'aurait cru que le spectacle d'une femme allaitant son enfant puisse avoir une connotation érotique, et pourtant…

— Tu veux une tasse de thé ? demanda-t-il.

— Volontiers ? Sans théine si tu as.

— J'ai ! Reste tranquille avec Zach pendant que je vais la préparer.

Il se hâta de disparaître dans la cuisine. La réaction de son corps était parfaitement inappropriée. Involontaire. Inattendue. Que faire ? Essayer de penser à autre chose…

Une fois la bouilloire branchée, il se mit à réfléchir, les mains appuyées sur la table de la cuisine. Dieu sait qu'il n'avait aucun besoin de cette complication supplémentaire dans sa situation déjà si confuse. Emily était une jeune veuve, vulnérable, responsable d'un bébé. Elle se mettait à sa disposition pour l'aider. La dernière chose dont elle avait besoin, c'était qu'il la désire. Le cas échéant, il pouvait la protéger, la désirer, non.

Il se dirigea vers le réfrigérateur et, sans se presser, en sortit un plat de viande cuisinée puis des légumes. Non pas que disposer dans le four les petits pois, le maïs et les brocolis demande beaucoup de temps, mais il préférait se tenir loin d'Emily pendant qu'elle allaitait Zach.

Sa réaction était ridicule. Il passait ses journées en compagnie de femmes plus ou moins dévêtues, il était familier avec les détails les plus intimes de leur anatomie, voyait les jeunes mères nourrir leur enfant sans problème et voilà qu'avec Emily, il perdait toute sa sérénité.

Il refusait de chercher une explication. Absolument. Définitivement. Sinon, ce serait la porte ouverte à quantité de problèmes qu'il préférait éviter. Bon sang, il n'était plus un adolescent affolé par la découverte de sa sexualité, il était un adulte ! Il avait deux fois l'âge qui était le sien quand il avait fait la connaissance d'Emily. Par conséquent, depuis le temps, il avait forcément développé une certaine maîtrise de lui-même, et le moment était venu de se le prouver.

Tout en pestant malgré tout contre ses émotions incontrôlables, il sortit deux tasses du placard et y versa le thé qu'il apporta à Emily en s'efforçant de ne pas regarder sa poitrine. À vrai dire, elle était extrêmement discrète, c'était lui qui enfourchait la machine à fantasmes plus vite qu'il ne l'aurait souhaité.

— Il y a sûrement une sorte de somnifère dans le lait maternel, déclara Emily. À la fin de chaque tétée, Zach s'endort tellement profondément que j'ai l'impression qu'il est drogué.

Jake détacha son regard du croissant de peau nacrée qu'il apercevait au-dessus de la tête duveteuse du bébé tandis qu'Emily abaissait son T-shirt.

— Est-ce qu'il se laisse mettre au lit sans se réveiller ou bien est-ce qu'il se met à hurler dès que tu le poses ?

Emily eut un petit sourire.

— J'imagine que c'est ce qui se passe avec Matilda ?

— Oui. Chaque fois, c'est la même chose.

— En principe, Zach continue à dormir. Tu crois que je peux essayer d'aller le coucher ou bien tu crains qu'il ne réveille Matilda ?

— Non, je pense qu'elle dort profondément maintenant. Le lit est prêt pour Zach.

Emily se leva lentement en dépliant ses longues jambes tandis que Jake faisait un effort énorme pour ne pas laisser son regard s'attarder sur les courbes si féminines pendant qu'elle se dirigeait vers la porte.

Il devait se ressaisir. Si une femme au monde lui était interdite, c'était Emily. Hélas, convaincre son corps de respecter cet interdit n'était pas facile.

On aurait même dit qu'en ce moment précis, il demeurait complètement sourd à toutes les recommandations qu'il pouvait lui faire.

3

Quand Emily regagna le salon après avoir déposé Zach endormi dans son petit lit pliant, elle trouva Jake plongé dans ses pensées devant sa tasse où son thé refroidissait. À en juger par l'expression de son visage, ces pensées n'avaient rien de réjouissant.

— Merci d'avoir préparé le couchage de Zach. Il ne s'est même pas rendu compte qu'il avait changé de lit tant il dormait à poings fermés.

— Tant mieux. Comme je ne savais pas si tu le couchais encore dans ta chambre, j'ai préféré jouer la carte de la tranquillité en le mettant avec toi puisqu'il se trouve dans un lieu qu'il ne connaît pas. Mais si tu veux le déménager, il n'y a pas de problème, je ne manque pas de chambres libres.

— Non, c'est parfait comme ça. Ça fait déjà quelque temps que je veux le mettre seul dans sa chambre, mais je retarde toujours le moment… Sa présence tout près de moi fait que je me sens moins seule.

— Tu as encore de la peine ?

— Oui, Pete me manque et je me console en me disant qu'il ne subit plus les souffrances qu'il endurait les derniers temps ni son angoisse quand il se demandait comment j'affronterais la vie après son départ. Dans le fond, la peine que je ressens n'est qu'une forme d'égoïsme, tu ne crois pas ?

— Non. Je pense que c'est plutôt une façon de reconnaître la valeur de la personne qui t'accompagnait dans la vie. Tu n'as pas à te reprocher de faire ton deuil de lui, Emy.

Elle eut un petit sourire.

— En réalité, je l'ai fait pendant qu'il était encore en vie. Pour être honnête, lorsque les médecins ont dit qu'il était guéri, je ne l'ai jamais vraiment cru et, quand les métastases se sont déclarées, je n'ai pas été surprise. La rechute m'était toujours apparue comme quelque chose d'inévitable.

— Tu as fait preuve d'un grand courage pendant toute cette période.

— J'ai accompagné Pete de mon mieux, c'est tout. Maintenant, je dois me débrouiller sans son soutien et son aide quotidienne. Par exemple, c'est moi qui dois tailler la haie ou installer les étagères dans la chambre de Zach. Bref, assurer tout un tas de choses pour lesquelles je ne suis pas douée du tout, alors qu'il les faisait si bien...

— J'ai proposé de t'aider, dit Jake d'une voix triste.

— Et tu m'as effectivement aidée, corrigea Emily en venant s'asseoir à côté de lui sur le canapé. Sans toi, je n'aurais jamais pu supporter mon chagrin. Maintenant, il faut que je devienne plus forte. C'est à mon tour de te rendre service. Je suis désolée que Jo se soit volatilisée comme elle l'a fait et qu'elle ait mis ta vie sens dessus dessous, mais je t'aiderai tant que tu auras besoin de moi.

Elle le regardait avec tant d'intensité qu'au bout d'un moment, Jake détourna les yeux, gêné de ce que cela éveillait en lui.

— Je ne peux pas te demander ça ! murmura-t-il.

— Bien sûr que si ! Au fait, je viens de sauver le dîner..., ajouta Emily en riant. Une odeur assez intéressante provenait de la cuisine quand je suis passée devant. Tu ne m'en veux pas d'avoir arrêté le four ?

Jake se leva d'un bond.

— Zut, j'avais complètement oublié !

— Notre repas est vraiment carbonisé ?

— Pas tout à fait, répondit Jake en inspectant le plat dans lequel les morceaux de viande desséchée avaient pris une teinte d'un beau marron foncé. Disons que c'est très très très gratiné...

— Nous survivrons quand même ?

— Tout juste.

— Dire que je t'ai appris à te servir d'un minuteur il y a au moins vingt ans ! Depuis le temps, tu devrais avoir assimilé mes leçons.

Comme il laissait échapper un petit rire désolé en hochant la tête, Emily s'approcha de lui pour passer les bras autour de ses épaules et appuyer le visage contre son dos. Ce contact lui apporta un profond réconfort.

— C'est vrai ce que je t'ai dit tout à l'heure, Jake. Sans toi, je ne sais pas ce que je serais devenue.

Elle s'écarta de lui et laissa retomber ses bras.

Jake se détourna du plat carbonisé.

— Va boire ton thé et repose-toi. Je vais faire cuire les légumes et je t'appellerai quand ce sera prêt.

— Si je peux me permettre un conseil, n'oublie pas de surveiller la pendule..., suggéra Emily en lui adressant un clin d'œil malicieux.

Il la regarda sortir. Dans son dos, il sentait encore l'empreinte tiède du corps de la jeune femme contre le sien. Ennuyé, il ferma les yeux. Quelque chose ne tournait pas rond chez lui, c'était sûr, mais que faire ?

Au bout d'un moment, il avait mis la table et les légumes étant cuits correctement ; il appela son invitée.

— Super ! dit-elle en considérant le plat recouvert d'une croûte noirâtre. Qu'est-ce que c'est que cette spécialité ?

— Eh bien... Au départ, c'était du poulet à la tomate et au mascarpone. Maintenant, je ne sais plus trop quel nom donner à ce qu'il en reste. Mais, comme tu peux le voir toi-même, les légumes ont bonne allure. J'ai pensé au minuteur, cette fois.

— Bravo ! Je suis franchement émerveillée par tes compétences de cuisinier.

Jake esquissa une grimace théâtralement contrariée.

— Tu vas bientôt arrêter de te moquer de moi ?

Emily lui adressa le même sourire qu'autrefois, quand ils étaient étudiants et qu'elle le taquinait sans pitié.

— D'autant plus volontiers que quand on gratte un peu sous cette croûte noirâtre, on arrive à trouver quelques morceaux de poulet savoureux malgré tes efforts pour tout cramer.

— Alors, mange avant que ce soit froid !

Après avoir dégusté une première bouchée, elle leva vers lui son regard bleu pailleté d'or.

— Tu sais que c'est drôlement agréable de prendre son repas en compagnie de quelqu'un avec qui on peut avoir une conversation ?

— Zach ne te parle pas ?

Elle éclata de rire.

— Si, bien sûr, et je l'adore, mais tu comprends ce que je veux dire. La compagnie d'un adulte est complètement différente, et il y a des mois que cela ne m'est pas arrivé de partager ce moment avec quelqu'un de mon âge. Et encore plus, avec quelqu'un qui a pris la peine de cuisiner pour moi.

Quelques instants plus tard, pendant qu'ils remettaient de l'ordre dans la cuisine, Emily commença à organiser la journée du lendemain.

— Tu pars à quelle heure demain matin ?

— Sept heures.

— Tu auras le temps de voir Matilda avant ? Tu lui as expliqué que tu serais absent toute la journée ?

— Pas encore. Je pensais le faire demain matin seulement pour qu'elle ne s'inquiète pas pendant la nuit. Tu crois que c'est une erreur ?

Emily haussa les épaules.

— Je ne sais pas. J'avoue que la situation me dépasse un peu. Sa mère va sûrement lui manquer, son environnement habituel aussi, même si elle connaît bien ta maison. Le problème, c'est plutôt qu'elle ne me connaît pas très bien, même si elle m'a rencontrée quelquefois. Surtout, il y a Zach. Elle n'avait pas l'air enchantée de le voir et j'imagine que la perspective de rester seule avec nous deux ne va pas la réjouir.

Jake soupira.

— J'ai bien peur que tu n'aies raison. Notre arrangement ne va pas fonctionner. C'est trop demander à chacun d'entre vous.

— Écoute, Jake, tu n'as pas le choix. Laisse tomber cette conversation qui ne mène à rien. Rends-toi plutôt utile en me préparant une autre tasse de thé. J'aime bien boire quelque chose de chaud avant d'aller me coucher.

— Merci, Emy. Tu es une copine extraordinaire, un véritable amour, déclara Jake en s'approchant d'elle.

Elle l'embrassa rapidement sur les deux joues. Mais ce geste d'amitié innocente la rendit sensible à la virilité qui émanait de Jake, alors qu'elle s'était efforcée de l'ignorer pendant des années.

— Je te retourne le compliment ! Sauf que tu n'es pas une copine, mais un copain extraordinaire...

Ils se mirent à rire tous les deux.

À cet instant, Emily sentit disparaître une tension dont elle n'avait pas pris conscience jusque-là.

Jake avait raison. Cela n'allait pas marcher.

Il était parti depuis à peine une demi-heure que, déjà, elle était à bout de nerfs.

Matilda la détestait ! Ou, plus exactement, elle ne supportait pas l'absence de son père, et, Emily l'avait compris, encore moins de ne pas accaparer son attention. Ce qui fait que, évidemment, elle détestait Zach aussi.

— Viens avec moi, Matilda. Nous allons descendre dans la cuisine prendre le petit déjeuner.

— Non !

— Qui sait ce que nous allons trouver dans les placards de ton papa ? Tu crois qu'il y a du cacao ?

Après quelques négociations, elle réussit à persuader Matilda de l'accompagner, mais, au moment où elle installait Zach sur la première chaise haute qu'elle vit, la fillette éclata en sanglots en tirant Zach par le bras pour le faire tomber.

— À moi ! Ma chaise !

Aussitôt, Emily attrapa Zach qui pleurait lui aussi maintenant pour l'installer sur l'autre chaise haute, mais il refusa de s'y asseoir. Dos arc-bouté, tête rejetée en arrière, il hurlait à pleins poumons.

Emily était à deux doigts de se mettre à crier elle aussi. Ne sachant trop quoi faire des deux petits monstres, elle cala Zach sur sa hanche et avisa le pain en tranches que Jake avait sorti à l'intention de Matilda. Elle en mit deux morceaux à griller, persuadée que Zach lui aussi serait content d'avoir sa part. Une fois qu'il fut un peu calmé, elle fit une nouvelle tentative pour l'asseoir.

— Regarde comme tu vas être bien là-dedans pendant que maman prépare les toasts !

— T'es pas maman ! s'exclama Matilda d'une voix stridente.

Seigneur...

— Je suis la maman de Zach, dit Emily.

Mais, déjà, le petit visage de Matilda arborait l'air têtu de celle qui avait décidé de ne pas être d'accord.

Emily se pencha pour la soulever et l'installer à son tour sur sa chaise haute, mais la fillette se rejeta en arrière, les lèvres tremblantes.

— Va-t'en ! Veux papa.

— Ton papa est parti travailler, ma chérie. Il va revenir plus tard. Tu te rappelles qu'il te l'a promis tout à l'heure ?

— Veux papa !

Matilda venait de croiser ses petits bras encore potelés dans un geste d'adulte qui donna envie de rire à Emily malgré son désarroi.

— Je suis sûre qu'il préférerait être ici avec toi, mais il fallait qu'il aille travailler à l'hôpital. Il y a beaucoup de mamans là-bas avec leurs bébés qui viennent de naître et il doit s'en occuper. Il sera là ce soir pour te mettre au lit, tu verras.

Les tranches de pain jaillirent du grille-pain. Emily les tartina de beurre, puis elle souleva Matilda qu'elle réussit à asseoir sur l'autre chaise haute. La sienne.

— Veux pas tartine !

Cette fois encore, Matilda avait croisé les bras, mais ce nouveau geste de défi n'amusait plus du tout Emily.

Cette fois, elle était exaspérée, inquiète, et pas seulement pour ce petit déjeuner qui tournait à la catastrophe. C'était la situation abominable dans laquelle la disparition de Jo avait plongé la petite fille qui alarmait Emily. Que pouvait-elle y faire à part tenter de limiter les dégâts ?

— Bon, d'accord, déclara Emily.

Après tout, sauter un petit déjeuner n'allait pas mettre la santé de Matilda en danger. Inutile de se bagarrer pour si peu.

— Si tu n'as pas faim, tu n'es pas obligée de manger, Tilly. Je mangerai ton toast à ta place.

Elle se détourna de Matilda et commença à découper la tartine en languettes. Alors qu'elle en tendait une à Zach, il se jeta dessus et la fourra d'un seul coup dans sa bouche.

— Mmm, c'est délicieux..., dit-elle, la bouche pleine à son tour.

Mais Matilda se renfrogna encore davantage.

Que faire ? Emily abandonna la partie. Matilda finirait bien par avoir faim avant de tomber d'inanition !

— Veux miel dessus ! dit enfin Matilda.

— Ah... Je vais voir si j'en trouve dans le placard.

Mon Dieu, faites que Jake ait pensé à en acheter...

Il en restait un fond de pot et un pot tout neuf était rangé juste à côté. Ouf ! Elle défit le couvercle et plongea un couteau dans la crème parfumée qu'elle étala ensuite sur le pain. Puis elle le coupa en petits morceaux, exactement comme elle l'avait fait pour Zach.

Elle en tendit un à Matilda qui le saisit sans faire d'histoires.

— Il faut dire « merci », ajouta-t-elle, persuadée que c'était ce que Jake aurait exigé à sa place, même si Jo de son côté se montrait sans doute moins pointilleuse.

Une bonne fée devait être avec elle à ce moment-là, car la petite, la bouche pleine, accepta de marmonner :

— Marchi...

Emily soupira d'aise. Elle venait de gagner un set !

Emily mit tellement de temps avant de répondre au téléphone que Jake commença à s'inquiéter.

— Comment ça se passe ? demanda-t-il lorsque, enfin, elle décrocha.

Il entendit un soupir puis un petit rire qu'il ne trouva pas du tout rassurant.

— Pas trop mal étant donné les circonstances, répondit Emily. J'ai fait la bêtise d'asseoir Zach sur la mauvaise chaise haute...

— Misère ! Tu as dû passer un drôle de moment... Matilda peut être épouvantable quand elle a décidé de faire la comédie. Elle est très possessive, hélas ! Si tu te sens capable de survivre à l'aventure, pourquoi ne pas aller les promener tous les deux ? Il fait très beau, le bon air leur fera du bien.

— Les grands esprits se rencontrent ! répliqua Emily, amusée. Nous allions sortir pour donner du pain aux canards. S'il y a des canards dans le coin, évidemment.

— Oui, dans le petit parc du quartier. Tu tournes à droite en sortant, tu marches jusqu'au bout de la rue, tu traverses et tu verras l'entrée sur ta gauche. Il y a un espace de jeux pour les enfants et un étang avec des canards. Matilda adore cet endroit.

— Parfait. Au moins, nous serons en terrain neutre. Je vais utiliser la poussette double puisque tu en as trouvé une.

— Oh là là... J'ai oublié de te montrer comment on la déplie. À vrai dire, je ne suis pas sûr de me rappeler comment ça marche. Je vais t'envoyer le numéro de Daisy pour que tu puisses l'appeler si tu ne t'en sors pas.

De nouveau, le rire, un peu coincé, d'Emily résonna, et Jake en déduisit que la journée ne se déroulait pas de manière tout à fait idyllique.

— Je vais y arriver, ne t'inquiète pas ! Et de ton côté, comment ça va ?

— Il y a beaucoup de travail. L'équipe est contente que je sois de retour et te remercie d'être venue m'aider.

— Dis-leur que je ne fais pas ça pour eux ! répliqua Emily, sincèrement joyeuse, cette fois. Ouh... J'arrête ! Zach est dans la cheminée.

Entendant un bruit de métal et un cri, Jake ferma les yeux en essayant d'imaginer ce qui avait pu se passer. Sans doute les pincettes et le tisonnier... Ce n'était qu'une alerte, mais qui en disait long sur le genre de situation que devait affronter Emily. Quant à Tilly...

— Docteur Stratton, vous avez un moment ?

Allons, Tilly allait survivre, évidemment...

Jake rangea le téléphone dans sa poche et retourna à son poste, bien décidé à bannir Emily et les enfants de son esprit pendant qu'il était au travail.

Trois jours et un millier de difficultés plus tard, il apparut évident que Matilda avait besoin de voir son père beaucoup plus que quelques minutes le soir. Et beaucoup moins elle-même, se dit Emily avec une certaine amertume.

Le summum des problèmes avait surgi le vendredi soir, quand Jake avait été retenu en salle d'opération à cause d'une patiente souffrant d'une grave hémorragie post-partum. En dépit de tous les efforts d'Emily, Matilda refusa d'aller au lit sans avoir vu son père. Elle ne permit même pas à cette dernière de changer sa couche et de la mettre en pyjama. Toute la soirée, elle demeura assise sur le palier en train de pleurer.

— Papa ! Pa-a-pa…

Face à ce désespoir, Emily finit par l'emmener avec elle dans le salon, mais la petite demeura inconsolable. Elle refusa d'écouter une histoire, rejeta les câlins, continua à sangloter tant et si bien qu'Emily se demandait si elle ne devrait pas appeler Jake.

Lorsqu'il rentra enfin, Matilda était assise par terre, prostrée, un gros sanglot soulevant sa poitrine de temps à autre. Dès que Jake eut passé la porte, elle s'accrocha à ses jambes avec une telle angoisse dans le regard qu'Emily en eut mal au cœur.

Jake prit sa fille dans ses bras pour la bercer pendant qu'Emily se réfugiait dans la cuisine, persuadée que sa présence n'arrangerait pas les choses. Toute la journée, elle avait été sur les nerfs, ne sachant plus comment s'y prendre avec Matilda qui semblait si malheureuse. Heureusement, maintenant que Jake était de retour, elle allait sûrement se calmer.

Malgré tout, Emily se posait des questions. Est-ce qu'elle-même était pour quelque chose dans ce désespoir ? C'était possible car la petite avait dû percevoir son énervement et sa fatigue. Elle n'avait que deux ans, et sa réaction au départ de sa mère était bien compréhensible. Mais cette violence était difficile à supporter, pour Zach et pour elle-même.

Elle essuya les larmes qu'elle n'était plus capable de retenir et ouvrit brusquement la porte du réfrigérateur. Malgré tous ses efforts, de toute la journée, elle n'avait pas réussi à trouver un moment pour cuisiner. À chaque instant, il y avait eu un problème avec Tilly. Elle avait mordu Zach, elle l'avait fait tomber, elle était entrée dans le bureau et avait jeté par terre tous les livres rangés sur l'étagère à sa portée, et avait multiplié les sottises qu'il avait fallu réparer.

Avec soulagement, Emily prit tout à coup conscience que Matilda avait arrêté de pleurer. Enfin ! Elle entendit le pas tranquille de

Jake qui montait l'escalier pour la mettre au lit. Est-ce que cela allait marcher ? Elle en doutait.

Complètement déstabilisée, Emily se demandait pourquoi elle s'était lancée dans cette aventure. Dans le fond, elle ne rendait service à personne, et surtout pas à Matilda. Sans le vouloir, parce qu'elle ne connaissait pas suffisamment la petite fille, elle avait sans doute bouleversé ses habitudes à plusieurs reprises et commis des erreurs que Jake aurait évitées. Mais comment aurait-elle pu savoir ?

À cela s'ajoutait un problème auquel elle ne s'attendait pas du tout. La cause en était Jake lui-même, son ami, la personne à qui elle venait en aide, ou tout au moins à qui elle essayait de venir en aide. Le fait de le voir tous les jours, de vivre si proche de lui, éveillait en elle des sentiments restés enfouis pendant des années. Elle était devenue sensible à sa présence physique et à sa séduction indéniable, et pourtant il était toujours Jake, son ami depuis si longtemps ! Pourquoi ce changement en elle ? Est-ce que sa sexualité était en train de se réveiller après sa période de deuil ? Et si c'était le cas, pourquoi fallait-il que ce soit précisément Jake qui la trouble ?

Elle entreprit de découper un oignon en rondelles quand, brusquement, elle lâcha son couteau en poussant un cri. Elle venait de se couper un doigt d'où s'échappait un filet de sang. Se penchant au-dessus de l'évier, elle fit couler l'eau sur sa blessure et se mit enfin à verser toutes les larmes qu'elle avait refoulées au long de la journée.

— Emy ?

Debout devant l'évier, elle lui tournait le dos. Jake s'approcha d'elle par-derrière et la prit par les épaules.

— Je suis désolée, Emy. Tout cela est ma faute. Je n'aurais jamais dû accepter ta proposition.

— Arrête de dire des bêtises ! Tu n'y es pour rien.

— En fait, c'est la faute de Jo ! Comment a-t-elle pu abandonner une aussi petite fille ? C'est normal que Matilda soit en colère, tu n'es pour rien dans sa mauvaise humeur.

— J'aimerais la réconforter, mais elle me rejette obstinément.

Tout ce que je fais la dérange. Elle refuse que je m'occupe d'elle et te réclame sans arrêt. Elle me déteste et, bien sûr, elle déteste Zach aussi. Ça ne marche pas du tout entre nous.

Il se pencha sur Emily et aperçut alors le sang qui coulait de son doigt.

— Qu'est-ce qui t'es arrivé, Emy ?

— Ça se voit, non ? répondit-elle, agressive malgré elle.

Jake laissa échapper un soupir résigné et, la prenant par les épaules, l'obligea à se tourner vers lui.

— Fais-moi voir ça.

Il examina l'entaille qui saignait de plus belle.

— C'est une coupure franche, pas trop profonde, tu n'as pas besoin de points. Un bon pansement suffira.

À ce moment-là, une goutte tomba sur sa main. Relevant le visage d'Emily, il découvrit alors les larmes qu'il n'avait pas encore aperçues.

— Emy, je t'en prie, ne pleure pas ! Maintenant que Matilda s'est calmée, ne prends pas le relais. Elle s'est laissé mettre au lit sans protester et s'est endormie tout de suite, épuisée.

— Ça ne m'étonne pas, elle a pleuré toute la journée ! Je n'ai même pas pu la mettre en pyjama. Je ne pouvais même plus m'approcher d'elle !

— Je suis désolé... Viens près de moi.

Après avoir entortillé le doigt d'Emily dans un torchon propre, il l'attira contre lui. Il s'occuperait de la blessure plus tard, pour l'instant, l'urgence était de consoler Emily de l'échec que représentait pour elle cette longue journée d'affrontement avec Matilda. Effectivement, elle se laissa aller contre lui avec un sanglot étouffé.

Depuis qu'elle avait appris que Pete était perdu alors qu'elle venait de découvrir qu'elle était enceinte, c'était la première fois que Jake la voyait pleurer. Fondre en larmes comme elle le faisait maintenant lui ressemblait si peu que cela donna à Jake une idée de la difficulté de sa journée avec les enfants. La culpabilité l'envahit.

— Je suis vraiment désolé, Emy. Tu as raison, ça ne marche pas du tout. Je vais appeler Ben et lui annoncer que je ne peux pas continuer comme ça. Il me faut trouver une autre solution en attendant que Matilda s'habitue à sa nouvelle vie.

— Tu as une idée ? demanda Emily en s'écartant de lui et en essuyant ses larmes. Si tu la mets à la crèche, ça ne sera pas mieux et même bien pire pour elle. C'était juste une mauvaise journée, Jake, ça ira mieux demain. D'ailleurs, comme c'est le début du week-end, tu vas rester à la maison. Ta présence l'aidera à s'habituer à moi. Elle a simplement besoin d'un peu de temps pour s'adapter.

— C'est vrai, mais je m'inquiète de ce qui va se passer d'ici là. Apparemment, la journée a été abominable pour vous tous. Si c'est aussi difficile lundi, mardi, les jours suivants, que ferons-nous ? Je ne peux pas te demander autant d'efforts et à Matilda non plus. Elle a besoin de passer plus de temps avec moi que ces jours-ci.

— Arrête de rêver, Jake, tu es bien obligé de travailler ! Comme il n'y a pas moyen de faire autrement, il nous reste à trouver une solution qui fonctionne mieux que celle-ci. D'ailleurs, dans deux mois, j'arriverai à la fin de mon congé de maternité et je serai logée à la même enseigne que toi. Je ne sais pas non plus comment je vais m'organiser.

La mâchoire serrée, Jake laissa échapper un soupir.

— Viens, je vais te faire un beau pansement. Ensuite, je commanderai une pizza et nous parlerons de tout ça calmement.

Une demi-heure plus tard, le doigt d'Emily soigné, un verre de vin blanc bien frais à la main, ils étaient assis tous les deux devant une pizza qui embaumait le thym et le fromage fondu. Emily avait enfin arrêté de se sentir coupable, incompétente et rejetée. Son cerveau s'était remis à fonctionner normalement et une brillante idée venait de lui venir à l'esprit. Elle n'avait plus qu'à en parler à Jake.

— J'ai peut-être trouvé une solution, Jake...

Il s'arrêta de manger.

— Tu crois qu'il en existe une ? Je n'en suis pas aussi sûr.

— Il peut y en avoir une si tu acceptes de travailler à mi-temps.

Il reposa sa fourchette et dévisagea Emily avec autant de stupéfaction que si elle venait de se transformer en Martienne verte avec deux antennes sur la tête.

— Mais avec qui ? Mes collègues n'ont aucune envie de partager leur poste. Et, de toute façon, cela ne règle pas la question des nuits de garde et des week-ends. FBI, Emy, Fausse Bonne Idée... Non, ça ne peut pas fonctionner.

— Si, Jake. Si, ça peut marcher si c'est avec moi que tu partages et ton poste et la garde des enfants.

Une seconde de silence s'ensuivit. Puis Jake secoua la tête.

— Non, je ne peux pas te demander ça, Emy, surtout après la journée que tu viens de passer. Ce ne serait pas honnête envers toi ni envers Zach. Ce qu'il me faut, c'est trouver une nounou, mais ce genre de recherche prend du temps et je n'en ai pas. Matilda a voulu te tester aujourd'hui.

— Et comment ! Mais même si je m'applique à lui faire suivre les mêmes habitudes que toi, c'est ta présence qui lui est nécessaire.

— Elle t'a poussée à bout alors que tu as tes propres problèmes... Cela dit, je ne vois pas comment nous pourrions partager un poste, tu habites trop loin de l'hôpital.

— Je peux venir vivre ici...

Puis elle retint son souffle.

Jake écarquilla les yeux.

— Ici ? Chez moi ?

— Oui. Regarde, ajouta-t-elle en faisant un grand geste pour désigner la cuisine. Ta maison est immense. Il y a énormément de place.

— C'est vrai. Je l'avais achetée parce qu'elle m'avait paru idéale pour y élever une grande famille, puis Jo a changé d'avis, préférant vivre ailleurs, et je me suis retrouvé seul ici tout en étant obligé de faire vivre deux foyers. En fait, cette maison, que je n'ai pas fini de payer, représente un boulet pour moi. Si elle était en meilleur état, je la mettrais en vente tout de suite.

— Tu es fou ? Elle est fabuleuse, cette maison victorienne ! Elle a simplement besoin d'un bon coup de peinture.

Jake soupira.

— Non, il faut faire des travaux un peu partout. J'avais prévu de créer une salle de bains pour la chambre principale, de refaire la cuisine, de réparer le toit, de changer la moquette... Il faut aussi s'occuper du jardin qui a été négligé pendant des années. Bref, je pourrais allonger la liste indéfiniment.

— Rien de tout ça n'est urgent ni indispensable. Il y a une salle de douche au rez-de-chaussée que je pourrais utiliser. Comme tu as cinq chambres, même si j'en occupe deux avec Zach, il t'en restera une pour recevoir tes amis. En plus, ton bureau est assez grand pour servir de salon, ce qui fait que nous ne serons pas obligés de partager celui-ci si tu n'en as pas envie.

Les sourcils froncés, Jake réfléchissait.

— Écoute, Emy, ce n'est pas que je refuse de partager ma maison avec toi, notre cohabitation durant nos années d'études n'ayant pas posé problème, mais justement, nous ne sommes plus étudiants. Nous sommes adultes, parents, et tu n'as sûrement pas envie de quitter ta propre maison où tu as vécu avec Pete si longtemps juste pour me rendre service. Ce sacrifice serait trop grand.

C'était vrai, le sacrifice serait énorme, mais Emily préférait ne pas y penser. Pas maintenant, en tout cas. Pete était mort. Jake en revanche était bien vivant, il avait besoin d'elle, et elle-même avait besoin de travailler.

— C'est juste une maison… Et crois-moi, ma motivation n'est pas entièrement dénuée d'intérêt. Moi aussi, il faut que je travaille. La réalité, c'est que nous avons besoin l'un de l'autre pour les nuits et les week-ends, sans parler des changements d'emploi du temps imprévus. À moins d'avoir quelqu'un à demeure, tout cela sera très difficile à organiser. Si nous habitons ici tous les deux, le problème sera réglé. Et même si notre salaire est amputé de moitié, le système sera viable parce que nous ne nous ruinerons pas en baby-sitting et nous n'aurons qu'une seule maison à faire tourner puisque je louerai la mienne. De toute façon, cet arrangement ne sera que temporaire. Deux ans, tout au plus. Tu rencontreras sans doute quelqu'un que tu aimeras, que tu voudras épouser, quelqu'un qui aimera Matilda. En attendant, la solution que je propose réglerait nos problèmes à tous les deux.

Jake continuait à dévisager son invitée, incrédule.

— Tu es sérieuse ?

— Complètement. Pourquoi ne le serais-je pas ? Je veux travailler à temps partiel. De ton côté, tu sais qu'une nounou aussi disponible que ce que tu souhaites ne court pas les rues. Ça fait deux mois que je cherche un poste à mi-temps sur Internet et je n'ai rien trouvé qui corresponde à ma spécialité ni à mon niveau. J'ai déniché un poste de sage-femme à Cumbria, alors que je suis gynécologue, tu imagines ? De plus, cette ville est située à des kilomètres d'ici. Je n'y connais personne et je ne veux pas m'éloigner des parents de Pete qui ont le désir et le droit de voir leur petit-fils grandir.

Jake paraissait de plus en plus intéressé par les explications d'Emily.

— Réfléchis bien, Jake. En travaillant à mi-temps, tu pourrais passer beaucoup de temps avec Matilda. De mon côté, je profiterais de Zach et nous travaillerions chacun dans notre spécialité au niveau qui est le nôtre. C'est gagnant-gagnant.

Jake passa une main dans ses cheveux avant de croiser son regard. Elle y vit une étincelle briller puis disparaître. Jake paraissait de nouveau soucieux.

— Je ne sais pas, Emy. Il nous faut beaucoup réfléchir tous les deux à ce que tu suggères. C'est une décision qu'il ne faut pas prendre à la légère. Mangeons tant que la pizza est chaude. Je n'ai pas eu le temps de déjeuner et j'ai du mal à réfléchir l'estomac vide.

Emily étendit le bras et posa une main sur celle de Jake, un peu inquiète à l'idée qu'il allait passer la nuit à tourner et retourner dans sa tête la proposition qu'elle venait de lui faire afin de trouver des raisons pour la refuser.

— Promets-moi d'y penser sérieusement, Jake.

Il hocha la tête lentement.

— Promis.

Allongé dans son lit, Jake gardait les yeux fixés au plafond, sur les fissures qui enlaidissaient le revêtement de plâtre, là où il y avait eu des fuites l'année précédente. Comment oserait-il demander à Emily d'abandonner sa jolie maison impeccable pour venir vivre avec lui et Matilda dans cette immense demeure négligée ? Indépendamment du partage de poste qu'elle proposait, cela lui paraissait monstrueusement égoïste.

Une nouvelle fois, il se tourna dans son lit. Il fallait qu'il dorme ! Il éteignit la lumière puis enfouit la tête dans son oreiller. Sans succès.

Rien ne l'apaisait. Son cerveau continuait à travailler comme une machine folle, pesant le pour et le contre de la solution envisagée.

Est-ce que c'était faisable ? Est-ce qu'il y avait une chance que cet arrangement fonctionne ? Est-ce que cette cohabitation ne risquait pas de faire peser sur eux une telle pression que leur relation en serait affectée ? Car il ne s'agissait pas seulement de partager un poste à l'hôpital. S'il donnait son accord, il allait partager sa maison, sa fille, sa vie tout entière avec Emily. En toute honnêteté, est-ce que c'était possible ?

Il n'en savait rien. Le sommeil continuait à le fuir. Pendant des heures, il demeura ainsi, à réfléchir sans réussir à trouver une réponse.

Bien sûr, la cohabitation envisagée était possible. Même si Emily rouspétait de temps à autre à cause de son désordre, ce n'était jamais méchant. Jusqu'à maintenant, ils se supportaient très bien. Le seul problème, c'était le désir physique qu'il éprouvait trop fréquemment pour Emily et qu'il avait du mal à faire taire. Voilà ce qui serait le prix à payer…

Rien dans leur histoire n'était juste. C'était injuste que Pete soit mort, injuste que Jo l'ait quitté pour ensuite abandonner Matilda, injuste pour lui et Emily de se retrouver seuls avec leurs enfants. Pourtant, il leur fallait vivre avec ce que le sort leur avait octroyé. Le problème était que les enfants en souffraient. Ce devait être abominable pour Matilda de se voir abandonnée le matin aux mains d'une quasi-inconnue. La preuve en était le bilan de la journée écoulée. Ce serait tout aussi difficile pour Zach s'il était à son tour privé de sa maison et de ses habitudes.

Jake n'avait jamais envisagé d'être père à plein temps, même si, dans le fond, cela n'était qu'une extension de ce qu'il faisait déjà les fins de semaine. Comment réussirait-il en plus à prendre soin de Zach qui ne le connaissait pratiquement pas ? Deux enfants à la fois, ne serait-ce pas une charge trop lourde pour lui ?

Il était parfaitement incapable de répondre à ces questions, mais, pourtant, il n'avait pas le choix. À défaut de trouver une nounou dans les tout prochains jours, ce qui paraissait plus que hautement improbable, il fallait que cet arrangement fonctionne.

Par conséquent, dès le lendemain matin, il irait faire part à Ben de la proposition d'Emily.

Avec la même détermination, il refusa même d'envisager un plan B au cas où Ben ne serait pas d'accord.

4

Ben ne refusa pas.

Dès 6 h 30, Jake lui avait envoyé un message pour lui demander une entrevue que Ben avait tout de suite acceptée. Il ne parut même pas surpris de retrouver son collègue accompagné de Matilda, occupée à dévorer un muffin en guise de petit déjeuner. Il écouta attentivement la requête de Jake et, lorsque ce dernier eut fini sa plaidoirie, il hocha la tête.

— Pourquoi pas ? L'arrivée d'une gynécologue serait la bienvenue dans le service. Si vous pouvez vous organiser pour faire votre part de garde les week-ends, ce serait parfait. Le gros problème, c'est celui des astreintes de nuit. Ni toi ni Emily ne pouvez envisager de laisser votre enfant tout seul pour partir à l'hôpital. Comment réglerez-vous cette difficulté ?

— Elle n'existe pas. Nous vivrons ensemble, ce qui nous donnera beaucoup de souplesse.

Ben fronça les sourcils.

— Quand tu dis que vous vivrez ensemble...

— Non, ce n'est pas ce que tu crois. Nous sommes seulement amis.

— Votre amitié devra être en béton pour que ça marche ! déclara Ben, l'air sceptique. Tu es sûr que vous vous connaissez suffisamment bien ? Ne t'engage pas à la légère dans ce temps partiel. S'il repose sur votre situation domestique et que celle-ci ne tient pas le coup, qu'est-ce qui arrivera au service ?

— Ne t'inquiète pas, elle tiendra le coup. Nous nous connaissons depuis plus de vingt ans et nous avons déjà cohabité quand nous étions étudiants. De plus, nous avons l'un et l'autre tout intérêt à ce que cette solution fonctionne. Et si jamais nous sentons qu'une certaine tension s'installe, ma maison peut être partagée en deux appartements, Dieu sait qu'elle est bien assez grande pour ça !

— Je ne peux pas dire le contraire, dit Ben. Pendant combien de temps envisagez-vous de maintenir ce rythme ? Une année ? Deux ? Dix, peut-être ? Vous devez comprendre que cela aura des conséquences sur votre futur, votre carrière, votre retraite... Ce n'est pas une décision anodine que vous allez prendre.

— Nous en sommes bien conscients tous les deux, Ben. Ce que je viens de te soumettre est de loin la meilleure idée que nous avons trouvée pour l'un et pour l'autre. Est-ce que je peux dire à Emily que tu envisages une réponse positive ?

— Bien sûr. Quand seriez-vous d'accord pour commencer ce partage du poste ?

— Aussitôt que possible. Ce sera bon pour Matilda qui vit très mal le départ de sa mère et mon absence dans la journée, et ce sera bon aussi pour Emy qui a besoin de trouver rapidement un poste.

— Alors, vois au plus vite avec elle si elle est d'accord sur les modalités que je t'ai dites. Bien sûr, il va vous falloir remplir un certain nombre de formulaires et attendre le feu vert de l'administration, mais, si vous maintenez votre demande, je ferai mon possible pour la soutenir.

Jake commençait à se sentir débarrassé d'un poids très lourd.

— Et d'ici là ? La journée d'hier a été très pénible pour Emy et les enfants, mais j'ai bien conscience que si je prolonge mon congé, je mets tous mes collègues dans le pétrin. À franchement parler, je me sens partagé entre deux devoirs aussi importants l'un que l'autre.

— Je comprends ça. Ce serait la même chose pour n'importe qui, mais ne t'inquiète pas trop. Il vous faudra évidemment passer par toutes les cases exigées par l'administration, mais je suis à peu près sûr que ça va marcher. À vous de répondre à toutes les questions qui vous seront posées pour prouver que votre projet tiendra la route.

— Je te remercie, Ben. Désolé des complications que je te cause en ce moment...

— Ce sont les impondérables de la vie ! L'essentiel est d'arriver à gérer ce genre de moments sans se laisser submerger. Pour l'instant, le mieux que tu as à faire est de ramener Matilda chez toi, de parler avec Emily et de revenir me donner sa réponse.

Le téléphone d'Emily sonna alors qu'elle était en train d'éponger la soupe que Zach avait généreusement répandue autour de lui.

C'était Jake. Bien sûr.

— Bravo, Jake ! Tu as le chic pour m'appeler chaque fois que je me bagarre avec la nourriture de mon fils !

— Désolé ! Je viens juste de parler avec Ben.

— Alors ?

— Il a l'air assez optimiste. Je suis sur le chemin du retour, je t'en dis davantage tout à l'heure.

Une sorte de vertige envahit Emily. Ainsi, c'était possible... Elle posa le téléphone et finit d'essuyer la table, un drôle de pincement au creux de l'estomac. Un pincement fort désagréable.

C'était ridicule ! Il fallait qu'elle travaille. Elle *voulait* travailler. C'était elle qui avait eu cette idée et, de ce point de vue, elle pouvait être satisfaite, mais Jake avait vu juste à propos de sa maison car son environnement familier lui manquait. Depuis la mort de Pete, il lui offrait une sorte de cocon sécurisant, même si elle n'avait pas voulu l'avouer la veille. Aussi s'efforça-t-elle de s'apaiser en se disant que cet éloignement ne serait que temporaire. Juste le temps que les enfants grandissent un peu et puissent être mis à la crèche toute la journée sans que cela les traumatise.

Ce moment arriverait, immanquablement. D'ailleurs, elle ne pouvait imaginer que Jake se satisferait longtemps de travailler à temps partiel. Il avait envie de faire carrière et aimait trop son métier pour souhaiter demeurer des années à l'écart. Elle pourrait alors retourner dans sa maison. En attendant, elle pouvait la louer. Rien ne l'obligeait à la vendre et à brûler ses vaisseaux.

En tout cas, pas tout de suite.

Ils décidèrent de sortir avec les deux petits et, tout en les poussant sur les balançoires du parc, Emily écouta ce que Ben avait dit à Jake.

— Il y aura beaucoup de dossiers à remplir, nous devrons

soumettre tous les deux notre demande de travail à temps partiel, en mettant bien en évidence que nous partagerons la charge de travail, et nous subirons tous les deux un entretien destiné à prouver que nous avons bien pensé à tout. Ben va nous soutenir parce que, pour lui, c'est l'occasion d'avoir une femme gynécologue dans l'équipe.

Emily hocha la tête en souriant.

— Tout ça me paraît de bon augure, non ?

— Et si jamais l'administration refuse notre proposition ?

Elle haussa les épaules.

— Eh bien, je me débrouillerai pour trouver un autre poste et tu seras obligé de mettre Tilly à la crèche. Donc, espérons que cela ne se produira pas.

Un long silence s'ensuivit, à peine troublé par le grincement des balançoires. Au bout d'un moment, Jake ne put s'empêcher de relancer la conversation.

— Tu es bien sûre que tu veux tenter cette aventure, Emy ? Tu comprends, je ne voudrais pas mettre toute cette organisation en branle et courir le risque que tu changes d'avis parce que c'est une charge trop lourde pour toi, ou parce que tu ne supportes plus notre cohabitation, ou parce que tu as envie de retourner dans ta maison...

À ces mots, Emily eut un pincement au cœur. L'évocation de sa maison, de ce refuge qu'elle avait aménagé avec tant de soin et d'amour pour sa vie avec Pete, la troublait une fois de plus.

— Je voudrais que tu sois absolument sûre de toi avant de donner notre réponse à Ben, reprit Jake. Une fois que nous aurons accepté, il ne sera plus question de faire machine arrière.

Se tournant vers Jake, Emily aperçut dans son regard le conflit auquel se livraient en lui l'inquiétude et l'espoir. Alors, elle choisit de faire taire ses doutes.

— Je suis sûre de moi, répondit-elle d'une voix forte, autant pour se persuader elle-même que pour persuader Jake de la solidité de sa décision.

Elle lui devait trop pour ne pas lui rendre ce service. Puisqu'elle pouvait le faire, ce serait le moyen de lui rendre un peu du soutien qu'il lui avait apporté pendant ses heures sombres. Leur solution tiendrait la route, il ne pouvait pas en être autrement.

Jake la fixa.

— Tu es bien sûre ?

— Complètement.

Cette fois, sa voix était parfaitement sereine.

— Si l'administration dit oui, je m'installerai chez toi, et je louerai ma maison. D'ici là, Zach aura eu le temps de s'habituer à toi avant que je doive le laisser à ta garde. Ne t'inquiète pas, nous y arriverons.

— Si tu préfères, nous pouvons diviser ma maison. J'utiliserai la salle de douche et si tu veux un salon à toi...

— Mais non ! Il n'est pas question de tout ça. Si toi-même tu en as envie, tu n'as qu'à le dire et nous le ferons, mais, en ce qui me concerne, je n'y tiens pas, j'apprécie ta compagnie.

Elle lui adressa son sourire taquin.

— Bien sûr, tu as tout de même quelques habitudes assez horripilantes, mais j'apprendrai à nc pas y faire attention.

— Moi ? J'ai des habitudes horripilantes ?

La voix de Jake était indignée, mais ses yeux souriaient. Elle se haussa sur la pointe des pieds et l'embrassa sur la joue. Il sentait bon le savon à la lavande, et aussi un peu le muffin au chocolat. Sous ses lèvres, elle sentit une fossette se creuser et son cœur se mit à battre plus vite.

Une fois les enfants au lit, Jake téléchargea sur Internet les formulaires nécessaires à leur demande et, après avoir dîné, ils s'installèrent à la table de la salle à manger pour commencer à les remplir.

— Je déteste ce genre de machins..., marmonna-t-il en faisant dérouler les pages qui les concernaient.

— Alors que moi, j'adore ça, n'est-ce pas ? Voyons plutôt si tu as une copie de ton emploi du temps...

— Oui. Je vais l'imprimer. Ça nous permettra de nous chamailler tranquillement pour décider lequel de nous deux fait quoi. Ne compte pas me laisser tous les trucs ennuyeux !

— Quelle bonne idée, pourtant !

Ils éclatèrent de rire tous les deux.

Comme c'était bon de retrouver cette amicale complicité !

Emily avait oublié combien la compagnie de Jake était agréable même quand il était de mauvaise humeur. Elle avait même oublié ce que c'était de s'amuser. Elle se rappelait combien ils avaient ri au cours de leurs études. C'était toujours Jake qui commençait les plaisanteries... Tout cela lui paraissait loin maintenant !

Au bout d'un moment, Jake revint avec plusieurs copies de son emploi du temps et des feutres de couleur qu'il déposa sur la table avant d'aller ouvrir le réfrigérateur.

— Impossible de faire quelque chose d'aussi ennuyeux sans la compagnie d'un petit verre de vin !

Il sortit la bouteille qu'ils avaient commencée la veille, prit deux verres dans un placard de la cuisine et revint s'asseoir à côté d'Emily.

— On attaque ?

— On attaque !

Trois heures plus tard et la bouteille de vin pratiquement vidée, ils avaient concocté un emploi du temps qui octroyait à chacun ce qu'il souhaitait, partageait équitablement les tâches routinières et ne lésait aucune des patientes.

Satisfait, Jake se laissa aller contre le dossier de sa chaise avec un soupir de contentement.

— Affaire réglée ! Ouf...

— Il nous faut encore rédiger la lettre de motivation !

— Ça, c'est de la petite bière. Il suffit de concocter un laïus expliquant que nous avons pensé à tout, tellement à tout que c'est impossible que cette affaire capote. Et après ça, point, on n'en parle plus !

Emily se mit à rire, mais elle repoussa les papiers en se mettant debout.

— Pas ce soir, Jake. J'ai la tête comme une cocotte-minute prête à exploser. Allons plutôt regarder une bêtise à la télévision, histoire de nous détendre un peu, sinon nous n'arriverons pas à nous endormir.

Ce que disait Emily était frappé au coin du bon sens, mais Jake aurait bien aimé expédier ce dernier pensum tout de suite.

— Allez, viens... J'ai rapporté du chocolat en rentrant, insista-t-elle en allant ouvrir un des placards.

— Ah... Tu me prends par les sentiments ? Quelle sorte de chocolat ?

— Du bon. Aux noisettes et aux fruits. Chocolat noir, bien entendu. C'est le meilleur pour la santé.

C'en était trop. Impossible de résister à la tentation. Jake reposa son stylo et la suivit.

— Je crains qu'il n'y ait quelques inconvénients à travailler avec quelqu'un qui me connaît aussi bien que toi, marmonna-t-il un instant plus tard en s'installant sur le canapé à côté d'elle.

Puis, après avoir saisi la télécommande :

— Alors, tu me le montres ce chocolat ?

Le lendemain, il était debout à 5 heures du matin pour terminer les questionnaires lorsqu'il entendit l'escalier craquer et aperçut Emily, les cheveux en bataille, une joue toute rouge parce qu'elle avait dormi dessus.

Sexy comme pas possible ! Seigneur... Et la journée ne faisait que commencer...

— Tu veux une tasse de thé ? demanda-t-elle depuis la porte de la cuisine.

— Oui. Du thé très fort, s'il te plaît. Pourquoi est-ce que tu t'es levée de si bonne heure ?

— Pour t'aider ! Je t'ai entendu descendre et j'ai compris que tu voulais faire ce travail pendant que les enfants dorment encore.

Jake émit un grognement en signe d'assentiment.

— Exactement. J'aimerais confier toute cette paperasse à Ben ce matin. Ça lui laisserait le temps d'y réfléchir et, éventuellement, de modifier quelque chose s'il le souhaite avant de la soumettre à l'administration. Au fait, est-ce que tu es d'accord pour que je reprenne le travail dès demain ?

— Oui, bien sûr. Il le faut bien puisque c'est comme ça désormais que nous allons vivre.

Après avoir rempli la bouilloire, elle vint s'asseoir à côté de Jake.

Le parfum de ses cheveux et le pyjama très mignon ne firent rien pour aider Jake à se concentrer.

— Je crois que nous pouvons être optimistes, déclara-t-il. L'hôpital a réellement besoin d'une gynéco car certaines femmes préfèrent avoir affaire à une consœur. Elles se sentent plus à l'aise pour parler de leurs problèmes et de leurs soucis.

Il se redressa pour s'appuyer contre le dossier de sa chaise.

— Tu crois que le thé est prêt ? J'en ai par-dessus la tête de cette paperasserie tatillonne !

Un peu plus tard, muni de leur projet soigneusement rédigé, Jake partit retrouver Ben tandis qu'Emily s'apprêtait à vivre une nouvelle journée d'enfer à cause des colères et des caprices de Matilda. À sa grande surprise, il n'y en eut pas. Du moins, rien qui n'arrive à la cheville de ce qu'elle avait vécu la veille.

Au lieu de hurler comme le jour précédent et de croiser ses petits bras en refusant tout ce qu'elle lui proposait, Matilda mangea son petit déjeuner sans faire d'histoire, puis alla s'allonger sur la moquette et entreprit de construire une tour de cubes pour que Zach ait le plaisir de la démolir. Puis elle recommença, et encore une autre fois, et encore, et encore, comme si le jeu ne devait jamais prendre fin. Chaque fois que Zach faisait tomber les cubes d'un coup de poing, les deux enfants riaient aux éclats.

C'était incroyable ! Lorsque Jake l'appela, elle dirigea le téléphone vers les petits pour qu'il puisse les entendre.

— C'est Zach qui rit comme ça ?

— C'est tous les deux ! Je crois rêver, Jake. Je ne sais pas quelle potion magique ils ont avalée ce matin, mais c'est drôlement agréable. Alors, est-ce que tu as parlé à Ben ?

— Oui. Il a eu l'air très content de ce que nous proposons. Le conseil d'administration a l'intention d'entrer en contact avec ton employeur précédent avant de nous recevoir pour notre entretien. Tu pourrais donc les prévenir de cette démarche dès aujourd'hui de manière à ce qu'ils ne soient pas pris au dépourvu.

— Bonne idée, mais je ne m'inquiète pas. Mon chef de clinique m'a toujours beaucoup soutenue. À vrai dire, je suis un peu désolée de les abandonner, mais je crois que ce que nous avons décidé est ce qu'il y a de mieux pour nous deux.

— Tu veux dire pour toi et Zach ?

— Non, pour toi et moi. Et pour les enfants aussi, si jamais ce calme plat persiste, mais je ne jure de rien ! Tu as une idée de ce que je peux leur proposer quand ils vont commencer à se chamailler ?

— Matilda adore faire des gâteaux. Tu trouveras la recette des rochers dans le tiroir à gauche de l'évier. Tu verras, c'est inratable.

— Même pour toi ? lança-t-elle pour le taquiner.

— Ah… Très drôle. Oui, même pour moi ! Et s'il te plaît, ne les mangez pas tous avant que je rentre. Heureusement, je suis sur le chemin du retour.

— Tu sais quoi ?

— Non, désolé, je n'ai pas encore le don de double vue.

— Eh bien, il fait un temps magnifique. J'ai plutôt envie de préparer un pique-nique que nous emporterions à la plage. Qu'est-ce que tu en penses ? Les petits seraient ravis et passer un peu de temps tous ensemble ferait certainement du bien à tout le monde.

— Génial ! Tu veux que je rapporte quelque chose ?

— Non, merci. J'ai tout ce qu'il faut sous la main pour préparer des sandwichs.

Emily avait vu juste. Les petits s'amusèrent comme des fous et les parents aussi. Ils s'installèrent à l'abri d'une jetée pour manger et, ensuite, ils construisirent un beau château de sable près de l'eau.

— Il faut ajouter des douves ! déclara Emily.

— Tu es sûre ? demanda Jake qui se doutait de ce qui l'attendait.

— Complètement sûre.

Bravement, il retroussa le bas de son jean aussi haut qu'il le put, prit un seau pour aller chercher de l'eau et, comme il l'avait prévu et redouté, se retrouva trempé par une vague plus haute que les autres.

Matilda trouva cela très amusant et se mit à rire de bon cœur, imitée par Zach qui avait décidé de faire front commun avec la petite fille.

— Ce n'est pas drôle du tout ! dit-il d'une voix sévère, mais,

Emily se mettant de la partie, il n'eut d'autre choix que de faire comme eux.

Cette crise de fou rire terminée, les trois complices décidèrent de l'enterrer dans le sable.

— Non ! Vous pouvez bien trouver une autre idée de jeu.

— Oui, mais c'est celle-ci qui nous plaît le plus, répliqua Emily. Allonge-toi et arrête de faire des histoires !

Que faire ? Il obéit. Il creusa un trou et se glissa dedans, puis il les laissa le recouvrir de sable humide. Beaucoup plus humide qu'il ne l'avait pensé, ce qui fait que, lorsqu'il se releva, il était pommadé de sable des pieds jusqu'au cou.

— Tout ça va tomber en séchant, dit Emily. Va te laver les mains et rapporte-nous un seau d'eau pour que nous puissions en faire autant. Après, je crois que nous pourrons rentrer, les petits commencent à être fatigués.

— Pas étonnant. Ils ont dû soulever une tonne de sable à eux deux !

Après avoir rincé les jouets, ils rassemblèrent les affaires du pique-nique puis regagnèrent la voiture.

Comme les deux enfants avaient commencé à pleurnicher à qui mieux mieux, ils décidèrent de les laisser dormir un moment avant de repartir. Zach plongeant dans le sommeil aussitôt assis et Matilda ne tardant pas à en faire autant, Emily et Jake choisirent d'aller se promener un peu tout en gardant un œil sur eux.

La mer était calme. Seul le bruit des vagues venant se briser sur les galets troublait le silence. Quelques mouettes tournaient au-dessus d'un bateau de pêche, à la recherche de leur pitance. Le bruit du moteur, tel un ronronnement apaisant, leur parvenait de loin.

— Comme c'est beau..., murmura Emily. Je comprends que tu aimes tant ce paysage.

Jake soupira.

— Jo n'était pas de cet avis. Elle a refusé de venir vivre ici avec moi, même si, lorsqu'on m'a proposé ce poste et que j'ai commencé à chercher une maison, elle n'a jamais rien dit de négatif. Quand elle m'a fait part de sa décision, j'étais déjà trop engagé pour reculer, aussi n'avons-nous jamais vécu ensemble dans la maison que tu connais.

Emily s'arrêta de marcher pour se tourner vers Jake.

— Tu crois qu'elle n'a pas voulu habiter ici parce que ce coin ne lui plaisait pas, ou bien qu'elle n'a pas voulu vivre avec toi parce qu'elle ne t'aimait pas ?

Jake demeura silencieux. Il n'avait jamais osé se poser cette question.

— Tu comprends, tu es suffisamment adulte pour accepter la réalité, elle non, reprit Emily. Elle rêvait probablement d'une vie libre et pleine d'aventures. C'est sans doute pour cette raison qu'elle est partie avec ce type au camping-car.

Jake passa la main dans ses cheveux, ce qui en fit tomber le sable qui avait fini par sécher.

— Je n'en sais rien. Peut-être. Elle avait un côté un peu hippie, mais elle n'était pas manipulatrice. Tu sais qu'elle a failli ne pas avoir Matilda ? Elle m'assurait qu'elle ne se sentait pas prête à être mère et, à voir la facilité avec laquelle elle a abandonné Tilly, elle avait sans doute raison.

— Quelle a été la réaction de tes parents quand tu leur as annoncé la nouvelle de son départ ?

Jake eut un sourire, mais un sourire dépourvu de toute gaieté.

— La même que d'habitude. Ma mère m'a dit que c'était bien fait pour moi et mon père m'a fait un cours sur la contraception en m'accusant de mener une vie de patachon.

Comme Emily se mettait à rire, il la fit pivoter vers lui.

— Pourquoi ça t'amuse ?

— Parce qu'il a bien fait de te dire la vérité en face. Tu es un peu coureur, non ?

— Pas du tout !

Comme elle le regardait avec perplexité, Jake fronça les sourcils, très vexé.

— Si je l'ai un peu été quand j'étais plus jeune, je ne le suis plus du tout. Par ailleurs, je me demande comment Jo est tombée enceinte parce que j'ai toujours pris des précautions.

— Tu veux que je t'explique ? demanda Emily, de plus en plus moqueuse. Si tu avais réellement été prudent, ça ne serait pas arrivé. Elle prenait la pilule ?

— Non, mais nous avons toujours utilisé un préservatif.

— Dans ce cas, elle s'est débrouillée pour que l'un d'eux ne remplisse pas son office.

— Mais pourquoi aurait-elle fait ça ?

Emily accorda son pas à celui de Jake qui s'était remis à marcher.

— Parce que tu es un bon parti !

— Alors, je ne comprends pas pourquoi elle ne m'a pas demandé de l'épouser. Je le lui ai proposé, mais elle a refusé.

— À quoi bon se mettre la corde au cou puisque tu l'entretenais, de toute façon ? Elle avait peut-être déjà réalisé à ce moment-là qu'elle ne t'aimait pas...

Jake secoua la tête.

— Non. Ce n'est pas son genre. Elle n'est pas assez organisée pour préméditer quelque chose.

Emily s'arrêta à nouveau de marcher.

— Tu crois ?

— Oui.

— Je n'en suis pas si certaine. Vider ton compte et te laisser un loyer à régler demande un minimum de prévoyance. Elle savait aussi qu'en te disant que sa grossesse était un accident, tu la croirais. Ce genre d'imprévus arrive tous les jours. Emportés par l'exaltation du moment, les gens se retrouvent au lit sans même y penser. Ce ne serait sûrement pas la seule fois que ça t'est arrivé !

Tout en parlant, elle pensait à la soirée du mariage où ils avaient été si près de faire l'amour tous les deux.

Jake ralentit le pas.

— Bon, si nous arrêtions maintenant de disserter sur ma vie sexuelle ?

En le regardant, Emily se demanda si la rougeur de son visage provenait de l'évocation de souvenirs ou d'un coup de soleil qu'il aurait attrapé un peu plus tôt.

— Au moins, tu en as une ! Je ne me rappelle même plus ce que ça peut être.

Cet aveu était aussi douloureux qu'honnête.

— Allons, Pete et toi êtes restés mariés pendant plusieurs années.

— Oui, mais, la plupart du temps, il mettait toute son énergie à ne pas mourir.

Elle ne riait plus du tout maintenant. Jake l'attira dans ses bras pour poser une joue sur ses cheveux.

— Pardon, Emy. Je suis désolé de t'avoir dit ça. Ça ne me regarde pas et ça a dû être terriblement difficile pour vous deux de vivre sans cesse sur le fil du rasoir.

Emily se dégagea et recommença à marcher. Elle ne se sentait pas à l'aise de parler de Pete quand elle se trouvait dans les bras de Jake.

— Non, détrompe-toi. La plupart du temps, c'était bien, surtout après qu'on lui a annoncé qu'il était guéri. Mais j'ai toujours su au fond de moi-même qu'il ne s'agissait que d'une rémission.

— Pourquoi avez-vous décidé d'avoir un enfant si tu pensais qu'il allait mourir ?

Enfin, il venait d'oser poser la question qui le taraudait depuis qu'elle lui avait annoncé qu'elle était enceinte et que Pete allait mourir.

Un soupir lui échappa tandis qu'elle haussait les épaules.

— Parce que je croyais que ce projet l'aiderait à vivre. Il avait toujours souhaité avoir des enfants, et moi aussi, donc c'était maintenant ou jamais. Il avait fait congeler son sperme dès qu'on avait diagnostiqué son cancer, avant sa première chimiothérapie. Par conséquent, il suffisait de ne pas laisser passer cette dernière chance. Mais à l'époque, je n'imaginais pas qu'il disparaîtrait aussi vite.

— Sa maladie a évolué plus rapidement que tu le pensais ?

— Oui. J'ai été atterrée de voir à quelle vitesse il perdait ses forces. À ce moment-là, j'ai regretté d'avoir attendu aussi longtemps pour prendre cette décision.

— Je comprends. Tu as des regrets ?

— Des regrets de quoi ? D'avoir épousé Pete ou d'avoir donné naissance à Zach ?

— Je voulais parler de Zach.

Elle se tourna vers la voiture dans laquelle dormait le bébé aux bonnes joues rondes, la tête penchée sur le côté. Un sourire plein de tendresse éclaira son visage.

— Pas une seconde ! Ça n'a pas été facile tous les jours, j'ai souvent eu peur de ne pas y arriver, mais je n'ai jamais regretté cette décision. Jamais… C'est ce que la vie m'a apporté de meilleur. À part toi, bien sûr, dans un registre différent.

Elle lui sourit si gentiment qu'il lui prit la pour entrecroiser ses doigts aux siens et ils se remirent à marcher.

Lorsqu'en approchant de la voiture il la lâcha, il serra le poing tant sa main lui paraissait abandonnée.

Le mardi dans la journée, Jake appela Emily pour annoncer que leur entretien était prévu pour le jeudi matin.

— C'est allé vite ! s'exclama Emily.

— Oui. Ben m'avait promis qu'il suivrait l'affaire de près, et apparemment son soutien a été efficace. Regarde tes mails pour voir ce qu'on te propose.

Le cœur battant, Emily était déjà en train de consulter son ordinateur.

— Je suis convoquée à 10 h 15. Et on me demande de me libérer jusqu'à 13 heures. Dis donc, c'est l'Inquisition !

— Non, je pense que c'est parce qu'ils veulent nous interroger l'un après l'autre et nous recevoir ensemble ensuite, répondit Jake d'une voix rassurante.

— Est-ce que tu pourras te libérer ?

Tout en parlant, elle faisait reculer Zach qui avait ouvert le tiroir des casseroles et commençait à en examiner le contenu.

— Sinon, ça risque d'être assez sportif de laisser mon petit explorateur assister à mon rendez-vous, ajouta-t-elle en refermant le tiroir avec sa jambe.

— De toute façon, il faudra nous organiser pour l'entretien commun… Je parlerai à la responsable de la crèche. J'espère qu'ils accepteront de les garder tous les deux à ce moment-là. Excuse-moi, mais je dois te laisser, on m'attend en salle d'op. Si tu venais toi-même faire un tour à la crèche avec les enfants ? Tu pourrais parler avec Caitlin et cette petite visite leur donnerait l'occasion de se familiariser avec le lieu.

— Et si ça ne marche pas ?

— Je demanderai à Daisy, la femme de Ben, de nous dépanner. Elle est adorable et Tilly la connaît déjà.

— Bon, commençons par la crèche. Je vais y aller tout de suite et je t'enverrai un texto pour te donner la réponse.

Emily passa donc l'heure suivante à la crèche de l'hôpital. Matilda l'entraîna un peu partout, de telle sorte qu'elle découvrit les différents coins de jeu et le petit jardin avec son bac à sable dans lequel Zach voulut bien jouer si Emily restait à côté de lui.

Matilda ayant découvert une draisienne qu'elle refusait de lâcher, Emily sortit son téléphone pour prendre une photo qu'elle envoya à Jake. Ensuite, elle dut déployer des trésors de diplomatie pour convaincre la petite fille de bien vouloir abandonner son jouet. Heureusement, la promesse d'aller donner du pain aux canards facilita les choses et Jake répondit par texto après avoir découvert la photo :

Alléluia !

Alléluia, en effet, pensa Emily. Tout au moins pour l'instant.

Comme elle s'y attendait, Jake l'appela pendant sa pause déjeuner.

— Tout s'est très bien passé, dit Emily. Caitlin aura de la place à ce moment-là, et nous n'aurons donc pas besoin de faire appel à la bonne volonté de Daisy.

— Comment s'est comportée Matilda ?

— Au début, elle était un peu sur ses gardes, mais elle s'est très vite mise à jouer. Zach était un peu plus déstabilisé. En fait, je ne l'ai confié qu'aux parents de Pete, et pour très peu de temps, juste pour me faire couper les cheveux ou aller chez le dentiste. Mais je pense que nous n'avons pas à nous inquiéter ni pour l'un ni pour l'autre.

— En tout cas, merci pour la photo. Elle est adorable.

— Heureusement que j'ai pensé aux canards parce qu'ils refusaient de partir l'un et l'autre !

— Excellente idée !

— Essaie de ne pas rentrer trop tard, ce soir. Il faut que je passe chez moi pour choisir une tenue correcte pour mon entretien.

Il s'agissait juste de passer en coup de vent pour prendre quelques vêtements dignes de ce nom car, en venant chez Jake, elle n'avait emporté qu'un jean et quelques T-shirts qu'elle ne pouvait évidemment pas mettre le jour de son entretien. Elle avait besoin d'une tenue qui lui donne l'air de ce qu'elle était réellement : une gynécologue compétente et pas seulement une mère de famille débordée par deux enfants en pleine santé.

Après s'être garée dans l'allée, elle pénétra dans la maison puis referma la porte derrière elle et s'immobilisa. Pour la première fois depuis la naissance de Zach, elle se trouvait seule chez elle. C'était bizarre. Bizarre et étrangement déstabilisant. Mais le plus bizarre, c'était de se sentir étrangère dans cette maison qu'elle avait si longtemps partagée avec Pete. Quelque chose n'allait pas. Aussi ne s'attarda-t-elle pas ; elle rassembla tout ce que contenait sa garde-robe et repartit aussi vite qu'elle était venue.

— Tu as vite fait, lança Jake quand elle rentra. Tu as trouvé ce qu'il te faut ?

Elle alla dans le salon et s'assit sur l'accoudoir du canapé.

— Oui, en tout cas, j'espère.

Elle jeta un coup d'œil à la télévision.

— Tu regardes *Titanic* ?

— Oui, pour tuer le temps en t'attendant.

— Espèce de maso ! Ce film te faisait pleurer !

— Tu pleurais autant que moi, dit Jake.

— Menteur ! Bon, accorde-moi cinq minutes pour me changer et je redescends voir si tu pleures encore. Et si tu veux bien préparer du thé, ce sera parfait...

Quand elle le rejoignit un peu plus tard après avoir enfilé son pyjama, elle trouva le film en pause, deux tasses de thé fumant posées sur la table basse et un paquet de pop-corn dans lequel Jake avait commencé à piocher.

— Hé ! On partage, tu te rappelles ? dit-elle en se laissant tomber à côté de lui.

Il mit le sachet hors de portée d'Emily.

— Seulement si tu le demandes gentiment !

Elle s'étira par-dessus lui pour l'atteindre et, sans le faire exprès, lui enfonça son coude dans les côtes.

— Tu me fais mal ! cria-t-il en riant et en plaçant le sac encore plus loin.

Elle plongea davantage en avant et réussit à l'attraper. À ce moment-là, leurs regards se rencontrèrent et quelque chose d'étrange se produisit.

Les yeux dans les yeux, ils se figèrent, comme paralysés, et, pendant une seconde, Emily pensa que Jake allait l'embrasser. Mais il détourna le regard en lui abandonnant le sac, et elle se rencogna aussi vite que possible en se demandant si ses joues étaient aussi rouges que le lui laissait craindre le feu intérieur qu'elle ressentait.

Jake reprit la télécommande sans dire un mot et relança le film.

— Tu veux du pop-corn ? lança Emily.

Non, pas question de se lancer dans un nouveau match si chargé d'émotions imprévues. Comme Jake ne répondait pas, Emily posa le sac sur la table, devant eux. Il y plongea la main pour en puiser une poignée.

— Je déteste ce passage où le bateau commence à se remplir d'eau, déclara Emily.

Tout en parlant, elle se rapprocha de Jake et se colla contre lui comme si rien ne s'était passé.

Avait-elle décidé de lui infliger une nouvelle séance de torture ? Il sentait la tiédeur de son corps plaqué contre le sien, la douceur de son bras, le parfum grisant de ses cheveux.

Comment devait-il se comporter avec celle qui n'était que son amie ? À part leur presque aventure quinze ans plus tôt, il avait toujours gardé ses émotions soigneusement cachées.

Ou bien Emily en avait fait autant de son côté, ce dont il doutait car elle ne savait pas dissimuler ce qu'elle ressentait, ou bien elle n'éprouvait pour lui rien de plus qu'une grande amitié. De toute manière, il n'avait pas l'intention de chercher à en savoir davantage, ni en ce qui le concernait, ni en ce qui la concernait. Trop de choses en dépendaient.

Elle posa la tête sur son épaule, puis, au bout de quelques minutes, au fur et à mesure que la situation se faisait de plus en plus désespérée sur le *Titanic*, elle s'agrippa à son bras plus fort et il entendit un petit reniflement.

— Tu as un petit cœur sensible, n'est-ce pas ? demanda-t-il en appuyant sa tête sur celle d'Emily.

Elle s'écarta, renifla plus fort et éteignit la télévision.

— Quel hypocrite tu fais ! Tu pleurais autant que moi au cinéma.

— Peut-être, mais j'avais dix-neuf ans à l'époque. Et, de toute façon, c'est une histoire triste.

— Tu avais un petit cœur sensible, toi aussi, et tu n'as pas changé !

— Menteuse !

— Et ça, qu'est-ce que c'est ? demanda-t-elle après avoir passé un doigt au coin de l'œil de Jake et lui montrant la larme qui y brillait. Tu pleures, Stratton ! Alors, arrête de te moquer de moi.

Elle le dévisageait maintenant, les yeux brillants de larmes elle aussi. Jake éprouvait une terrible envie de l'embrasser, mais il réussit à la maîtriser.

Brusquement, il se mit debout, ce qui fit tomber les miettes de pop-corn sur la moquette.

— Assez de bêtises, Emy. C'est l'heure d'aller au lit. J'ai une grosse journée demain et il nous faudra réviser notre entretien demain soir.

— Tu crois que c'est nécessaire ?

— Oui, indispensable. Allez, au lit !

Il lui tendit les mains pour l'aider à se lever à son tour. Puis, incapable de se maîtriser tout à fait, il l'attira vers lui et la serra dans ses bras.

Juste un court instant, mais suffisamment longtemps néanmoins pour que ce contact vienne hanter ses rêves qui, de toute façon, seraient certainement dotés d'un carré blanc à cause de leur lutte pour le sac de pop-corn. Quel supplice !

Il ramassa le sac en papier qu'il froissa dans ses mains et les deux tasses vides pendant qu'Emily se dirigeait vers l'escalier.

— À demain, Emy.

Ensuite, il se rendit dans la cuisine pour mettre un peu d'ordre dans ses émotions et reprendre le contrôle de lui-même.

Car les larmes qu'elle avait vues dans ses yeux tout à l'heure n'avaient rien à voir avec le film et tout avec les sentiments qu'il éprouvait pour une femme qu'il ne pouvait pas se permettre d'aimer.

Et certainement encore moins si cette histoire de partage de poste se concrétisait.

5

Ils passèrent la soirée du mercredi à s'interroger l'un l'autre en essayant d'imaginer toutes les questions pièges qui risquaient de leur être posées.

Comment envisageaient-ils de partager leur temps ? Que feraient-ils si leur arrangement ne fonctionnait pas ? Qu'avaient-ils prévu en cas de maladie de l'un ou de l'autre ? Qui assurerait le remplacement de celui qui serait indisponible ? Que feraient-ils si l'un d'entre eux décidait d'abandonner ? Avaient-ils passé un accord pour assurer un partage égal du travail à effectuer ? Comment prendraient-ils leurs congés ?

— Ça suffit ! s'écria tout à coup Emily sur le coup de minuit. Ma tête va exploser si nous n'arrêtons pas de nous torturer. Arrêtons ce petit jeu parce que, si nous continuons, je ne pourrai pas fermer l'œil de la nuit et je serai incapable demain de relier deux idées entre elles.

Jake hocha la tête non sans étouffer un bâillement.

— OK. Tu as raison, laissons tomber...

— Il faut au moins que j'aie les idées claires quand je me présenterai devant le jury pour leur faire oublier que je ressemble à une chiffonnière !

— Qu'est-ce que c'est que cette histoire de chiffonnière ?

— Je ne rentre plus dans aucun de mes jolis tailleurs...

— Tu n'as qu'à porter un pantalon.

— C'est la même chose. J'ai grossi, plus rien ne me va. La seule tenue que je peux encore enfiler est une jupe droite que je portais au début de ma grossesse et une veste qui n'est pas assortie. Franchement, Jake, c'est la cata vestimentaire !

Il se mit à rire.

— Désolé, Emy, mais tu es si belle que même si tu le voulais, jamais tu ne ressemblerais à une chiffonnière !

— Arrête de jouer les grands consolateurs ! Je sais très bien que je suis moche et que je n'ai pas le look de la profession.

— Et moi, je sais très bien que le jury veut évaluer ta compétence pour ce poste, pas ton élégance.

— C'est de moi qu'il est question, idiot, pas d'eux ! marmonna-t-elle. J'ai besoin de me sentir à mon avantage pour avoir confiance en moi. Tu ne comprends pas qu'il y a des mois que je ne porte que des jeans et des T-shirts tartinés de compote ou de soupe de légumes grâce aux exploits gastronomiques de mon fils ?

— Emy...

Jake se leva pour l'attirer contre lui et la serrer dans ses bras.

— Tout ira bien, tu verras. Tu vas les époustoufler. Maintenant, file te coucher. Je te réveillerai demain matin à temps pour que tu puisses prendre ta douche avant que je m'en aille. Ça te va ?

Emily fit un effort pour chasser le vertige qui la grisait. Le torse de Jake était large et accueillant... Le parfum de sa peau, tiède et familier, la plongeait dans un trouble délicieux. Ce fut difficile pour elle de s'arracher à ce réconfort. Après avoir embrassé Jake sur la joue, elle se dirigea vers l'escalier.

Il arriverait ce qu'il arriverait... Se ronger les sangs n'y changerait pas un iota, alors autant dormir le plus vite possible.

Jake la regarda partir avant de se tourner vers la fenêtre. Il espérait l'avoir rassurée, mais qui le rassurerait, lui ? Il n'y avait personne pour cela, alors que tant de choses dépendaient du bon déroulement de cet entretien ! Le cours entier de son existence allait en être modifié. Restait à espérer que ce serait pour le mieux...

Avant de monter à son tour, il remit un peu d'ordre dans la cuisine, la tête pleine d'encombrantes questions, puis éteignit les lumières. Emily avait laissé sa porte entrouverte et, en passant devant pour aller voir si Matilda était bien endormie, il jeta un coup d'œil dans sa chambre. Il l'aperçut dans son joli petit pyjama rose qui lui faisait penser à plein de choses qui n'avaient rien à voir avec l'entretien du lendemain, en train de donner le sein à Zach.

Elle lui fit signe d'entrer et tapota le lit à côté d'elle pour l'inviter à s'asseoir.

Il obéit en posant une fesse sur le rebord du lit.

— Tu n'es pas encore couchée ?

— Non, je suis un peu nerveuse.

Elle détacha le bébé endormi de son sein et le lui tendit.

— Tu peux le tenir une minute, s'il te plaît, pendant que je vais chercher une couche pour le changer ?

— Bien sûr.

Quand il se leva pour prendre Zach dans ses bras, son regard fut attiré par les photos qui se trouvaient sur la table de chevet. Toutes les deux représentaient Emy et Pete, mais elles étaient bien différentes. Sur la première, prise le jour de leur mariage, leurs yeux brillaient de joie. La seconde ressemblait à un selfie. Elle montrait Emy assise sur le rebord du lit de Pete qui tenait quelque chose serré contre sa poitrine. En regardant plus près, Jake réussit à discerner ce dont il s'agissait.

— Emy..., dit-il, la voix nouée d'émotion.

C'était tout ce que Pete connaîtrait jamais de son fils : ce cliché de l'échographie faite à douze semaines de grossesse. Emily avait dû prendre cette photo moins d'une semaine avant le décès de Pete.

Jake se rappela qu'il avait promis à Pete de prendre soin d'Emily et de son enfant. À voix basse, il répéta cet engagement face à la photo.

Emily s'occupa de Zach et, après l'avoir remis dans son lit, elle passa les bras autour des épaules de Jake.

— Tout ira bien, n'est-ce pas ?

Jake détourna son regard de la photo.

— Oui, bien sûr. Va vite te coucher.

Mais comme cette étreinte n'avait pas suffi à la rassurer, Emily posa ses lèvres sur la joue de Jake. Cette fois encore, son doux parfum de chèvrefeuille, la douceur de ses lèvres, la tiédeur de son corps plaqué contre le sien plongèrent Jake dans le désarroi.

Il laissa retomber ses bras, fit un pas en arrière, puis se hâta vers la porte, non sans avoir jeté un dernier coup d'œil sur les photographies.

Après avoir bordé Matilda, il gagna sa chambre, de plus en plus troublé. Dans quelle aventure venait-il de se lancer ? S'il ne s'était pas senti lié par la promesse qu'il avait faite à Pete, il aurait dit à Emily qu'il ne pouvait pas accepter l'organisation qu'elle avait proposée. Mais il avait juré à Pete sur son lit de mort qu'il prendrait soin d'Emy. Alors ?

Alors, il ne lui restait plus qu'à serrer les dents et à aller de l'avant.

Au cours de leurs entretiens, ils durent l'un et l'autre subir un feu roulant de questions. Rien ne leur fut épargné, mais ils firent face avec compétence et un calme qui leur parut inespéré. Une fois l'interview commune terminée, le jury leur demanda de se retirer pendant qu'il délibérait.

Ils se retrouvèrent donc tous les deux dans une petite pièce qui servait de salle d'attente dans ces circonstances. La nervosité s'était à nouveau emparée d'Emily.

— J'espère que je n'ai pas dit trop de bêtises ! La plupart du temps, je comprenais à peine ce qu'on me demandait.

Jake lui passa un bras autour des épaules.

— Ta prestation individuelle ne peut pas avoir été pire que la mienne. En revanche, je trouve que nous nous en sommes bien sortis au cours de l'entretien commun.

— Oui, il y a des miracles parfois !

— Peut-être que le destin nous devait au moins celui-ci, murmura Jake en revoyant mentalement la photo de Pete sur son lit de malade.

— Je l'espère de tout mon cœur, tant de choses en dépendent !

— Nous aurons rapidement la réponse maintenant.

— Au fait, j'ai appelé les parents de Pete pendant que tu étais devant le jury, reprit Emily. Comme toujours, ils ont été adorables et m'ont dit que si jamais nous étions coincés, ils seraient heureux de garder les enfants le mercredi.

— Quelle gentillesse, en effet !

Jake était d'autant plus touché que, du côté de sa propre famille, personne ne lui avait jamais proposé rien de semblable. Son père et sa mère lui avaient clairement dit qu'ils n'avaient pas le temps de s'occuper de leur petite-fille.

Avant qu'Emily ait pu ajouter quelque chose, la porte s'ouvrit et Jake se dépêcha d'ôter son bras des épaules d'Emily, ayant l'impression que, tout à coup, ses jambes paraissaient incapables de le porter. Heureusement, le visage de Ben était tout souriant lorsqu'il leur fit signe d'entrer dans la salle du jury.

Le directeur général leur annonça tout de suite que leur candidature avait été acceptée.

— Nous avons été très favorablement impressionnés par le soin que vous avez apporté à votre argumentation et par la précision envisagée pour votre emploi du temps. Nous avons été également sensibles au fait que vous étiez d'accord pour faire quelques gardes supplémentaires si le besoin s'en faisait sentir. Par conséquent, nous allons demander à notre directeur des ressources humaines de rédiger vos contrats et nous sommes très heureux d'accueillir Mme Cardew dans notre équipe.

— Merci infiniment ! déclara Jake.

À côté de lui, Emily poursuivit, la voix tremblante d'émotion contenue :

— Merci, je suis très heureuse. Vous pouvez compter sur moi, j'assumerai ma charge de travail avec dévouement et toute la compétence dont je serai capable. Nous nous montrerons à la hauteur de la confiance que vous nous accordez.

Une fois hors de la salle, Emily attendit d'être dans le couloir pour lancer à voix mi-basse :

— *Yesss !* Ça a marché !

Jake se mit à rire.

— Espérons que nous ne le regretterons pas.

Il jeta un coup d'œil sur sa montre.

— Si nous allions manger quelque chose en vitesse avant que j'aille opérer ? Avant, je dois aussi faire ma visite, mais cela nous laisse une demi-heure.

— C'est largement suffisant pour un sandwich.

— Est-ce que tu pourras passer sans moi prendre les enfants

à la crèche et demander à Caitlin s'il serait possible que nous les y amenions régulièrement le mercredi ? Je pense qu'un jour par semaine loin de nous ne les privera pas trop de notre présence et cela nous donnerait beaucoup de souplesse.

— Pas de problème. Dépêchons-nous d'aller manger, je suis sur le point de tomber d'inanition. J'étais si stressée ce matin que je n'ai rien pu avaler au petit déjeuner.

— J'en suis au même point que toi. Nous fêterons dignement notre succès un peu plus tard.

Comme ils choisissaient un sandwich au café-restaurant de l'hôpital, l'une des serveuses sourit à Jake.

— Bonjour, docteur Stratton. Comment va votre petite fille ? J'étais tellement désolée pour elle !

Emily comprit que la jeune femme avait dû assister à l'abandon de Matilda dans ce lieu plein de monde où n'importe quoi aurait pu lui arriver si, par chance, Ben ne s'était pas trouvé là.

— Elle va très bien, Sue, merci. Nous avons réussi à nous organiser et elle s'adapte au mieux.

— Je suis ravie de ces bonnes nouvelles. Ce sera un cappuccino, comme d'habitude ?

— Oui, s'il vous plaît, plus un décaféiné.

Il ajouta une plaquette de chocolat sur le plateau et régla l'addition avant de rejoindre Emily qui s'était installée à une table dans le jardin. L'air incrédule, elle regardait autour d'elle.

— Quand je pense que Jo a laissé Matilda ici… Elle n'a vraiment rien dans la cervelle pour avoir fait une chose pareille !

— Je crois que si Ben ne s'était pas trouvé là, elle l'aurait amenée jusque dans mon service, mais elle a préféré éviter de me rencontrer. C'était plus confortable pour elle d'abandonner Matilda exactement comme elle le fait pour tout ce qui la dérange quand elle s'aperçoit que ce n'est pas à la hauteur de ce qu'elle espérait.

— Matilda n'est pas un paquet comme un autre !

— Nous sommes bien d'accord, mais c'est sa façon de faire.

Il laissa échapper un soupir désolé.

— Je me demande bien ce que j'ai pu lui trouver !

Emily eut un petit sourire de travers.

— Pas besoin d'être grand clerc pour comprendre ! Je l'ai vue en photo, elle est belle. Tu étais seul et elle était là, ça a suffi.

— Erreur, Emy. C'est *toi* qui es belle.

Jake avait parlé sur un ton si emphatique qu'Emily se sentit rougir, et Jake poursuivit de plus belle.

— Non seulement tu es magnifique, mais en plus tu es honnête, directe, aimable, attentionnée, capable de te sacrifier pour aider un ami...

— Arrête, Jake !

— Non, parce que c'est exactement ce que tu es en train de faire. Tu laisses tout pour moi. Tu te rends compte du témoignage d'amitié que cela représente ? Jamais Jo n'aurait fait une chose pareille. C'est vrai qu'elle est jolie, mais elle est incapable d'un engagement quel qu'il soit, même pas envers sa fille.

Emily soupira en haussant les épaules.

— Je suis désolée que ça n'ait pas marché entre vous deux.

— Tu n'y es pour rien. J'ai commis une énorme erreur de jugement, mais, grâce à toi, Matilda n'en subira pas les conséquences, et mon travail non plus. Je vois enfin la lumière au bout du tunnel. Et je le répète, tu es belle, Emy.

De plus en plus gênée, Emily baissa les yeux sur son sandwich.

— Qu'est-ce que tu préfères, poulet salade verte ou bacon tomate ?

— Si on partageait ?

Le même soir, sur le coup de 20 heures, on sonna chez Jake. C'était Ben, un grand sourire aux lèvres, un bouquet de fleurs dans une main et une bouteille de prosecco dans l'autre.

— Pour vous féliciter tous les deux de votre prestation de ce matin et souhaiter à Emily la bienvenue dans notre équipe.

Puis il embrassa sa nouvelle collègue sur les deux joues.

— Tu es sûr que ça n'est pas plutôt pour te faire pardonner de nous avoir retournés sur le gril comme tu l'as fait ce matin ? demanda Jake.

— Que veux-tu, c'était mon rôle ! Vous vous en êtes superbement sortis tous les deux. Je n'ai pas l'intention de m'attarder maintenant, je voulais juste marquer le coup et vous faire une commission de la part de Daisy. Si Emily a l'envie et le temps un de ces jours d'aller la retrouver avec les enfants pour passer un moment, elle sera enchantée.

— C'est une bonne idée, déclara Emily. J'ai déjà beaucoup entendu parler d'elle et j'ai hâte de faire sa connaissance.

— Elle sera ravie de cette réponse.

Après le départ de Ben, Jake considéra la bouteille puis Emily.

— On trinque à notre succès ?

Emily eut alors une pensée pour tout ce qu'elle abandonnait : son ancien poste, ses amis, sa maison… En fait, Jake était le seul ami qui ait jamais compté à ses yeux. Quant à sa maison, c'était aussi celle de Pete, et l'autre jour, quand elle y était retournée, elle s'y était sentie étrangère. Donc, il ne fallait rien dramatiser. Sa nouvelle vie commençait aujourd'hui, avec Jake, et en même temps, pas avec lui. C'était étrange… Lui aussi faisait des sacrifices pour elle, ils étaient donc quittes.

— Oui, bonne idée, trinquons à notre futur.

Lorsque Jake fit sauter le bouchon, elle décida de refermer la porte sur le passé une bonne fois pour toutes.

Jake occupa son temps libre à déménager ses affaires de la grande salle de bains à la salle de douche du rez-de-chaussée et à passer un coup de peinture fraîche sur les murs de la pièce qui allait devenir la chambre de Zach. Cela l'aidait à se sentir mieux face aux sacrifices auxquels Emily consentait pour lui.

— Tu n'as pas besoin de faire tout ça pour moi ! s'exclama-t-elle.

— Si. Il faut que Zach et toi, vous vous sentiez chez vous. Chez toi, tout est propre et neuf, ici, c'est le capharnaüm.

— Tu dis n'importe quoi ! Ici, il y a de hauts plafonds, des cheminées dans toutes les pièces et le charme particulier qui se dégage de ces vieilles maisons victoriennes.

— Si tu appelles « charme » les fuites dans le toit, les volets qui ferment mal et les portes qui grincent, alors, effectivement, cette maison est pleine de charme !

— Quel sinistre tableau tu fais de cette superbe demeure !

— Attends un peu l'hiver... Quand le vent du nord s'engouffre sous les portes et qu'on claque des dents.

— Nous mettrons de gros pulls et nous dormirons sous des couettes bien chaudes, voilà tout.

Des couettes bien chaudes ? Jake s'efforça de chasser de son esprit la perspective de se glisser avec Emily sous une couette bien chaude...

— Tu veux un coup de main pour te remonter le moral ? demanda Emily.

— Volontiers.

Ils finirent donc ensemble de peindre la chambre de Zach, et, pendant tout ce temps, Jake ne pouvait s'empêcher de penser que c'était Pete qui aurait dû avoir le bonheur de préparer la chambre pour son fils. Et celui de se glisser avec Emily sous une couette bien chaude...

La perspective de passer les mois à venir, peut-être les années, avec la femme d'un autre homme le troublait profondément. Emily était la seule femme qu'il ait jamais aimée, il acceptait de le reconnaître désormais. Que de temps perdu... Et voilà que, maintenant, ils allaient cohabiter sans vivre ensemble. Ce serait difficile. Plus difficile qu'il ne l'avait imaginé.

Une fois les contrats signés, ils passèrent la fin de semaine à déménager les affaires de Zach et d'Emily avant qu'elle ne prenne son poste le lundi suivant. Pendant que les deux petits jouaient avec les peluches de Zach et que Jake démontait le lit du petit garçon, Emily vida les placards de la cuisine. Lorsqu'elle découvrit les derniers sachets de thé vert qui avaient été la seule chose que Pete pouvait absorber les derniers temps, elle les pressa un moment sur son cœur. Il lui fallait être forte. Elle s'y efforçait, mais c'était difficile et cruel. En même temps, tout cela lui paraissait si lointain qu'il lui semblait se raconter la vie d'une autre personne.

— Tu t'en sors ? demanda Jake.

— Il faut encore que je rassemble mes vêtements.

Et ceux de Pete aussi..., prit-elle conscience brusquement.

C'était trop dur.

— Écoute, Jake, si tu voulais bien rentrer avec les enfants, je terminerais tranquillement avant de partir. Il y a des choses que je veux faire seule.

— Comme tu préfères. Je comprends que ce soit douloureux pour toi de mettre un terme à cette partie de ta vie.

Et, tout à coup, sans l'avoir prémédité, il saisit le menton d'Emily entre ses doigts, lui renversa légèrement la tête en arrière et déposa un baiser sur ses lèvres.

— Sois prudente, ma chérie.

— Toi aussi.

Une fois la porte refermée sur Jake et les enfants, Emily décida de tirer une bonne fois pour toutes le rideau sur ce qu'avait été sa vie avec Pete. Mais jamais, jamais elle ne s'était sentie aussi seule.

Elle resta encore plusieurs heures dans son ancienne maison et, à son retour, elle se jeta dans les bras de Jake.

Il lui laissa tout le temps nécessaire pour surmonter son émotion. C'était tout ce qu'il pouvait faire pour l'aider à franchir cette étape douloureuse. Lorsqu'elle s'écarta de lui, il demanda simplement :

— Ça va ?

— Oui, ça va. Ma voiture est pleine, mais la plus grosse partie va aller directement à des œuvres de bienfaisance. Ce sont les vêtements de Pete.

Elle se détourna aussitôt et monta voir Zach qui était déjà endormi.

Pendant ce temps, Jake mit la bouilloire à chauffer.

— Tu me fais du thé ? demanda-t-elle en descendant.

— Non, c'est pour faire cuire des pâtes fraîches que je te servirai avec des coquilles Saint-Jacques et un petit verre de chablis.

— Oh, merci !

— Ne me remercie pas. Tu as eu une journée très dure. Mettre tant d'années de sa vie derrière soi n'est pas une partie de plaisir. Alors, ne me remercie pas parce que je t'ai préparé un repas !

Des larmes montèrent aux yeux d'Emily.

— C'est vrai que c'était difficile, mais je dois aller de l'avant. Je ne veux plus regarder en arrière. Comme tu l'as dit l'autre jour, trinquons à notre futur. C'est tout ce qui nous reste.

Elle porta le verre à ses lèvres.

— Délicieux ! Cette fois, elle avait retrouvé son regard clair et son sourire.

— Merci d'avoir mis Zach au lit.

— Il s'est laissé faire sans problème et a même accepté un biberon de lait.

— Super... Tout ce qui me reste à faire maintenant, c'est d'aller m'acheter une jupe à ma taille et deux ou trois chemisiers pour être présentable à partir de lundi.

Le premier jour où ils commencèrent leur nouvel emploi du temps, ils déposèrent les enfants à la crèche le temps que Jake fasse les présentations aussi bien à l'équipe qu'à ses patientes hospitalisées.

Ils regardèrent ensemble les dossiers des patientes prévues pour la journée.

— Tu vas recevoir Briana Owen. Cette patiente souffre d'un prolapsus utérin. Je la traite depuis six semaines avec un pessaire à la progestérone, mais je vois qu'elle a pris rendez-vous aujourd'hui. Si tu as la moindre inquiétude à son sujet, appelle-moi, mais je suis sûr que tu sauras parfaitement ce qu'il faut faire pour l'aider à mener sa grossesse à terme.

Emily prit conscience à quel point le partage de son travail prouvait à quel point Jake lui faisait confiance. Plus que jamais, elle espérait se montrer à la hauteur. Heureusement, l'équipe à laquelle elle avait été présentée lui avait paru chaleureuse et toute disposée à la soutenir.

Liv, la sage-femme présente à la naissance de Zach, elle-même en congé de maternité, était venue avec son bébé pour la saluer.

— Bienvenue dans l'équipe ! Quand Nick m'a dit que vous commenciez aujourd'hui, je n'ai pas résisté à l'envie de venir vous souhaiter bonne chance.

— Merci, c'est très gentil de vous être dérangée avec... Quel est le nom de votre petite fille ?

— Isobel. Nous l'appelons Izzie.

— C'est ravissant !

— Je suis enchantée que vous vous joigniez à nous, car nous nous sommes beaucoup inquiétés pour Jake. Il s'est toujours débrouillé pour assurer son travail et s'occuper de Matilda quand c'était son tour de la garder, mais avec le départ de Jo...

— Tout est réglé maintenant, dit Emily. Je n'ai qu'une hâte, c'est que vous-même regagniez votre poste pour que nous puissions travailler ensemble.

À la fin de la journée, Emily avait reçu tous les patients prévus. Elle avait vérifié les résultats sanguins de l'une, organisé un scanner pour une autre, libéré deux patientes en soins postopératoires, tout cela sans avoir besoin de téléphoner à Jake.

Il ne lui restait plus qu'à recevoir Briana Owen, qui avait eu quelques inquiétudes pendant le week-end et demandait à être reçue par Jake.

— Le Dr Stratton ne travaille plus le lundi désormais, expliqua-t-elle, mais si vous tenez à ce que ce soit lui qui vous reçoive en consultation, vous pouvez venir le mercredi, cela ne pose aucun problème. Nous travaillons en alternance et en totale collaboration. Je lui transmets tous mes rapports de consultation et, inversement, il me transmet les siens. Mais dans la mesure où vous vous inquiétez, je pense qu'il vaudrait mieux que je vous examine aujourd'hui.

— C'est aussi mon avis. Je préfère ne pas attendre. J'ai éprouvé quelques élancements ce week-end et une douleur qui vient par intermittence, et cela m'angoisse.

Ce compte rendu n'augurait rien de bon. La patiente en était seulement à sa vingt-neuvième semaine de grossesse. Il était beaucoup trop tôt pour laisser le travail se déclencher.

— Je vais vous examiner et je ferai un frottis au cas où..., dit Emily avec un sourire rassurant. Ce n'est peut-être rien, mais avec l'utilisation d'un pessaire, une infection est toujours possible, ce qui expliquerait vos contractions. Je ferai aussi un test de fibronectine fœtale. C'est une protéine qui agit comme une sorte de colle et maintient le bébé en place dans l'utérus. S'il y a un problème, le test le révélera. Cela signifierait que vous entrez en travail, ce qu'il faut éviter actuellement.

— Est-ce que c'est douloureux ?

— Pas du tout. Nous pouvons le faire ici et vous aurez le résultat quelques minutes plus tard. Cela nous permettra d'ajuster notre stratégie pour que votre grossesse se poursuive dans les meilleures conditions. Est-ce que cela vous convient ?

— Parfaitement.

— Alors, allongez-vous sur la table d'examen, je n'en ai pas pour longtemps.

Quinze minutes plus tard, Emily avait le résultat de l'examen. Elle appela Jake.

— Je viens de voir Briana Owen et de lui faire un test de fibronectine fœtale. Je pense qu'il serait bon de l'hospitaliser et de la mettre sous hormones stéroïdes en attendant d'avoir le résultat du frottis. Les urines sont claires, donc il ne s'agit pas d'une infection du système urinaire.

— Parfait. Aïe… Tilly, ne me grimpe pas dessus ! Oui, fais-la hospitaliser et je la verrai dès demain matin. Une infection est susceptible de déclencher des contractions, donc donne-lui des hormones… Non, Tilly ! Descends de là. Tu peux la mettre aussi sous nifédipine pour arrêter les contractions, qu'est-ce que tu en penses ?

— C'est ce que j'allais faire. Au fait, comment ça se passe pour toi ?

Jake eut un rire un peu étranglé.

— Ça va bien, mais ça irait encore mieux si ma fille arrêtait de me piétiner à un endroit très sensible de ma personne !

Emily éclata de rire.

— Amuse-toi bien !

Puis elle retourna auprès de Briana pour lui annoncer qu'elle devait être hospitalisée.

Il était 18 heures largement passées lorsqu'elle rentra. Tout de suite, elle entendit les enfants jouer dans la baignoire et elle se débarrassa de ses chaussures puis se changea avant de les rejoindre dans la salle de bains.

— Emy, des bulles ! cria Matilda en l'apercevant.

Zach se mit à taper des mains sur l'eau, ce qui aspergea Jake et le sol plus que généreusement. D'ailleurs, à voir l'état du carrelage, ce n'était pas la première fois que cela se produisait.

— Comment s'est passée ta journée ? demanda-t-elle.

— Tilly, si tu racontais à Emy ce que nous avons fait ?

— Des bulles ! répéta Matilda, toute fière de sa production qu'elle répandit sur la tête de Zach.

— C'est du shampooing doux, expliqua Jake. Ça ne lui piquera pas les yeux. Allez, les enfants, c'est l'heure de sortir du bain !

— Non !

— Si vous voulez une histoire tout à l'heure, il faut sortir maintenant.

— Non !

— Oh que si !

Jake se pencha pour soulever la petite fille qui gigotait comme un diable pendant qu'Emily se chargeait de Zach, couvert de mousse des pieds à la tête.

En même temps, une vague de bonheur telle qu'elle n'en avait plus ressenti depuis longtemps montait en elle, chaude et enivrante.

6

Jake mit Matilda au lit et lui raconta une histoire. Puis une autre. Et encore une autre.

— Ça suffit maintenant, Tilly, c'est l'heure de dormir.

— Non.

— Si. Ton nounours a très sommeil, alors prends-le contre toi, dit Jake.

Embrassant sa fille sur le front, il remonta la couette sous son menton tandis qu'elle bâillait, luttant pour garder les yeux ouverts.

Elle plongea dans le sommeil avant qu'il ait atteint la porte de la chambre.

Comme Emily était encore occupée avec Zach, il descendit à la cuisine pour finir de préparer leur dîner. Il l'entendait chantonner pour son fils et cela lui donna le sentiment réconfortant qu'en dépit de la mort de Pete et de la défection de Jo, les enfants profitaient de cette famille de bric et de broc qu'ils avaient réussi à constituer et qui, contrairement à leurs prévisions initiales, avait l'air de vouloir fonctionner.

En effet, au lieu de se montrer jalouse de Zach, Matilda paraissait se réjouir de la présence du bébé. Jake appréciait lui aussi beaucoup cet enfant toujours souriant, si facile au quotidien. Bien sûr, il ne menait pas la vie de ses rêves, mais cela finirait bien par arriver. Pour l'instant au moins, l'important était que dure l'organisation qu'ils avaient réussi à mettre en place.

En entendant le plancher craquer au-dessus de lui, il comprit qu'Emily allait descendre le rejoindre et disposa les assiettes sur la table.

— Pas de problème avec Zach ? demanda-t-il en la voyant arriver.

— Aucun. Je craignais qu'il soit un peu crampon, mais pas du tout. Il s'est endormi très gentiment. Et toi, comment est-ce que tu t'es sorti de ta journée « père poule » ?

— Pas mal du tout. Tilly n'a pas fait de caprices et ils ont beaucoup joué tous les deux. J'espère que ça va durer !

Il posa deux verres sur la table et prit place en face d'Emily.

— Comment ça s'est passé à l'hôpital ? Et surtout, comment va Brie ?

— Disons qu'à défaut de se réjouir de son état de santé, elle est soulagée que je l'aie prise au sérieux.

— Moi aussi, je suis satisfait de ta décision. Je m'inquiétais pour elle. Elle t'a dit qu'elle a eu un zona il y a quelques semaines ?

— Oui, je l'ai vu dans son dossier. La malheureuse n'a vraiment pas de chance.

— C'est vrai. Son généraliste l'avait mise sous antibiotiques, ce qui n'a pas de conséquences sur le déroulement de sa grossesse, mais lui a causé du souci. Je pense que ce zona est dû au stress. Elle est folle d'angoisse à l'idée de faire une fausse couche.

— Je ne pense pas que cela risque d'arriver pour l'instant. Le col est encore bien fermé et j'ai effectivement senti une de ses contractions, mais elle n'était pas assez violente pour que l'on s'affole. Il s'agit certainement des contractions de Braxton-Hicks, ces fausses contractions qui affolent les futures mères, mais ne sont pas dangereuses pour autant. En revanche, étant donné le taux de fibronectine fœtale, je pense que ses chances d'arriver à terme sont réduites.

— Est-ce que tu le lui as dit ?

— Non, j'ai préféré te laisser le soin de le faire. Je lui ai expliqué que la nifédipine allait calmer ses contractions et que nous lui donnions des stéroïdes par précaution, afin de renforcer les poumons de son bébé. À part ça, je n'ai pas souhaité lui donner matière à s'inquiéter davantage qu'elle ne le fait déjà. Je lui ai dit que tu la verrais demain matin dès ton arrivée à l'hôpital.

— Parfait. C'est ce que je ferai. Est-ce qu'elle s'est montrée contrariée d'être reçue par toi plutôt que par moi ?

Emily haussa les épaules.

— Je ne sais pas vraiment. Je lui ai expliqué que nous assurions le poste à mi-temps l'un et l'autre et qu'elle pourrait continuer à te voir à la consultation du mercredi, mais elle n'a pas fait de commentaires.

Puis Emily commença à manger.

— Dis donc, c'est délicieux, ce poulet en sauce. Comment tu as fait ça ?

— J'aimerais bien te mentir, mais ça sort tout droit de chez le traiteur. Il m'a semblé que nous n'aurions pas le temps de réellement cuisiner et j'ai préféré nous simplifier la vie. Mais cette fois, j'ai pensé à mettre le minuteur en marche. Je fais des progrès, tu vois !

Emily se mit à rire de bon cœur.

— Il était temps ! Est-ce que tu as prévu du dessert ?

— Oui, ma chère. Il y a même du vin si tu le souhaites.

— Non, merci. Tu travailles demain, donc tu ne vas pas en prendre et je ne veux pas boire seule.

— Comme tu voudras. Pour en terminer avec ta journée, tu es plutôt contente ?

— Tout à fait. De plus, j'ai vu Liv et sa petite fille. Tu te rends compte, elle se souvenait même du prénom de Zach !

— Ça ne m'étonne pas, Liv est une femme extraordinaire. Aussi bien professionnellement qu'humainement... Tout le monde l'adore. Elle forme un couple très sympa avec Nick.

— Tu ne penses pas que nous pourrions les inviter à dîner un de ces soirs ?

— Excellente idée. Il y a plein de gens que je souhaiterais recevoir à la maison, des personnes qui ont été très bienveillantes à mon égard depuis que j'ai pris ce poste. En particulier, Daisy et Ben. Nous pourrions les inviter tous les quatre, qu'est-ce que tu en dis ?

— Hum... J'ai un peu peur que vous trois vous mettiez à parler boulot.

— Et tu n'as pas peur que ce soit la même chose de votre côté, les filles ? Liv est sage-femme et Daisy est gynéco comme toi.

— Ah bon, je ne savais pas... Pourquoi Ben n'a-t-il pas fait appel à elle quand il a cherché quelqu'un pour compléter son équipe ?

Jake avala sa dernière bouchée de poulet.

— Il le lui a proposé, mais elle a refusé. Ils ont quatre jeunes enfants et je pense qu'elle préfère rester chez elle pour s'occuper d'eux.

— Je comprends ça, mais en même temps je t'assure que malgré la fatigue, j'ai été enchantée de travailler aujourd'hui, d'utiliser mon cerveau, de voir des adultes, de me retrouver dans un environnement professionnel. J'ignorais à quel point tout cela me manquait.

— Quel plaisir de t'entendre dire ça ! Je craignais que tu rencontres des difficultés et que cela te décourage de continuer.

Emily ouvrit des yeux ronds.

— Me décourager ? Certainement pas ! Tu peux dormir sur tes deux oreilles.

Jake lui adressa un sourire soulagé.

— Si j'allais chercher le dessert pour fêter ça ? Une tarte Tatin, ça te plaît ?

— Et comment ! Apporte-la dans le salon, nous la mangerons devant la télévision.

Le lendemain matin, Emily entendit Jake descendre dans la cuisine sur le coup de 6 heures. Elle le rejoignit et eut la surprise de le découvrir alors qu'il remontait de la douche du bas, les cheveux humides, une serviette de bain enroulée autour des reins, lui offrant ainsi le spectacle de sa superbe musculature.

Assez gênée, elle s'efforça de plaisanter de la situation.

— Tu essaies de m'impressionner de bon matin ?

— Désolé, je pensais avoir le temps d'aller m'habiller avant que tu te lèves.

— Tu pars bientôt ?

— Oui, je souhaite passer voir Brie Owen. Tu veux bien lancer le café ?

— Avec plaisir.

Jake disparut aussitôt et entendre l'escalier grincer sous ses pas ne suffit pas à chasser de son esprit l'image qui venait de la troubler. Certes, Jake avait pris un peu de poids depuis le jour où elle l'avait trouvé nu, attaché par des menottes à la grille du jardin de la fac, c'était bien normal, mais la découverte imprévue de son corps d'adulte avait déclenché en elle une réponse sensuelle qu'elle n'attendait pas.

C'était quelque chose de viscéral, un nœud de désir au creux de son ventre, une envie irrésistible de se rapprocher de lui… Mais cela n'arriverait jamais. Jamais ! Trop de choses étaient en jeu. Elle avait laissé passer sa chance le soir du mariage de Kat, quand ils s'étaient trouvés à deux doigts de faire l'amour. Le message de Pete les avait interrompus et coupés dans leur élan. Ensuite, elle ne s'était pas senti le courage d'abandonner Pete alors qu'il allait avoir tellement besoin d'elle pour lutter contre la maladie, mais cette décision ne l'avait pas aveuglée pour autant.

Les mains pressées sur les tempes, elle s'efforça de recouvrer son calme. Jake était son ami, pas son amant, et certainement pas un homme avec qui elle pourrait vivre une aventure d'une nuit. Pourtant, le souvenir du désir brûlant qu'elle avait éprouvé ce jour-là venait de renaître en elle, dérangeant, bouleversant.

Lorsque Jake revint dans la cuisine, elle ne put se résoudre à croiser son regard.

— Appelle-moi quand tu auras vu Brie.

— OK. Merci pour le café !

Une fois la porte d'entrée refermée sur lui, elle se posta à la fenêtre et le vit marcher d'un pas rapide en direction de l'hôpital. Une fois qu'il eut tourné au coin de la rue, elle monta dans la chambre de Jake, se jeta sur son lit et mit son visage dans l'oreiller pour étouffer un cri de frustration.

Quelle erreur ! Le parfum de Jake y flottait encore… Pour ne pas céder à son envie de s'enfouir entre les draps encore tièdes, elle retourna à la cuisine boire un café bien fort.

Leur arrangement devait rester platonique. Aucun d'entre eux n'avait intérêt à ce qu'elle perde la tête. Elle avait failli le faire quinze ans auparavant, et cela ne se reproduirait pas.

À aucun prix.

Le soir, en redescendant de sa chambre après avoir ôté sa tenue de travail, Jake s'avança vers Emily qui se tenait près de l'évier.

— Tu as fait mon lit ce matin ?

— Oui. J'ai changé tes draps. Il m'a semblé qu'il était temps que je fasse quelque chose d'utile dans la maison.

« Quelque chose d'utile » ? Ayant lui-même changé ses draps deux jours plus tôt, Jake se posait des questions. Mais à quoi bon chercher à comprendre ? Il la remercia donc et commença à essuyer la vaisselle qu'elle venait de laver.

— Comment s'est passée ta journée avec les enfants ? demanda-t-il.

— Très bien. Nous sommes allés nous promener et, en rentrant, nous avons fait un gâteau.

— Vous m'en avez gardé un peu, j'espère ?

— Évidemment. Mais tu l'auras au dessert. Je ne veux pas que tu te coupes l'appétit parce que j'ai préparé un curry d'agneau. Dis-moi plutôt comment tu as trouvé Brie ?

— Pas mal. Elle a effectivement une infection, ce qui fait que je l'ai gardée hospitalisée. Je l'ai mise sous clindamycine et elle continue à prendre de la nifédipine contre les contractions. Tu la verras demain matin et tu me diras comment évolue son état.

— Pas de problème.

Au cours de la soirée, par une sorte d'accord tacite, ils se dispensèrent de leurs habituelles taquineries. Jake, d'ordinaire si porté aux gestes spontanés, paraissait se retenir de la toucher, et même de l'approcher, alors qu'au cours des semaines précédentes, il l'avait souvent prise affectueusement dans ses bras. Ce soir, on aurait dit qu'il sentait que chacun devait garder ses distances, songea Emily.

Pourtant, sur le palier, au moment où chacun regagnait sa chambre, il l'embrassa sur la joue.

— Dors bien…

Emily le regarda refermer sa porte derrière lui. Peut-être un peu plus brutalement qu'il ne le faisait d'habitude ?

Elle avait dû l'imaginer. Certainement, car, le lendemain matin, tout revint à la normale. Dieu merci, le *statu quo* était restauré.

Ce mercredi matin, Emily rejoignit Jake en salle de travail après avoir déposé les enfants à la crèche. Comme les fois précédentes il n'y avait pas eu de problème, et elle avait cru le temps des difficultés révolu. Erreur ! Zach avait refusé de la lâcher et Matilda avait piqué une des spectaculaires colères dont elle avait le secret, se roulant sur le sol en hurlant comme une possédée.

Caitlin avait poussé Emily vers la porte.

— Tout ira bien, avait-elle dit d'une voix ferme.

Elle avait obéi, mais l'image de son fils en larmes la bouleversait. Quand elle retrouva Jake, elle avait les yeux rouges.

— Emy, ça va ?

— Pas vraiment... Les enfants ne voulaient pas rester à la crèche ce matin. J'ai encore les oreilles pleines de leurs cris.

— Ne t'inquiète pas, je suis sûr que tout est arrangé et que Caitlin va bientôt t'envoyer un texto rassurant.

Texto qui arriva dans les minutes qui suivirent, et qui permit à Emily de commencer sa tournée de visites d'un cœur plus léger pendant que Jake gagnait la salle d'opération.

À la mi-journée, ils se retrouvèrent auprès de Briana Owen qu'ils autorisèrent à sortir car ses contractions avaient complètement cessé. Ensuite, chacun continua de son côté. Jake avait prévu de rester à l'hôpital ce soir-là pour effectuer la garde de nuit qui devait normalement échoir à Emily.

— Je préfère assumer cette garde que de devoir donner un biberon de lait à un Zach en larmes à 3 heures du matin parce qu'il réclame sa maman, dit-il à Emily.

— Ça ne lui arrive pas souvent, répliqua Emily, gênée que Jake se charge de la nuit prévue pour elle.

Il lui sourit.

— Si, je suis bien placé pour le savoir !

Emily se sentit coupable d'apprendre ainsi que les pleurs de son fils avaient parfois réveillé Jake.

— Je suis désolée...

— Il n'y a pas de raison. Zach est encore un bébé, ça lui passera. Et je t'en prie, pas d'excuse ! C'est un petit garçon adorable toute la journée.

— Mais un vrai cauchemar la nuit, n'est-ce pas ?

— N'exagère pas. De toute façon, personne n'est parfait ! répliqua Jake en riant.

Puis il lui tapota la joue et elle s'éloigna, le sourire aux lèvres.

— Tu me parais de bien bonne humeur, dit Ben qui la croisa à ce moment-là. Tout se passe bien ?

— Oh ! Ben, bonjour ! Oui, tout va bien. Jusqu'à présent, aucune patiente n'a fait de scandale en étant reçue par moi plutôt que par Jake.

— Parfait. Écoute, puisque je te rencontre, j'en profite pour te dire que Daisy a envie de vous inviter à dîner Jake et toi. Parle-lui-en et dis-moi quel jour vous convient.

— Hier soir justement, Jake et moi nous disions que nous aimerions vous avoir à la maison avec Liv et Nick. Étant donné que nous n'avons pas encore de baby-sitter, Zach et Tilly risquent d'être assez déboussolés de rester avec une inconnue. Ce serait plus facile que ce soit vous qui veniez chez nous.

Chez nous ?

Pourquoi n'avait-elle pas dit « chez Jake » ?

— Pas de problème, dit Ben. Tiens-nous au courant de la date quand tu auras parlé à Liv et à Nick. Je file vite car je dois encore admettre quelques patientes et faire la visite du soir avant de partir. À bientôt !

Jake rentra très tard, ce soir-là. Vraiment très tard. Il y avait eu trois admissions en urgence et il était resté en salle d'opération jusqu'à 23 heures.

À son retour, Emily somnolait sur le canapé et elle ouvrit les yeux quand il se laissa tomber à côté d'elle pour retirer ses chaussures avant de pousser un énorme soupir.

— Comment s'est passée ta soirée ?

— Très bien. Les enfants ont accepté de se mettre au lit sans faire d'histoires. Tu as dîné ?

— Non, mais je suis trop fatigué pour avoir faim.

— Quelle blague ! Reste assis, je réchauffe ton repas et je te l'apporte ici.

Jake la regarda partir vers la cuisine. Le spectacle de ses hanches rondes moulées dans son pantalon d'intérieur provoqua chez lui le résultat habituel. Il était sans doute moins fatigué qu'il le pensait...

Finalement, il décida de rejoindre Emily dans la cuisine. Tout en plantant sa fourchette dans sa portion de lasagnes, il étira son cou en grimaçant.

— Tu as un torticolis ? demanda Emily.

— Un début. Je suis resté trop longtemps penché sur la table d'opération pour enrayer une hémorragie.

Emily hocha la tête.

— Je trouve que nous devrions partager les gardes de nuit.

— Non, ça va aller. La sage-femme de garde est très compétente. Il y a toutes les chances pour que je ne sois pas obligé de retourner à l'hôpital.

Il racla son assiette avec sa fourchette en esquissant une petite grimace.

— Attends, dit Emily qui se posta derrière lui.

Il sentit la chaleur de son ventre contre ses épaules, la pression de ses seins contre sa tête et la force de ses pouces dans les muscles de ses épaules.

— Aïe ! Tu me fais mal... Non, tu me fais du bien... Aïe ! J'avais oublié comme tu es douée pour les massages.

— Tu te sens mieux ? demanda Emily au bout d'un moment.

— Oui, beaucoup mieux. Merci !

— Alors, va vite te mettre au lit puisque personne n'a besoin de toi.

— Non, la sage-femme va m'appeler et ce sera pire d'avoir à me lever.

— Et si elle ne t'appelle pas ? Ne sois pas stupide, Jake ! Va dormir un peu.

À cet instant-là, il sentit son téléphone vibrer dans sa poche et décrocha pour répondre.

— Kath ? Tu as besoin de moi ?

— Pas du tout. Notre patiente s'est levée, a marché un moment, ce qui a suffi pour déplacer le bébé. Nous venons d'accueillir un superbe petit garçon, donc tu peux aller te coucher.

— Quelle bonne nouvelle, Kath. Merci mille fois de m'avoir prévenu.

Il rangea son téléphone.

— Ouf ! Je peux aller dormir, Emy !

— Va vite te coucher avant qu'une autre urgence ne survienne.

— Merci pour tout, Emy, le repas et le massage. Tu es un amour.

Comme elle se penchait pour l'embrasser sur la joue, il l'attira contre lui et appuya un instant son visage contre elle, heureux de se laisser griser par son parfum, trop faible pour la repousser. Ce fut Emily qui l'écarta d'elle.

— File au lit, Jake ! Tu dors debout !

Alors qu'il se levait, Jake retint la tête d'Emily et chercha sa bouche. Elle entrouvrit les lèvres pour lui offrir toute la douceur que sa langue recherchait.

Très vite, pourtant, elle fit un pas en arrière.

— Non, Jake... Nous ne pouvons pas faire ça.

— Pourquoi ?

— Parce que c'est une mauvaise idée, tu le sais aussi bien que moi. Allez, tu as besoin de te reposer. Tu es debout depuis l'aube et tu es ivre de fatigue.

De fatigue, vraiment ? N'était-il pas plutôt ivre du désir de reprendre la bouche d'Emily, de sentir la douceur de son corps épanoui et de la promesse de tout ce qu'il recélait ?

Il laissa retomber ses bras.

— Tu as raison, Em. Je ne sais pas ce qui m'a pris. Allez, va te coucher toi aussi.

Il la regarda se diriger vers l'escalier, respirant le parfum flottant dans son sillage. Comme ce serait bon de la suivre, de se glisser entre les draps à côté d'elle...

Défense de perdre la tête !, se dit-il.

Il partit prendre une douche avant de gagner son propre lit, persuadé qu'il ne réussirait pas à s'endormir tant il gardait imprimée dans ses narines la douce senteur qui lui mettait les sens en feu.

Mais à peine le drap remonté sur son corps, il bascula dans un sommeil sans rêves.

7

Il n'y eut pas d'autre appel cette nuit-là, et le matin, Emily s'arrangea pour quitter la maison sans le réveiller. Elle laissa un mot posé à côté de la bouilloire lui demandant de l'appeler s'il voulait quelque chose en particulier.

Elle venait d'arriver dans le service lorsque son téléphone sonna.

— Emy, tout va bien ?

— Oui, parfaitement. Je t'appellerai si j'ai le moindre souci.

— Emy...

— Oui ?

— Emy, je suis désolé pour ce qui s'est passé hier soir. Je ne savais pas ce que je faisais...

Elle ne le savait pas davantage. Mais, depuis, elle n'avait cessé de penser à ce moment de griserie et à ce qu'ils auraient pu faire ensuite. Pourquoi sa tête lui disait-elle que c'était une mauvaise idée alors que son corps lui affirmait le contraire ?

— Jake, ce n'est rien. N'y pense plus. Moi, j'ai déjà oublié.

Il n'avait pas besoin de connaître la vérité.

— Tu es sûre ?

— Complètement. Allez, tourne la page. Je t'appellerai si j'ai besoin de toi.

Elle rangea son téléphone et finit de boutonner sa blouse avant de partir d'un pas décidé vers la salle de consultation.

Le reste de la journée se déroula sans problème. Elle commençait à bien connaître l'équipe et une routine sécurisante s'instaurait peu à peu.

Entre deux visites, elle appela Jake pour se faire confirmer le traitement d'une patiente atteinte d'épilepsie, demeurant dans le registre strictement professionnel, et à la fin de la journée, une fois tous ses rapports rédigés, elle avait réussi à se persuader que l'incident de la veille n'était qu'une anomalie passagère et que tout allait reprendre normalement.

Par chance, le travail ne présenta ce jour-là aucune difficulté particulière. Il y eut une naissance par forceps, une césarienne pour une femme trop épuisée pour continuer le travail et une suspicion d'appendicite pour un cas qui se révéla être une rupture de grossesse extra-utérine. Elle signa la sortie de trois patientes qui avaient subi une césarienne, remplit un tas impressionnant de paperasserie et, à son retour, trouva Jake assis sur le canapé du salon en train de faire sauter les deux petits sur ses cuisses.

— Salut, Emy ! La cavalerie est là pour t'accueillir.

Ils avaient l'air tous les trois tellement réjouis qu'elle sortit son téléphone pour prendre une photo.

— En voilà une qui figurera dans l'album de famille ! dit-elle en riant.

C'est en croisant le regard surpris de Jake qu'elle prit conscience de ce qu'elle venait de dire.

— Euh... Ce n'est pas ce que je voulais dire...

— Quelle importance ? C'était sympa comme idée.

En effet. Très sympa. Aussi bon que leur baiser. Dommage que ce soit trop beau pour être vrai.

Jake se demanda s'il fallait voir dans les mots qu'Emily venait de prononcer un simple lapsus ou y chercher un sens plus profond. Il ne savait pas trop, mais, entre ces mots et le baiser de la veille, il avait du mal à garder son sang-froid.

— Tiens, prends ton fils. Je vais monter mettre Matilda au lit.

La petite s'arrêta net de jouer.

— Non, pas toi ! Emy.

Très surpris, Jake regarda sa fille.

— Non, Tilly, elle est fatiguée. Elle rentre à peine du travail et il faut qu'elle couche Zach.

Matilda jeta un regard suppliant en direction d'Emily.

— Veux Emy !

Emily s'approcha du canapé.

— Écoute, Jake, je peux très bien les mettre au lit tous les deux.

— Comme tu voudras. Je vais m'occuper du dîner.

— Tu veux dire que tu vas réchauffer ce que tu as pris chez le traiteur en revenant de promenade, n'est-ce pas ? demanda-t-elle pour le taquiner.

— Désolé de te contredire ! Ce soir, tu vas goûter à quelque chose de ma fabrication.

Pendant qu'il coupait les carottes et les courgettes qu'il avait achetées pour préparer un sauté de légumes, il entendit Emily raconter une histoire puis chanter une berceuse...

Une photo pour l'album de famille ?

Il devait rêver...

Le lendemain matin, après avoir habillé les enfants et les avoir fait déjeuner, Emily leur demanda ce qu'ils aimeraient faire.

— Veux canards ! répondit aussitôt Matilda.

— Très bien, dit Emily qui prépara aussi seaux et pelles pour le moment qu'ils passeraient ensuite dans le jardin public.

Une fois au bord de l'étang, Emily découvrit une nichée de petits canards nés sans doute à peine quelques jours plus tôt.

— Oh ! Regarde, Tilly ! On s'amuse à les compter ? Un, deux, trois...

— Cinq, neuf, deux...

Bon, le système de comptage de Tilly n'était pas encore tout à fait au point, mais elle était ravie d'essayer. Accroupie, elle les observait avec attention tandis que Zach frappait dans ses mains de plaisir.

Le bruit d'une poussette qui arrivait près d'eux la fit se retourner.

— Bonjour, Emily.

Elle sourit à la jeune femme brune, très jolie, qui venait de l'appeler par son nom. Dans la poussette se trouvait un bébé un peu plus jeune que Zach.

— Je suis Daisy Walker, dit cette dernière en tendant la main.

— Oh ! Comment avez-vous...

— C'est à cause de la poussette double ! Je la reconnaîtrais entre mille. Et je connais Matilda. Je suis très contente de vous rencontrer car j'ai déjà beaucoup entendu parler de vous. En bien ! ajouta-t-elle en riant.

— Moi aussi, je suis ravie de faire votre connaissance.

— Vous savez que Ben vous trouve très courageuse ? Il a essayé de me faire reprendre le travail, mais j'ai refusé car j'ai trop de plaisir à m'occuper de Harry.

Daisy se pencha vers la poussette pour découvrir Zach.

— Quel joli petit garçon ! Comme il a de beaux yeux bleus !

— Ce sont ceux de son père, répondit Emily. Il a aussi hérité de son bon caractère, ce qui est une chance puisque Jake le garde deux jours par semaine.

— Je comprends que cela facilite bien les choses. Florence, la fille que Ben a eue de son premier mariage, passe beaucoup de temps avec nous. Elle a beau être adorable, Ben a trouvé bien difficile d'être parent célibataire. Ce n'est pas simple non plus pour l'enfant. Je pense que c'est pour cette raison qu'il avait tellement à cœur de vous aider pour l'obtention de votre partage de poste.

— C'est vrai que cette organisation règle bien des problèmes, dit Emily.

— Si vous n'avez pas de plan plus précis pour la journée, passez donc tout à l'heure à la maison prendre un café. J'habite juste au coin de votre rue. Liv doit venir avec Isobel vers 10 h 30. Ce serait sympa de passer un moment ensemble.

Emily sentait les larmes lui monter aux yeux. Que de gentillesse ! Cette main tendue lui faisait comprendre à quel point ses anciens amis et collègues lui avaient manqué. Elle les avait à peine revus pendant son congé de maternité.

Est-ce que le moment était venu de créer de nouveaux liens amicaux ?

— Merci, Daisy. J'accepte avec grand plaisir.

Ben et Daisy vivaient eux aussi dans une grande maison de style victorien, comme celle de Jake. Mais, à la différence de cette dernière, on y remarquait sans peine qu'elle était occupée par une grande famille. Plusieurs dessins d'enfants, maladroits et émouvants, étaient tenus par des aimants sur un énorme réfrigérateur, une petite chaussette trônait au milieu de l'escalier, des jouets traînaient sur le canapé... Emily fut séduite par l'ambiance chaleureuse et décontractée.

Le moment passé avec Daisy et Liv fut fort agréable aussi. Tilly joua avec Henrietta, la petite fille de Daisy, tandis que les bébés rampaient sur la moquette.

— Si nous parlions de notre projet de dîner ensemble ? dit Daisy.

— Bien volontiers, répliqua Emily. Comme je l'ai expliqué à Ben, ce serait plus facile pour nous que ce soit vous qui veniez à la maison.

— Tout à fait d'accord, intervint Liv. Je suggère que vous prépariez le plat principal et que Daisy et moi, nous nous chargions de l'entrée et du dessert. Ça vous convient comme ça ?

— À merveille ! répliqua Emily.

— J'apporterai un plateau de fromage et le dessert, déclara Daisy. Une préférence ?

— Chocolat ! s'exclamèrent en même temps Liv et Emily.

Toutes les trois se mirent à rire puis reprirent une tranche du délicieux cake aux pommes de Daisy avant de se séparer un peu plus tard, enchantées les unes des autres.

— Merci infiniment, dit Emily en partant. Je ne connais personne à Yoxburgh et j'avoue que, parfois, la solitude me pèse.

— Voilà qui ne va pas durer, répliqua Daisy. Il y a beaucoup de jeunes femmes par ici et nous nous réunissons souvent. Vous viendrez participer à nos rencontres parce que, même si toutes nous adorons nos enfants, nous sommes bien contentes de passer un après-midi en compagnie d'adultes.

— Avec grand plaisir. Maintenant, je me dépêche de rentrer faire déjeuner les enfants et les mettre au lit pour la sieste.

Le soir, Jake fit à Emily le compte rendu de sa journée.

— J'ai eu un cas intéressant aujourd'hui. Le premier accouchement de cette patiente ne s'est pas bien déroulé et elle a dû subir une césarienne en urgence. Cette fois, elle a d'emblée renoncé à accoucher par voie basse. Pour éviter le traumatisme de la fois précédente, elle demande une césarienne peau à peau. Je l'ai prévue pour mercredi prochain parce qu'il m'a semblé que tu aimerais être présente.

— Quelle bonne idée ! Depuis le temps que j'entends parler de ce type d'interventions, je n'en ai encore jamais vu aucune. Tu en as déjà fait beaucoup ?

— Quelques-unes. En fait, c'est presque comme une naissance naturelle. Les parents peuvent voir leur enfant émerger doucement et ils découvrent son sexe, et comme pour une naissance par voie basse, nous attendons un peu avant de couper le cordon. Nous posons le bébé sur la poitrine de sa mère et beaucoup d'entre eux commencent tout de suite à chercher le sein. Les parents apprécient beaucoup ce type de césarienne, surtout lorsqu'ils ont eu auparavant un accouchement traumatisant.

— Dans l'hôpital où je travaillais précédemment, on ne pratiquait pas ce genre d'interventions. Tu imagines combien j'ai hâte de le découvrir.

— Ben n'hésite pas à innover, dans quelque domaine que ce soit. Au fait, il paraît que tu as passé une partie de la journée avec Daisy ?

— Oui, et franchement c'était très agréable.

— Voilà qui me fait plaisir. Je m'inquiétais à l'idée que tu n'avais pas d'amis par ici.

— Eh bien, ne te fais plus de souci. Je suis sûre que je vais faire de nombreuses connaissances grâce à Daisy.

— Tu veux déjeuner avec moi ?

— Non, merci. J'ai déjà mangé beaucoup trop de gâteau chez Daisy. Je n'ai pas envie de ressembler à une baleine.

Sur ce point, Jake n'avait aucune inquiétude. Après la mort de Pete, Emily avait perdu beaucoup de poids et c'était à peine maintenant qu'elle revenait à la normale. Certes, elle avait quelques rondeurs, mais des rondeurs de bonne santé. D'ailleurs, moins il pensait à ces rondeurs-là, mieux il se portait ! Il se leva donc pour ranger son assiette dans le lave-vaisselle.

Le matin suivant, Emily annonça qu'elle allait amener Zach voir les parents de Pete pour le week-end, ce qui laissa Jake en tête à tête avec Matilda.

Après tout, cette situation avait été la sienne quand Jo était encore dans la région, mais il avait beau faire tout ce qu'il faisait habituellement, il se sentait désemparé, comme s'il lui manquait quelque chose. Ce qui était complètement ridicule, ne cessait-il de se dire en regardant les aiguilles de la pendule bouger à la vitesse d'un escargot.

Quand enfin Emily et Zach furent de retour, Tilly se jeta sur Emily pour lui faire un gros câlin et Zach tendit les bras vers lui.

— Pa… pa… papa…, ne cessait-il de répéter en agitant ses petites mains.

Jake leva les yeux vers Emily, stupéfaite par la réaction de son fils. Mais Zach insistait, tendait les bras et continuait de plus belle :

— Pa… papa…

Tant et si bien que Jake ne put faire autrement que de se pencher vers lui et de le prendre dans ses bras. Aussitôt, le petit nicha le visage contre son torse.

— Emy… Je suis désolé, murmura-t-il.

— C'est le premier mot qu'il prononce.

Elle se détourna, incapable d'en dire davantage, mais Jake tendit son bras libre pour l'attirer contre lui. Ce que voyant, Matilda vint se lover contre leurs jambes.

Et voilà une autre photo pour l'album de famille…, pensa Jake.

Bien sûr, il n'y avait personne pour prendre celle-ci, mais le souvenir du tableau qu'ils constituaient resterait à jamais imprimé dans sa mémoire.

— Alors, mon bonhomme, tu as passé un bon week-end chez mamie et papy ?

— Pa… pa…, répéta Zach en lui attrapant la joue.

— Hé, doucement ! Tu me pinces trop fort !

Puis, se tournant vers Emily :

— Tout va bien ? Tu me parais bouleversée.

— Oui, c'est vrai. Nous sommes passés à côté d'un accident survenu sur l'A14. Les sauveteurs étaient déjà arrivés sur les lieux, mais ça avait l'air assez grave. Je suis contente que nous soyons de retour sains et saufs.

Elle se tut un instant avant d'ajouter :

— Jake, je voudrais te parler tout à l'heure.

— Oui, bien sûr. J'allais faire dîner Tilly, veux-tu que je m'occupe de Zach en même temps ?

— Volontiers. J'en profiterai pour lancer une machine de linge.

Que se passait-il donc ? Emily n'était pas elle-même.

Jake avait préparé une tourte avec le reste du poulet et, une fois les enfants au lit, il en déposa une part devant Emily qui n'y toucha guère. Le spectacle de l'accident continuait à la hanter. À cela s'ajoutait la petite voix de Zach répétant : « Pa... papa... » tandis qu'il tendait les bras vers Jake.

Elle reposa fourchette et couteau de part et d'autre de son assiette. Non, vraiment, elle ne pouvait rien avaler.

— Qu'est-ce que tu as ? demanda Jake d'une voix douce.

— Je... j'ai pensé aux enfants. J'ai vu les parents de Pete avec plaisir. Ils sont toujours aussi accueillants et généreux, mais ils se font vieux. Jake, cet accident m'a rappelé que des choses terribles pouvaient se produire, et je me fais du souci pour les petits. Que se passera-t-il s'il arrive quelque chose à l'un de nous ? Jo t'a abandonné Matilda et tu ne sais même pas où elle se trouve. Qui s'occupera de Tilly si tu meurs ? Et qui prendra soin de Zach si c'est moi qui meurs ? Les parents de Pete le prendraient en charge sans hésiter, j'en suis sûre, mais ils sont âgés. Sa mère a de l'arthrite et son père a eu un triple pontage. Ils étaient épuisés à la fin de notre visite. Tu imagines leur état de santé dans une dizaine d'années quand Zach sera adolescent !

— Je comprends... On se dit souvent que ce genre de catastrophe n'arrive qu'aux autres, mais c'est faux. Je ne peux pas compter sur mes parents. Ils étaient déjà âgés à ma naissance et, depuis, ils se sont coupés de mon frère et de moi. Ils ne connaissent même pas Tilly !

— Alors ?

— Alors... Je ne sais pas... J'ai de bons amis, mais la seule personne à qui je souhaite confier Tilly, c'est toi, si ce n'est pas trop te demander.

— Non, surtout si je te demande la même chose pour Zach.

— Tu m'accorderais cette confiance ?

— Bien sûr ! C'est bien ce que je fais déjà, non ? Et c'est bien moi qui m'occupe de Matilda quand tu es absent ?

— Très juste, mais est-ce que tu as une idée de la procédure ? s'enquit Jake.

Emily haussa les épaules d'un air découragé.

— Non, aucune. Il nous faudrait demander conseil à un notaire pour que les choses soient en règle du point de vue de la loi. Tu connais le fonctionnement d'une garde légale ? Est-ce que c'est possible de me désigner comme tutrice de Matilda tant que Jo est en vie ?

— Je n'en ai pas la moindre idée, mais tu as raison, il nous faut nous renseigner et rédiger un testament qui fournisse toute la protection nécessaire à nos enfants. Je dis bien « nos » enfants. Tu avais tout à fait raison quand tu as pris cette photo parce que, même si notre situation n'est pas conventionnelle, j'ai le sentiment que nous formons une vraie famille.

Lorsqu'il se tut, Emily sentit ses yeux se remplir de larmes.

— Dès demain, je prendrai rendez-vous chez un notaire, reprit Jake. Tu as raison, plus tôt notre arrangement sera déclaré légalement, plus vite nous serons tranquilles sur l'avenir.

La journée du lundi fut très occupée entre les accouchements et les visites des futures mères.

Brie Owen se présenta pour un contrôle de routine. Son état s'était stabilisé, ce qui soulagea Emily d'un gros souci. Elle fit tout de suite part de cette bonne nouvelle à Jake. Brie avait atteint les trente semaines de grossesse, une date marqueur qui permettait l'optimisme.

Jake la rappela pour la remercier et lui annoncer qu'il avait pris un rendez-vous chez un notaire le jeudi à 16 heures.

Après une dernière visite, Emily rentra chez Jake qu'elle trouva occupé à coucher les enfants après leur avoir donné un bain.

— Emy ! s'écria Matilda en descendant l'escalier au grand galop pour se jeter dans ses bras.

Comme Zach s'agitait dans les bras de Jake, elle se hâta de le rejoindre pour le prendre lui aussi contre elle.

— Quel accueil merveilleux ! dit-elle avec un sourire ravi.

— Tilly t'a réclamée je ne sais combien de fois dans la journée, déclara Jake. À croire que je ne compte plus pour elle !

Ses yeux pétillaient d'une bonne humeur qui fit chaud au cœur d'Emily. Zach s'accrochait au cou de Jake en répétant : « Pa... papa... »

— Et maman ? dit-elle. Tu l'as oubliée ?

Jake retira Matilda des bras d'Emily et lui rendit Zach, non sans avoir déposé un baiser sur ses cheveux blonds. Sa tendresse pour le petit garçon était si évidente qu'une fois de plus, Emily sentit son cœur se gonfler de bonheur.

— Allez, au dodo ! dit-elle en emmenant son fils dans sa chambre, dont elle se dépêcha de refermer la porte pour éviter de fondre en larmes devant Jake.

Ce soir-là, après un dîner rapide, Jake disparut dans son bureau pendant qu'Emily se pelotonnait sur le canapé pour lire le livre qu'elle avait commencé des mois plus tôt.

— Qu'est-ce que tu lis ? demanda Jake quand il la rejoignit.

Elle lui tendit l'ouvrage.

— *Une brève histoire du temps*, de Stephen Hawking, lut Jake. C'est un ouvrage horriblement difficile !

Emily se mit à rire.

— En effet. C'est ce que lisait Pete, mais je n'y comprends pas un traître mot. Je crois que je vais laisser tomber.

— Comme tu voudras. Moi, je vais me coucher.

— Bonne idée. Je vais en faire autant. Daisy m'attend demain matin vers 10 heures et je veux faire un peu de repassage avant d'aller chez elle.

Le lendemain matin, Emily se leva à 6 heures et commença à repasser les chemises de Jake quand elle le vit apparaître dans la lingerie, encore tout humide de la douche et vêtu seulement d'un pantalon.

— Dis donc, tu cherches à m'impressionner en exposant ta musculature de bon matin ou bien tu viens seulement chercher une chemise pour la dissimuler aux yeux de tes collègues ? demanda-t-elle en lui tendant celle qu'elle venait de mettre sur un cintre.

Jake se mit à rire en prenant sa chemise.

— Emy, tu es une sainte en plus d'être un amour ! Est-ce que je te l'ai déjà dit ?

Il la serra rapidement contre lui et Emily sentit son cœur chavirer tandis qu'elle respirait un parfum fait d'eau de toilette et d'odeur virile.

Quand donc était-elle tombée amoureuse de lui ?

Parce qu'elle était amoureuse de lui ! Elle en était sûre maintenant, et cette découverte ne simplifiait pas leur situation.

Pour l'instant, elle choisit la solution la plus sage. Elle tourna le dos à Jake et continua son repassage.

8

Le moment passé avec Daisy et ses amies fut très amical, assez désorganisé et plein de fous rires. Elles se trouvaient dans le jardin de la très jolie maison d'Annie Shackleton et de son mari, Ed, qui était pédiatre. Il y avait aussi Kate Ryder, avec sa petite fille Isadora. Son mari, Sam, travaillait en néonatalité, avec le mari de Connie Slater. Les enfants faisaient bande à part, tout heureux de se trouver entre eux.

Lorsqu'elles comprirent qu'Emily et Jake partageaient non seulement le poste à l'hôpital, mais aussi la maison de ce dernier, elles ne purent s'empêcher de manifester une certaine curiosité.

Le premier commentaire sortit de la bouche d'Annie.

— Voilà qui est original et assez courageux de votre part.

Emily secoua la tête.

— Pas vraiment. Nous nous connaissons depuis si longtemps que nous sommes comme frère et sœur. Notre cohabitation se passe très bien.

— Mais ça ne te manque pas de ne pas avoir ta propre maison ? s'enquit Kate.

Cette fois, Emily ne put retenir un sourire un peu triste.

— Si. Mais c'est la maison dans laquelle est mort mon mari, alors, finalement, c'est peut-être une façon de tourner la page plus facilement.

Kate rougit violemment.

— Oh ! Emily, pardonne-moi ! Je ne savais pas... Je suis désolée.

— Il n'y a pas de quoi. Tu ne pouvais pas savoir. Ça a été assez difficile au début, mais je commence à m'y habituer.

— Tu es vraiment courageuse, reprit Annie. Il faut beaucoup de souplesse pour s'adapter à ce genre de situation.

— C'est vrai, mais de toute manière j'étais à la recherche d'un travail à temps partiel. Partager tout ça avec un très vieil ami facilite beaucoup les choses. Au moins, je sais que je peux lui faire entièrement confiance.

— Je comprends, répondit Annie. Moi-même, j'ai épousé mon ami d'enfance et le fait de nous connaître très bien nous a vraiment aidés à nous entendre.

Ces mots résonnèrent très fort dans l'esprit d'Emily.

Si seulement Jake et elle pouvaient en arriver au même point !

— Ami d'enfance ou pas, Jake est tout de même un homme fort séduisant, lança Kate avec un sourire.

Emily sentit ses joues prendre feu.

— Je vous assure qu'il n'est rien de plus qu'un copain...

Qui essayait-elle de convaincre ? Ses amies ou elle-même ?

Heureusement, ces dernières s'étaient mises à taquiner Kate, qui avait remarqué la séduction d'un autre homme que son mari, le chéri de toutes les dames de l'hôpital.

Emily poussa un « ouf » de soulagement en voyant leur attention se détourner d'elle.

À partir de ce moment, la conversation aborda ensuite des sujets plus anodins, fort éloignés des relations complexes qui l'unissaient à Jake. Annie servit le café et le reste de la matinée se passa sans nouvelles émotions pour Emily.

— Tu es prête ? demanda Jake.

Emily fit un signe de la tête.

— Fin prête, je suis très impatiente de découvrir ce type d'intervention.

Tous deux avaient revêtu leur tenue de chirurgien et attendaient que l'anesthésiste ait fini d'administrer la péridurale à leur patiente, Lucy McGovern, allongée sur la table d'opération, la main dans celle de son mari.

— C'est bon, dit l'anesthésiste, vous pouvez commencer.

Puis, se tournant vers la parturiente et son mari, il ajouta :

— Et vous, madame, monsieur, êtes-vous toujours d'accord pour que nous poursuivions de cette manière ? Vous pouvez changer d'avis si vous le souhaitez.

— Il n'en est pas question, répondit Lucy. Nous sommes bien trop impatients de voir la suite.

— Tu veux commencer, Emy ? demanda Jake.

— Oui, bien sûr, après quelques explications.

— Tout se passe comme pour un accouchement ordinaire, mis à part le fait qu'il faut faire sortir la tête du bébé en premier et non pas la partie du corps qui se présente. Vous êtes d'accord pour que ce soit ma collègue qui opère ? ajouta-t-il à l'adresse de Lucy.

— Bien sûr, si vous lui faites confiance.

— Totalement ! À toi, Emily, je reste près de toi.

Après avoir nettoyé la peau de la patiente, Emily pratiqua l'incision sous le regard attentif du mari de Lucy.

— Parfait..., déclara Jake. Maintenant, tu dois chercher la tête du bébé, ce qui n'est pas toujours facile. Tu la sens ?

Emily glissa la main le long du corps du bébé et passa les doigts sous sa tête.

— Ça y est, je la tiens.

— Parfait. Maintenant, fais tourner le bébé en continuant à soutenir sa tête de manière à le sortir doucement... Parfait ! Nous y sommes, Lucy.

Celle-ci se redressa pour mieux voir.

— Je peux le toucher ? demanda-t-elle en apercevant la tête émerger.

— Non, pas encore, répondit Jake. Il faut attendre que le bébé soit sorti de manière à ne pas contaminer le site.

Son petit visage chiffonné, le bébé se tortillait et gigotait, tandis qu'Emily dégageait un bras puis l'autre. Il se mit à tousser avant d'émettre un petit cri.

— Bonjour, mon bébé, murmura Lucy, la voix rauque d'émotion.

— Lucy, vous pouvez pousser un peu de manière à aider votre bébé à sortir complètement ? Oui... Parfait. Emy, soulève ce bébé pour le montrer à sa maman.

— Oh ! James ! C'est un garçon ! s'écria Lucy.

Elle tendait les bras vers lui. Emily déposa le nouveau-né sur la poitrine nue de sa maman.

— Félicitations, votre bébé est magnifique !

— Tu vois, reprit Jake, nous ne pinçons pas le cordon tant qu'il continue à pulser. Tu as remarqué le liquide qui s'écoulait de la bouche du bébé pendant que tu faisais sortir sa tête ? Cela nous évite d'avoir à l'empêcher de l'avaler. La respiration s'installe tout de suite et le bébé ne pleure pas. Il pousse juste un petit cri.

Tout en écoutant Jake, Emily regardait Lucy, James et leur bébé blotti sur la poitrine de sa mère qui avait été recouverte d'une serviette tiède. Un tableau d'un bonheur très émouvant qu'elle mémorisa avec joie.

— Et maintenant, que faisons-nous ?

— La sage-femme va pincer le cordon, et c'est certainement James lui-même qui le coupera. Tu vois, mis à part un petit supplément d'émotion, tout se passe exactement comme pour un accouchement ordinaire.

Ce « petit supplément d'émotion » accompagna Emily tout au long de la journée. Ils en reparlèrent ensemble le soir, une fois les enfants couchés.

Ils étaient assis sur le banc installé sous le rosier qui grimpait le long de la façade et dont le parfum embaumait cette belle soirée d'été.

— Je suis tellement contente d'avoir enfin assisté à une césarienne peau à peau ! déclara Emily pour la dixième fois. Merci de m'avoir permis de la pratiquer moi-même.

— Tu sais, tout ce qui peut t'aider à assurer ton demi-poste dans les mêmes conditions que moi me rend heureux.

— C'est vrai que plus notre collaboration sera étroite, plus nos patientes seront en confiance.

— À ce propos, qu'est-ce que tu as de prévu demain ?

— Rien de spécial, mais il nous faudra trouver un moment pour préparer ce que nous voulons dire au notaire vendredi prochain. Caitlin est d'accord pour garder les enfants jusqu'à 18 heures.

— Parfait. Ne m'attends pas demain soir, j'ai une grosse journée. Je te verrai demain matin.

— OK. Dors bien !

Quand elle lui passa les bras autour du cou, il la serra contre lui. Juste le temps d'effleurer ses lèvres et de murmurer :

— Dors bien, je t'aime.

Deux jours plus tard, ils se trouvaient dans le bureau du notaire à qui ils expliquaient leur situation.

Sans doute ne furent-ils pas suffisamment clairs car, après les avoir écoutés, ce dernier fronça les sourcils.

— Tout serait beaucoup plus simple si vous étiez mariés au lieu de simplement cohabiter. Le mariage offre une grande protection légale et simplifie considérablement tout ce qui concerne la responsabilité parentale et l'héritage.

Jake et Emily le fixèrent, interdits, puis tous deux prirent la parole en même temps.

— Nous ne sommes pas...

Ils s'interrompirent au même moment et se regardèrent, désemparés.

— Mme Cardew et moi-même ne vivons pas ensemble. Nous sommes seulement deux amis qui partagent la maison, le même poste à l'hôpital et les soins à donner aux enfants. Il n'est pas question de mariage entre nous. Nous souhaitons uniquement assurer l'avenir des enfants en cas de disparition de l'un ou de l'autre de nous deux.

Le notaire arbora un air confus.

— Pardonnez-moi ma méprise. Votre cas sort de l'ordinaire. À vrai dire, je n'ai jamais eu affaire à cette situation et je vous demanderai un petit délai pour pouvoir me renseigner sur les possibilités à envisager. Il vous faudra également penser à faire une nouvelle rédaction de votre testament.

— Merci pour ce conseil. Nous allons nous en occuper, dit Jake.

Le notaire hocha la tête, apparemment satisfait.

— Parfait. Je reviendrai vers vous dès que j'aurai trouvé les informations nécessaires.

Mais très vite, il ajouta d'un air désolé :

— Tout de même, c'est dommage que le mariage ne puisse être envisagé…

— Il n'en est pas question, répliqua Jake en se mettant debout. Merci pour votre aide, maître. Nous reviendrons vous voir dès que vous aurez obtenu les renseignements nécessaires.

Ils quittèrent donc l'étude ensemble, mais gardèrent le silence, et Emily aurait donné cher pour savoir ce qui se passait dans la tête de Jake.

Envisager le mariage ?

Avec Emily ?

Le cœur de Jake battait à coups sourds, ses émotions étaient si confuses qu'il ne savait plus trop quoi penser si ce n'est que, hélas, jamais Emily n'accepterait de l'épouser. Pete était mort seulement dix-huit mois plus tôt. C'était bien trop récent pour qu'elle se sente disponible. D'ailleurs, depuis le fiasco avec Jo, lui-même était loin d'être prêt à se lancer à nouveau dans une relation.

Non, cette idée de mariage était complètement folle, ridicule ! Le plus simple était de la chasser de son esprit. Tout de suite et définitivement.

Même si elle lui paraissait bien tentante…

— La situation était assez embarrassante…, bredouilla-t-il en montant dans la voiture.

— Attendons de voir ce que le notaire nous propose dans quelque temps…

Pour toute réponse, Emily ne reçut qu'un marmonnement.

Elle en déduisit que Jake ne souhaitait même pas envisager la possibilité de mariage évoquée par l'homme de loi. Dans le fond, est-ce qu'elle-même le désirait ? L'essentiel était de ne pas prendre une décision précipitée.

Quoique… Est-ce que vingt ans d'amitié pouvaient être considérés comme à l'origine d'une « décision précipitée » ? Non, évidemment, leur longue amitié était solide et les avait soutenus l'un et l'autre dans des moments bien difficiles, mais ce serait une erreur de la compromettre, beaucoup trop de choses en dépendaient.

Pourtant, il y avait eu ce baiser ! Et ce n'était pas un incident isolé... Une fois de plus, tout se bousculait dans la tête d'Emily. Est-ce que cette idée de mariage était aussi folle qu'elle le semblait ? Elle n'en savait rien, mais cette question ne cessait de lui revenir à l'esprit.

Jake était de garde la nuit suivante et son téléphone sonna à 11 h 30 alors qu'il s'était assoupi sur le canapé.

— Docteur Stratton, nous venons d'admettre une patiente dont l'état nécessite une intervention de toute urgence. Est-ce que vous pouvez l'assurer ?

— Oui, bien sûr. J'arrive tout de suite.

Il se leva et monta l'escalier pour aller frapper chez Emily. Une fois la porte entrouverte, la lumière en provenance du couloir éclairait la photo de Pete. Jake déplaça son regard vers Emily qui venait de se redresser sur un coude. Le décolleté de son pyjama laissait apparaître la naissance de ses seins, ronds, à la peau nacrée.

Seigneur... Cette chambre était un véritable champ de mines !

Jake eut l'impression gênante que le regard de Pete devinait tout ce qu'il avait à l'esprit.

— Il faut que j'aille à l'hôpital, murmura-t-il. Ce sera long, ne m'attends pas.

— D'accord. À demain, répondit Emily d'une voix endormie.

Jake referma la porte sans bruit.

Par chance, le week-end s'annonçait très chargé. Il n'aurait pas le temps de penser à ce qui jamais, jamais n'arriverait.

On frappait à la porte de sa chambre.

— Entrez ! lança-t-il en se frottant les yeux.

Emily vint s'asseoir au pied du lit.

— Tu as été si occupé ce week-end que nous n'avons pas eu le temps de nous parler. Est-ce que tu as des informations à me transmettre avant que je parte ?

— Euh... Non, rien de spécial. Va voir les patientes que j'ai opérées cette nuit et passe-moi un coup de fil si nécessaire. Sinon, rien de nouveau.

Il bâilla longuement derrière sa main.

— À quelle heure es-tu rentré ? demanda Emily.

— Un peu plus de 3 heures… Au fait, quelle heure est-il en ce moment ?

— 6 h 30. J'ai nourri Zach qui s'est rendormi. Tilly ne s'est pas encore manifestée. Autrement dit, tu as peut-être une grasse matinée devant toi !

— On peut toujours rêver…, marmonna Jake, bâillant de nouveau.

— Repose-toi tant que tu peux. À plus tard ! lança Emily. Elle déposa un baiser rapide sur sa joue.

— Oh là là… Tu piques ! Tu as besoin de te raser, ajouta-t-elle en riant.

Jake la regarda. Elle le dévisageait tendrement, les yeux brillants de vitalité. Comme il aurait aimé l'attirer contre lui pour l'embrasser.

— Je garde mon téléphone près de moi, Em. Appelle-moi si tu as besoin.

— OK.

Quand la porte se referma, Jake roula sur le côté, espérant se rendormir, mais le parfum léger qui flottait dans le sillage de la jeune femme le plongea dans un sommeil plein de rêves érotiques dont il décida d'interrompre le fil par une douche bien fraîche.

Pauvre Jake ! Il devait être épuisé après le week-end qui ne lui avait pas laissé de répit. Emily se sentait coupable de l'avoir réveillé, mais elle devait absolument se mettre au courant de ce qui s'était passé dans le service avant d'y revenir.

Elle signa la sortie de deux patientes, fit sa visite chez les opérées et vérifia que l'état de la future maman atteinte d'épilepsie était stable. Tout paraissait en ordre et calme, jusqu'au moment où on l'appela en salle d'accouchement pour une patiente qui allait mettre au monde des jumeaux. La double naissance s'annonçait difficile, mais la jeune femme tenait à un accouchement traditionnel.

— Je suis inquiète, Emily, dit la sage-femme. Aucun des bébés ne se présente bien, aucun n'est engagé, mais la future maman m'accuse d'exagérer les risques et insiste pour suivre son instinct au lieu d'accepter la césarienne que je lui propose. Moi, j'estime au contraire qu'elle met les bébés en danger et je pense en savoir plus qu'elle sur le sujet !

Emily fronça les sourcils, contrariée par cette déclaration.

— Je veux bien essayer de lui parler, mais je crains qu'elle ne m'écoute pas davantage, et nous ne pouvons pas lui imposer la césarienne.

— C'est bien dommage ! Vous savez, je suis tout à fait en faveur d'un accouchement naturel, mais j'ai un mauvais pressentiment au sujet de cette double naissance. De plus, nous n'avons pas de dossier concernant cette patiente qui a débarqué à l'hôpital en nous disant qu'elle était en vacances. Qui diable partirait en vacances loin de chez elle, à trente-sept semaines de grossesse, enceinte de jumeaux ?

— Je vais joindre Ben, notre spécialiste de la gémellité. Quelle est la chorionicité de cette patiente ?

— Monochoriale, biamniotique.

— Bon, ça pourrait être pire. Au moins, les deux bébés ne sont pas dans la même membrane.

Emily trouva Ben comme il sortait de la salle d'opération. Lorsqu'elle lui eut expliqué la situation, il la suivit en salle d'accouchement.

La poche des eaux venait de se rompre et le premier des jumeaux se présentait latéralement. Ben estima que l'accouchement par voie basse était impossible. Heureusement, sa gentillesse et son évidente compétence réussirent à persuader la patiente que l'intervention était nécessaire.

— Je souhaitais tellement avoir un accouchement naturel ! gémit la jeune femme entre deux contractions.

— Je comprends, dit Ben, mais il n'y a pas moyen de faire tourner ce bébé et vous réalisez bien sûr qu'il ne peut pas sortir latéralement par les voies naturelles. Malheureusement, les lois de la physique sont incontournables ! Pour l'instant, vos bébés vont bien et je peux vous proposer un type de césarienne qui se rapproche d'un accouchement naturel. Avez-vous entendu parler de la césarienne peau à peau ?

La patiente n'était pas informée sur le sujet, mais à peine Ben lui eut-il expliqué la méthode qu'elle décida de la choisir.

Ben se tourna vers Emily.

— Tu veux assurer l'intervention ?

— J'aimerais beaucoup, mais je n'ai pas le temps. Je devrais déjà être à ma consultation depuis vingt minutes. Je souhaite seulement que ces bébés arrivent à bon port et je sais qu'avec toi, ils sont entre de bonnes mains. Tiens-moi au courant quand ce sera terminé.

— OK.

Emily se hâta d'aller retrouver Brie Owen qui venait consulter à nouveau, mais dont l'état ne l'inquiéta pas et qu'elle laissa rentrer chez elle. Jake lui demanderait certainement de ses nouvelles dès qu'elle serait de retour.

— Comment va Brie ?

Emily déposa son sac sur la table de la cuisine puis se mit à rire. Jake était en train de balayer la cuisine, mais la question était spontanément montée à ses lèvres.

— Pourquoi ce rire ?

— Parce que j'étais sûre que tu me demanderais ça ! Eh bien, j'ai le plaisir de t'informer qu'elle est en forme.

Tout en parlant, elle examinait le visage de Jake.

— Tu as l'air épuisé. Les enfants ont été pénibles ?

— Non, pas du tout. Je suis simplement vanné. Je n'ai pas assez dormi, c'est tout.

— Ah, superman, trois heures de sommeil ne t'ont pas suffi pour récupérer ?

— Hélas non. Est-ce que tu as faim ?

— Tu penses ! J'ai sauté mon déjeuner à cause d'une patiente qui nous est tombée du ciel, en plein travail pour des jumeaux qui se présentaient mal, et qui refusait une césarienne.

— Qu'est-ce qui s'est passé ?

— Elle était monochoriale, biamniotique. La poche des eaux s'est rompue, le premier bébé se présentait transversalement, bref, j'ai appelé notre spécialiste Ben qui l'a convaincue d'accepter une césarienne peau à peau. Je t'avoue que si je n'avais pas été en retard pour ma consultation, je m'en serais volontiers chargée, mais je voulais voir Brie en plus du reste. Dommage... Je regrette maintenant car cela aurait été une belle occasion de débuter avec des jumeaux !

— Ne t'inquiète pas, tu auras bien d'autres opportunités. Il y a souvent des grossesses multiples, Ben fera appel à toi sans hésiter. Tu vois, tout n'est pas perdu.

— J'en suis sûre. D'ailleurs, je peux commencer par autre chose que des jumeaux.

Puis elle poussa un long soupir fatigué.

— Désolée de rentrer si tard. Après ma consultation, j'ai dû accompagner une patiente en salle d'opération pour une réparation périnéale compliquée. Il y a longtemps que les enfants sont couchés ?

— Une demi-heure à peu près. Ils ont été très mignons. Tilly s'est endormie tout de suite et Zach dormait avant même que je le dépose dans son lit. En revanche, je n'ai pas eu le temps de faire la cuisine. J'ai passé ma soirée à balayer le sable dans la maison.

— Le sable ?

— Oui, le sable. Des seaux de sable ! Nous avons passé l'après-midi à la plage et ils sont revenus couverts de sable des pieds à la tête. Cela dit, nous avons profité d'une journée magnifique.

Emily jeta un coup d'œil par la fenêtre.

— Si je te disais que cela m'a complètement échappé ! Il aurait pu pleuvoir toute la journée que je ne l'aurais même pas remarqué tant j'ai été occupée. Tu veux que je prépare quelque chose pour le dîner ?

— Non. Pendant que je finis de balayer, prends le téléphone et appelle le chinois qui sert de si bons plateaux-repas. Choisis ce qui te plaît, mais pour moi, en plus du riz cantonais, ce sera ses côtes de porc caramélisées qui collent aux doigts, je les adore !

— Bref, ton menu étudiant favori... Tu ne grandiras donc jamais ?

— Je suis crevé, Em. Nous mangerons mieux demain, mais ce soir, je t'en prie, ne me complique pas la vie !

Le regard d'Emily s'adoucit. Elle s'approcha de lui et le serra contre elle.

— Je n'en ai aucune envie, Jake. Je comprends parfaitement. Tu me donnes le numéro ?

— Attends une minute, murmura Jake. Je suis bien dans tes bras.

Sauf que... Ce geste de tendresse était loin de lui suffire. Il désirait plus, bien plus. C'était devenu impossible de le nier.

Le reste de la semaine fut un peu moins bousculé, et Emily eut tout le temps d'observer les enfants dont la relation prenait une tournure harmonieuse. Tilly était toute gentille avec Zach maintenant, mais ce qui la fit réellement craquer, ce fut l'exclamation de la petite fille le jeudi soir, à son retour de l'hôpital, lorsqu'elle pénétra dans la salle de bains où Jake les surveillait pendant qu'ils jouaient dans la baignoire.

— Zach, maman est là !

Tilly souriait, tendant les bras vers elle et répétant :

— Maman !

Le cœur d'Emily chavira.

Jake fronça les sourcils.

— J'ai bien entendu ?

— Oui, elle m'a appelée maman.

Toujours est-il que les larmes lui étaient montées aux yeux. Elle se détourna.

— Em ?

— Oui, je reviens... Juste une minute, le temps de me changer.

Elle fila dans sa chambre, ferma la porte contre laquelle elle s'appuya un moment pour laisser à ses émotions le temps de s'apaiser. Le temps surtout de se rappeler qu'elle n'était pas la mère de Matilda, qu'elle ne le serait jamais.

Et étant donné la manière dont se présentait la situation, elle ne serait même jamais sa belle-mère. L'arrangement qu'elle avait conclu avec Jake était parfaitement informel. Tout au plus jouait-elle le rôle de parent quand Jake était absent, rôle qu'il adoptait également quand c'était elle qui était à l'hôpital. Elle s'était laissé enfermer dans une bulle de bonheur, en se persuadant que tout allait pour le mieux alors qu'elle voulait bien plus.

Et ce « plus », c'était pour Matilda la sécurité, la confiance, le droit de l'appeler « maman » si elle le souhaitait, même si ce titre revenait à Jo. Mais où était Jo en ce moment ? Était-il possible de perdre le droit que l'on avait sur son enfant ? Que se passerait-il si jamais elle revenait et décidait d'emmener Matilda ? Jake en mourrait, elle en était sûre, et tous leurs sacrifices auraient été inutiles.

Elle entendait Zach hurler de rire dans son bain. Jake devait s'amuser à faire des bulles de savon...

Désormais, Zach l'appelait « papa » tout le temps.

Son regard se posa sur les photos de Pete. Pete en bonne santé et Pete sur le point de mourir. Il lui sembla que ses yeux clairs, les yeux qu'il avait transmis à son fils, la fixaient d'un air solennel.

Que penserait-il de la famille bizarre que la nécessité de se soutenir mutuellement les avait amenés à former ?

— Oh ! Pete... Qu'est-ce que je dois faire ?

Bien sûr, elle n'obtint pas de réponse.

Elle retira ses vêtements de travail, les jeta dans le panier à linge sale et enfila son jean. Puis elle sortit de sa chambre et alla se joindre à la partie de fou rire qui avait lieu dans la salle de bains.

9

Une lettre du notaire arriva le vendredi dans une grosse enveloppe brune qui leur était adressée à tous les deux.

Emily la posa sur la table de la cuisine en attendant le retour de Jake, mais elle ne cessa d'y penser tout au long de la journée. Que pouvait-elle bien contenir ? Malheureusement, Jake rentra tard, ce qui lui arrivait souvent. À elle aussi, d'ailleurs, ce qui soulignait à quel point leur arrangement était important pour le bien-être des enfants. S'ils ne vivaient pas sous le même toit, ce serait ingérable, mais avaient-ils besoin de plus que cela ? De plus de sécurité, de garanties ? La vie lui avait pourtant appris qu'il n'existait pas de garantie absolue.

Elle s'appliqua à la préparation du repas : une tourte au poisson, accompagnée d'une purée de légumes, mais les aiguilles de la pendule lui paraissaient faire du sur-place. Enfin, elle entendit la clé de Jake tourner dans la serrure.

— Excuse-moi, j'aurais dû t'appeler, mais je n'ai pas eu une minute, dit-il en entrant. Une femme enceinte impliquée dans un accident de la circulation s'est retrouvée dans le coma. J'ai dû pratiquer une césarienne en urgence. J'en sors tout juste.

— Oh ! Jake, c'est affreux ! Comment va-t-elle ? Et le bébé ? Il est vivant ?

Jake hocha la tête d'un air préoccupé.

— Oui, mais leur état n'est pas brillant. Elle est en réanimation et le bébé en soins intensifs. Tout ça parce qu'un chauffard ivre a brûlé un feu rouge ! Son compagnon qui était au volant est complètement désespéré, mais il n'a absolument rien pu faire. C'est tragique, c'est tout ce qu'on peut dire.

Emily enlaça Jake. Il appuya sa tête contre la sienne puis laissa retomber ses bras.

— Il me semble que tu as préparé quelque chose de bon pour le dîner ?

— Une tourte au poisson et une purée de légumes. Va te rafraîchir, je réchauffe tout ça.

— C'est quoi, cette enveloppe ?

— Elle vient de chez le notaire. Je t'ai attendu pour l'ouvrir.

Jake glissa son couteau sous le rabat et sortit une liasse de documents tandis qu'Emily s'asseyait près de lui pour en prendre connaissance.

Ce courrier mettait au clair la position des couples mariés et des couples en simple cohabitation vis-à-vis de la loi. Mais tout cela leur parut incroyablement compliqué et, finalement, ne leur apprenait pas grand-chose.

Il en ressortait essentiellement que s'ils n'étaient pas mariés, ils étaient considérés comme étrangers l'un à l'autre et que, en cas de décès de Jake, il n'y avait aucun moyen pour Emily de devenir la tutrice légale de Matilda ou de l'adopter sans le consentement de Jo. En revanche, Jake pouvait adopter Zach si Emily donnait son accord.

— Tu comprends tout ça ? demanda Jake.

— Pas vraiment.

Ils firent une seconde lecture qui ne les éclaira pas davantage.

— Bon, je retiens de tout cela qu'il vaut mieux que nous ne mourions pas ! conclut Jake en repoussant les papiers.

— Ou que nous nous mariions...

Les mots prononcés par Emily restèrent en suspens un moment avant que Jake ne réagisse.

— Tu es sérieuse ?

— Oui. Un mariage sera bien plus efficace qu'un certificat de cohabitation qui ne couvrira jamais tous les cas de figure possibles en cas de malheur. Si tu es mon époux, Zach te serait automatiquement confié et je pourrais prétendre à la garde de Tilly beaucoup plus facilement. Tout deviendra beaucoup plus simple.

Jake dévisageait Emily.

— Em, tu es sérieuse ? Tu veux réellement que nous nous mariions ?

— Pourquoi pas ? Nous partageons déjà tellement de choses ! Cela ne changerait rien à notre relation personnelle, mais, au regard de la loi, nous formerions une vraie famille. C'est d'autant plus facile que, pour autant que je sache, ni toi ni moi n'avons de liaison amoureuse par ailleurs.

Emily prit la main de Jake dans les siennes.

— Jake, Matilda m'a encore appelée « maman » aujourd'hui et je n'ai pas su quoi lui répondre. Zach t'appelle « papa » à longueur de journée. Il a besoin d'un père et Pete ne peut pas être là pour jouer ce rôle.

Jake se libéra.

— Emily, c'est du chantage affectif que tu me fais en ce moment.

— Non, pas du tout, c'est la vérité. Pete est mort, cette pauvre dame que tu as opérée tout à l'heure va peut-être mourir aussi. Des accidents se produisent tous les jours, nous n'y pouvons rien, la loi non plus. En revanche, nous pouvons limiter les dégâts, c'est tout ce que je souhaite faire. Cela ne changerait rien entre nous.

— Bien sûr que si !

— Pourquoi ? Il s'agit seulement d'une signature sur un papier, rien de plus.

Jake s'écarta davantage.

— Tu suggères donc que, malgré un mariage, nous continuions à vivre comme nous le faisons maintenant, en simples colocataires ?

Emily se tut un instant. Était-ce ce qu'elle voulait vraiment ? Non. Mais si c'était ce qui devait assurer la sécurité de son fils, elle en passerait par là.

— Pourquoi pas ? Ça fonctionne bien pour nous, et surtout ça marche bien pour les enfants, ce qui est le plus important. Je te demande d'y réfléchir, Jake.

Jake prit appui sur le rebord de l'évier et regarda par la fenêtre tandis qu'elle attendait sa réponse en silence.

Le ciel était strié d'or, les nuages passaient du violet au gris au fur et à mesure que les dernières lueurs du soleil les éclairaient.

Lorsque Jake se retourna, le visage à contre-jour, Emily ne put lire dans son regard.

— D'accord, dit-il enfin. Je ne te fais aucune promesse, mais je vais y réfléchir.

Pendant les jours qui suivirent, Jake fut incapable de penser à autre chose.

Tout au long du week-end, Zach grimpa sur ses genoux en l'appelant « papa », tandis que Tilly appelait Emily tantôt « Emy », tantôt « maman », comme si le souvenir de Jo s'était effacé de sa mémoire.

Est-ce que c'était une bonne chose ? Depuis son départ plusieurs semaines auparavant, Jo n'avait donné aucune nouvelle. Jake avait la responsabilité parentale de Matilda parce qu'il avait veillé à ce que cela soit mentionné dès la naissance de la petite fille, mais, s'il disparaissait, Emily n'aurait aucun droit sur Tilly.

Elle pourrait demander la responsabilité parentale, mais ce serait très difficile d'obtenir l'assentiment de Jo, ne serait-ce que parce que cette dernière paraissait avoir disparu de la surface de la terre. Bien sûr, cette requête serait grandement facilitée s'ils étaient mariés, mais était-ce une raison suffisante pour sauter le pas ?

Évidemment, finit-il par conclure. C'était son devoir envers Tilly que d'assurer sa sécurité. Quant à Zach, il avait assisté à sa naissance, il l'avait vu grandir et, depuis qu'il vivait chez lui, il avait appris à l'aimer autant que s'il était son propre fils. Fallait-il pour autant épouser Emily dans les termes qu'elle avait formulés ?

Il désirait qu'ils deviennent mari et femme. Mais pas ainsi ! Pas si cela ne devait rien changer à leur intimité. Il aimait Emily. Ce n'était plus la peine de se mentir, de se raconter qu'ils étaient seulement amis. Il la désirait, il voulait tout partager avec elle, lui faire l'amour, agrandir leur famille, mener une vraie vie de couple...

Allait-il vivre dans le mensonge jusqu'à la fin de ses jours ?

Pourtant, il n'imaginait pas pouvoir dire la vérité à Emily. Trop de choses étaient en jeu pour bouleverser le *statu quo*.

Ces idées tournaient dans sa tête comme un manège en folie, au point qu'il avait envie de hurler pour se débarrasser de cette torture.

Le mercredi suivant, il reçut un message de Ben lui annonçant que la femme victime de l'accident avait été déclarée en état de mort cérébrale.

En voyant son visage bouleversé, Emily s'inquiéta.

— Que se passe-t-il, Jake ?

— La femme que j'ai opérée est dans le coma.

— Oh… Que va-t-il arriver au bébé ?

— Je ne sais pas. Il ne survivra peut-être pas. Pour l'instant, on ne peut pas faire de pronostic. Mais s'il s'en tire, le compagnon de la mère devra se battre pour en obtenir la garde car, apparemment, il n'est pas le père et la jeune femme n'a pas laissé de testament.

— Tu veux aller lui parler ?

— Non. Il est avec Ben parce qu'elle était une de ses patientes. Ils n'ont pas besoin de moi.

Il se redressa et adressa à Emily un sourire quelque peu pitoyable.

— Et toi ? Comment ça se passe à l'hôpital ?

— Bien. Je viens de voir la patiente qui a eu les jumeaux. Apparemment, elle a choisi de venir à Yoxburgh après le début du travail parce qu'elle savait trouver ici un spécialiste des naissances multiples et que son hôpital faisait trop systématiquement des césariennes.

— Voilà une stratégie quelque peu risquée !

— Ben ne s'est pas privé de le lui dire, mais elle chante partout ses louanges. Elle est très satisfaite de la césarienne peau à peau, dit que c'était incroyable de pouvoir ainsi assister à la naissance de ses jumeaux qui se portent très bien tous les deux. Si tu les voyais… Deux petits garçons qui se ressemblent comme des gouttes d'eau.

— Parfait. Ils sauront la tenir occupée.

Après un coup d'œil jeté à la pendule placée près de l'ascenseur, il ajouta :

— Tu as une minute pour venir prendre un café ?

— Avec d'autant plus de plaisir que tout est calme en ce moment.

Après avoir acheté un café et un sandwich, ils allèrent s'installer sur un banc dans le jardin de l'hôpital afin de profiter du soleil du mois de mai.

Ils venaient de s'asseoir lorsque le téléphone de Jake sonna. Il lut le message et secoua la tête, la mâchoire serrée.

— Que se passe-t-il ?

— La patiente accidentée vient de mourir. Autrement dit, le bébé n'a plus personne. Le père ne se sent pas concerné, le compagnon n'étant pas apparenté n'a aucun droit sur les décisions à prendre à propos de cet enfant. Quelle situation abominable ! Je ne veux pas que cela arrive aux nôtres.

Il prit la main d'Emily dans les siennes.

— Marions-nous, Emmy. La vie est trop fragile pour laisser le hasard décider du sort de Zach et Matilda. Comme tu l'as dit, rien n'a besoin de changer entre nous, mais au moins nous n'aurons plus cette épée de Damoclès en permanence au-dessus de nos têtes. Nous referons nos testaments pour déterminer quoi faire de nos biens et, au moins, nous serons tranquilles.

Le cœur d'Emily battait fort, mais, dans les yeux de Jake, elle ne lut rien d'autre que de la tristesse. La brindille d'espoir qu'elle avait continué à nourrir se ratatina et mourut.

— Oui, marions-nous, reprit-elle sans gaieté. Comme tu le dis, cela ne changera rien entre nous.

Jake soutint longuement le regard qu'elle fixait sur lui. Ensuite, il lui lâcha la main et but son café, exactement comme si rien ne s'était passé.

Emily se retrouva seule sur le banc après son départ. On venait de la demander en mariage, et cette journée de mai devrait être le plus beau jour de sa vie. Eh bien, non, ce n'était pas le cas. Exactement comme douze ans plus tôt, lorsque Pete l'avait demandée en mariage juste après qu'on avait découvert son cancer. Cette fois aussi, c'était elle qui avait pris l'initiative en lui disant :

— Marions-nous, Pete, nous nous battrons ensemble contre la maladie.

Au début, il avait refusé, comme l'avait fait Jake, bien que pour des raisons différentes, mais il avait fini par dire « oui », pour ne pas être seul à affronter son sinistre avenir.

Brusquement, Emily sentit les larmes lui monter aux yeux.

Comme elle aurait souhaité qu'au moins une fois quelqu'un veuille l'épouser par amour ! Parce qu'elle était aimée passionnément, pour elle-même... Elle n'avait pas besoin d'un dîner aux chandelles dans un restaurant chic, ni d'une bague en diamant ni d'une lune de miel sous les tropiques, non, elle avait juste besoin d'une *bonne* raison.

Un simple « Je t'aime. Je veux vivre avec toi, épouse-moi ! » l'aurait comblée de bonheur, mais cela ne lui arriverait pas. Certainement pas maintenant où elle s'apprêtait à épouser Jake pour toutes sortes de bonnes raisons, sauf pour la seule qui importait vraiment.

Elle fit un effort pour se ressaisir. Allons, elle était une adulte raisonnable. Les contes de fées n'existaient pas et Jake l'aimait à sa façon. Pourtant, cela aurait été tellement délicieux si...

— Emily ?

Elle se retourna et aperçut Ben.

— Ben, je suis désolée pour cette pauvre femme...

La bouche de Ben se crispa.

— Moi aussi. Nous avons fait notre possible, mais en vain. Mais parlons de choses plus agréables, même si cela paraît un peu terre à terre. J'ai vu avec Nick à propos du repas que tu proposais. Nous avons consulté le calendrier de nos gardes et je te suggère soit ce vendredi, soit samedi dans quatre semaines.

— Pas question d'attendre aussi longtemps ! Venez ce vendredi, nous n'avons rien de prévu.

— Parfait. Daisy apportera une soupe de poisson et des bricoles pour l'apéritif. Vers 20 heures, ça te va ?

— Tout à fait, les enfants seront au lit.

— Je vous apporterai aussi des tickets pour le bal prévu samedi soir.

— Quel bal ?

Mais Ben avait déjà tourné les talons.

Jake se sentait étrangement déprimé.

La perspective d'épouser Emily aurait dû le rendre heureux,

mais elle lui avait clairement laissé entendre qu'elle y consentait seulement afin d'assurer la sécurité des enfants en cas de malheur.

Il se passa la main sur le front. C'était ridicule. À son âge, il était trop vieux pour croire encore aux histoires d'amour. Emily lui aurait éclaté de rire au nez s'il s'était agenouillé devant elle pour lui dire : « Épouse-moi ! Je suis amoureux fou de toi. » Non, il n'en était pas question et, après tout, il y avait pire dans la vie que de se retrouver l'époux, même platonique, d'une jeune femme belle, intelligente et pleine d'esprit... Et qui, en prime, supportait son désordre avec humour la plupart du temps.

Donc, ils ne coucheraient pas ensemble. Et après ? Il pouvait vivre sans faire l'amour, mais il ne pouvait pas vivre sans Emily.

La question était réglée.

Emily passa la journée du vendredi à cuisiner pour six personnes. Heureusement que Liv et Daisy participaient au repas car jamais elle n'aurait réussi à s'en sortir ! Pourtant, elle avait choisi quelque chose de simple, un poulet aux champignons, accompagné de riz sauvage et de haricots verts.

Par chance, Jake rentra de bonne heure ce soir-là et put s'occuper des enfants. Ensuite, il alla se préparer et réapparut dans un pantalon sombre parfaitement coupé et avec une chemise bleu pâle qu'elle avait soigneusement repassée deux jours plus tôt.

— À ton tour d'aller te faire belle, je prends le relais, dit-il. Qu'est-ce que je peux faire ?

— Préparer les verres à vin, et remplir le moulin à poivre.

— Parfait !

Il entendit la douche couler, le bruit du séchoir à cheveux, les tiroirs de la commode s'ouvrir et se refermer...

Un peu plus tard, elle descendit le rejoindre.

— Est-ce que je suis présentable comme ça ?

Jake la regarda des pieds à la tête. Elle avait choisi une robe bleu marine imprimée d'oiseaux blancs, au décolleté asymétrique qui laissait apercevoir la naissance de sa poitrine. Ses longues jambes étaient nues et ses sandales à lanières découvraient ses pieds fins aux ongles soigneusement vernis. Ses yeux paraissaient plus bleus que d'ordinaire et des quelques mèches rebelles s'échappaient du chignon qu'elle avait fait sur sa nuque.

Elle était belle. Elle était magnifique !

Jake n'avait qu'une envie : la décoiffer, la déshabiller et lui faire l'amour tout de suite et longtemps.

— Tu es très bien, murmura-t-il, très ému.

Il avala sa salive dans l'espoir que cela lui permettrait de retrouver sa voix normale avant de reprendre :

— Je trouve que nous devrions annoncer notre mariage à nos amis, qu'est-ce que tu en penses ?

— Pourquoi pas ? C'est une bonne idée. Il faudra aussi le dire aux parents de Pete. Nous pourrions aller les voir demain si tu es d'accord.

— Tout à fait. En attendant, je sors une bouteille de prosecco.

— En revanche, gardons pour nous les détails de notre arrangement, d'accord ? Il vaut mieux laisser croire à nos amis que nous nous marions pour les raisons habituelles.

— Comme tu préfères.

En tout cas, en ce qui le concernait, il n'aurait aucun mal à faire comme si c'était le cas...

— Nous avons quelque chose à vous annoncer ! déclara-t-il une demi-heure plus tard à leurs invités en passant un bras autour de la taille d'Emily. Emily et moi allons nous marier !

Ben éclata de rire.

— Je le savais ! Toute cette histoire d'être seulement bons copains, quelle idiotie ! Félicitations, je suis heureux que vous ayez recouvré votre bon sens.

Tout le monde approuva, félicita, embrassa les futurs époux tandis que Jake posait ses lèvres sur celles d'Emily.

— Pour fêter ça, je vous offre les tickets d'admission au bal de la « League of Friends » de samedi prochain, dit Ben.

Il les sortit de sa poche et les tendit à Jake.

— Super ! Nous irons, bien sûr, n'est-ce pas, Emy ?

Mal à l'aise, Emily prit conscience à quel point elle redoutait le regard que ses nouvelles amies allaient porter sur elle une fois le mariage annoncé, mais que faire ? Elle sourit et passa son bras autour de la taille de Jake.

Le lendemain, ils se trouvaient chez Jean et Duncan Cardew, les parents de Pete, en train de prendre le café dans le jardin lorsque Emily se décida à aborder le délicat sujet de leur mariage.

— Quelle bonne idée ! s'exclama Jean, tout heureuse. Félicitations ! Je vous souhaite tout le bonheur possible.

Mais Emily coupa court à ces félicitations en expliquant qu'il s'agissait d'un mariage blanc, destiné seulement à assurer la sécurité des enfants.

— Jake, vous êtes bien sûr d'être d'accord ? demanda Jean, inquiète d'une situation qui lui paraissait extrêmement bizarre.

— Absolument.

À son tour, il expliqua leur choix en mettant en avant le bien des enfants. Plus elle l'écoutait parler, plus Emily sentait son cœur se briser, et il était en mille morceaux à la fin de la tirade de son futur mari. Heureusement, Zach qui fourrait une poignée d'herbe dans sa bouche lui donna un prétexte valable pour fuir cette conversation attristante.

Jean continuait à considérer Jake d'un air dubitatif.

— Vous êtes certain que cet arrangement légal est ce qui vous convient ?

— Parfaitement sûr. Emily est une colocataire que je supporte avec beaucoup de facilité.

— Évidemment ! s'exclama Jean. Ça crève les yeux que vous êtes amoureux d'elle. Vous ne me ferez pas croire le contraire. Mon fils Pete ne l'a jamais regardée comme vous le faites. Je ne veux pas me montrer déloyale envers lui, mais Emily a été pour lui un soutien plus qu'une amoureuse. Et voilà qu'elle recommence à se sacrifier sous prétexte de mettre vos enfants à l'abri des coups du sort !

— Vous pensez que j'utilise Emily ? demanda Jake d'un ton choqué.

— Pas du tout. Juste une question : est-ce qu'elle sait que vous l'aimez ?

— Bien sûr !

— Je suis sûre du contraire. Elle a besoin de le savoir, Jake ! Vous lui devez cette vérité.

Jake tourna son regard vers Emily qui jouait avec Zach et Tilly.

— Elle est heureuse, Jean, regardez-la !

Jean haussa les épaules.

— Ne fermez pas la porte à l'amour, Jake. Elle vous aime aussi.

— Pas comme il le faudrait...

Gêné et malheureux du tour pris par la conversation, il jeta un regard à sa montre.

— Désolé, mais nous devons vous quitter maintenant. Il nous faut rentrer nous occuper des enfants.

— Comme vous préférez. Sachez en tout cas que vous serez toujours les bienvenus et que, si vous voulez sortir un soir, nous serons heureux de garder les petits pour la nuit.

— Vraiment ?

— Bien sûr !

— Alors... Nous aimerions aller au bal de l'hôpital samedi prochain et nous n'avons pas encore prévu de baby-sitter.

— Magnifique ! Amenez-les samedi soir et revenez les chercher dimanche. Ce bal que l'hôpital organise chaque été est toujours une réussite, vous allez pouvoir danser avec le meilleur orchestre de la région.

Danser ? Diable... La dernière fois qu'il avait dansé, c'était avec Emily, au mariage de leur amie Kat, et Dieu sait que cela avait failli se terminer d'une manière imprévue. En fait, il avait aussi dansé avec Emy le jour de son mariage, car Pete était trop fatigué pour le faire.

Tant d'eau était passée sous les ponts depuis ce temps ! Pourtant, il n'avait jamais oublié la griserie que le corps d'Emily lové contre le sien, ondoyant au rythme de la musique, lui avait apportée.

Si seulement il pouvait avouer son amour à Emily...

Hélas, la priorité était de maintenir l'équilibre qu'ils avaient atteint.

Quant à son amour, il l'avait caché pendant des années, il lui suffisait de continuer.

10

— Je ne savais pas que tu avais demandé à Jean de garder les enfants le soir du bal, dit Emily sur le chemin du retour.

— C'est elle qui me proposait de les accueillir si nous voulions sortir un soir, alors j'ai sauté sur l'occasion.

— Tu as bien fait. Pete leur manque, ils seront ravis de voir leur maison revivre.

La question de la garde des enfants réglée, ils n'avaient aucune excuse pour ne pas sortir. Emily sentit un frisson la parcourir. Était-ce de l'impatience, de la crainte ? Un peu des deux sans doute. Elle n'avait plus dansé depuis son mariage ! À part un slow dans les bras de Pete, elle avait surtout dansé avec Jake ce jour-là, et jamais elle n'avait pu oublier combien leurs corps s'étaient accordés.

Était-ce à ce moment-là qu'elle avait compris qu'elle était amoureuse de lui ?

Ou bien avait-elle bu trop de champagne ?

Le téléphone de Jake se mit à sonner.

— Tu veux répondre, s'il te plaît, puisque je conduis ? C'est sûrement l'hôpital.

Il lui donna le code, qui était la date de naissance de Zach. Cette découverte fit un drôle d'effet à Emily.

— C'est Nick Jarvis. Brie vient d'être hospitalisée, elle a perdu les eaux.

— À combien de semaines en est-elle maintenant ?

— Trente-trois semaines aujourd'hui. Ou hier, je ne sais plus. Nous lui avons permis de tenir quatre semaines de plus.

— C'est bien. Je passerai la voir dès que nous serons de retour, OK ?

Jake arriva juste à temps pour mettre au monde le bébé de Brie, une petite fille, menue mais en parfaite santé.

— Deux kilos deux cents grammes, Em ! Et elle est jolie comme un cœur, ajouta-t-il quand il lui fit part de la nouvelle. Les parents font plaisir à voir !

Ce jour-là, le groupe d'amies était réuni chez Daisy. Bien sûr, toutes étaient ravies d'apprendre la nouvelle du mariage.

— Fais voir ta bague !

— Nous n'avons pas encore eu le temps de nous en occuper, dit Emily, préférant mentir.

En fait, ils n'y avaient pas pensé, mais ils devraient y remédier pour être crédibles.

Ensuite, la conversation roula sur le prochain bal.

— Je n'ai rien à me mettre, dit Emily.

— C'est une soirée assez habillée, déclara Daisy. Pourquoi n'irais-tu pas tout de suite voir la petite boutique qui se trouve en face du jardin public ? Il y a toujours de jolies choses. Bien sûr, tu nous laisses les enfants pour être tranquille.

Emily mit tout de suite à profit cette gentille proposition.

Le samedi soir, une superbe robe longue en dentelle verte était accrochée à la tringle du rideau de sa chambre. Ils avaient conduit les enfants chez les Cardew et, pour la première fois, ils se retrouvaient seuls dans la maison. Chacun éprouvait le sentiment bizarre que le filet de protection qui les avait sécurisés jusqu'à maintenant venait de leur être enlevé et qu'ils marchaient sur un fil tendu au-dessus d'un abîme.

Jake trouvait Emily éblouissante. Encore plus belle que le jour de son mariage et tout aussi nerveuse.

Lorsqu'il l'aida à sortir du taxi, il s'appliqua à la rassurer.

— Allons, Emy, ce n'est qu'un bal ! Décontracte-toi, et profitons au maximum de cette soirée avec nos amis.

Ils eurent vite fait de repérer Daisy et Ben qui venaient d'arriver. Ensemble, ils rejoignirent Ed et Annie, Sam et Kate à la table du dîner. Liv et Nick vinrent se joindre à eux, bientôt suivis par James et Connie.

Jake avait espéré que l'organisateur du plan de table aurait séparé les couples, mais, au contraire, il avait laissé chacun à côté de son conjoint, ce qui fait que tout au long de la soirée, ses sens furent mis à la torture par le parfum d'Emily qui paraissait s'enrouler autour de lui pour l'emprisonner. Son rire lui donnait envie de sourire, leurs épaules se retrouvaient l'une contre l'autre, leurs jambes se frôlaient... À un moment donné, elle se pencha sur lui pour prendre un selfie.

— Une photo de plus pour l'album, murmura-t-elle tandis que son souffle effleurait la peau de Jake qui frissonna.

Après le repas, l'orchestre commença à jouer alors que les lumières se tamisaient.

— Allez, tout le monde sur la piste de danse, dit Ben en se levant.

Emily se sentit très mal à l'aise. Elle regarda Jake.

— Tu es sûr que tu as envie de danser ?

Ben ne laissa pas à Jake le temps de répondre. Il les prit tous les deux par la main et les entraîna à sa suite. Ils se retrouvèrent donc au milieu de la foule des invités qui se démenaient au son d'un rock endiablé. Alors Emily cessa de lutter. Elle se mit à rire et elle riait encore plus quand elle se trompait, ce qui lui arriva souvent.

Puis, peu à peu, le rythme s'apaisa pour laisser place à des slows.

Comme elle regardait Jake, il lui ouvrit les bras et elle s'y lova. Dans son dos, elle sentait la pression de ses doigts sur sa peau nue. Elle se laissa aller dans son étreinte ferme et rassurante tandis que leurs corps se mouvaient ensemble, comme si, de toute éternité, ils avaient été faits pour ce moment-là.

L'épaule de Jake était large et accueillante, et Emily y blottit sa tête tandis que la musique prenait possession d'elle. Ce moment qui lui offrait l'occasion de tenir Jake dans ses bras, de sentir son corps contre le sien, de percevoir les battements de son cœur lui paraissait fabuleux. C'était un moment parfait.

Parfait ?

Non. Car ce n'était pas cette communion de leurs corps que Jake souhaitait, il avait été clair. Rien ne devait changer dans leur arrangement... Si elle avait eu un grain de bon sens, elle se serait tout de suite écartée de lui avant de se rendre ridicule ou de souffrir comme une damnée.

La musique devenait de plus en plus romantique, l'air qu'ils respiraient s'était chargé de toute la sensualité des paroles, et Emily se sentait ivre.

— Si nous allions nous asseoir un instant ? proposa Jake.

Elle releva la tête pour le regarder au fond des yeux.

Jake sentait son sang bouillir dans ses veines au point d'anéantir tout ce qui n'était pas son désir pour Emily.

Ils se retrouvaient exactement au point où ils étaient quinze ans auparavant, après le mariage de Kate. Mais ils n'étaient pas à Brighton et Pete n'allait pas envoyer un texto pour les ramener au bon sens. Ils allaient rentrer ensemble dans une maison vide...

Jake recula d'un pas, bien décidé à mettre un terme à cet enchantement, mais le regard d'Emily le retenait prisonnier. Toute volonté l'avait abandonné.

— Em..., murmura-t-il, en rapprochant ses lèvres des siennes.

À ce moment-là, il sut qu'il était perdu.

Il attrapa Emily par la main.

— Viens, partons d'ici, j'en ai assez.

Ayant récupéré leurs affaires, ils gagnèrent le hall d'entrée de l'hôtel où se tenait la fête.

— Tu peux marcher avec tes talons ou tu souhaites que j'appelle un taxi ?

Dieu merci, Emily préférait marcher. Il n'aurait pas à subir l'épreuve d'être assis tout près d'elle, ensorcelé par son parfum.

Quelques minutes plus tard, lorsqu'ils se retrouvèrent dans la maison, Jake éprouva cruellement le sentiment de leur isolement. Rien ni personne ne viendrait à leur secours.

— Tu veux boire quelque chose ? demanda Emily.

— Non, merci. Je vais me changer et j'irai travailler dans mon bureau.

Pendant qu'il montait l'escalier, les mots de Jean lui revinrent en mémoire. Est-ce qu'Emily avait réellement épousé Pete par pitié ? Était-il en train de se servir d'elle pour son confort comme l'avait fait Pete ? Il ne savait plus quoi penser...

Un peu plus tard, Emily vint frapper à la porte de sa chambre.

— Jake, laisse-moi entrer !

— Non. J'ai bu et toi aussi. Pas question de nous mettre dans une situation impossible. Il vaut mieux que tu ailles te coucher !

Tandis que les pas d'Emily s'éloignaient dans le couloir, un sanglot étouffé lui parvint. Désolé, il sortit de sa chambre et descendit dans son bureau. Jamais il n'avait voulu faire de peine à Emily... Pourtant, elle pleurait à cause de lui.

Il avait le cœur gros à la pensée de toutes les chances qu'il avait gâchées, de toutes les occasions qu'il avait eues de lui dire qu'il l'aimait, mais qu'il avait laissées passer. Le soir du mariage de Kate, il aurait dû lui parler, mettre un terme à sa relation avec Pete, il aurait dû lui faire l'amour.

Il n'avait rien fait de tout cela. Il n'avait rien dit et elle était sortie, elle avait épousé Pete et il l'avait perdue à jamais.

Pas vraiment pourtant, puisqu'elle avait toujours pu compter sur lui et que, maintenant, elle était revenue dans sa vie, abandonnant tout pour lui venir en aide. S'il ne disait rien, elle allait l'épouser par générosité et gentillesse, comme elle l'avait fait pour Pete.

Ce n'était pas ce qu'il souhaitait. Il voulait autre chose. Il la voulait tout entière, corps et âme.

Pourquoi Jake refusait-il de lui parler ? se demandait Emily entre deux sanglots.

Elle n'était pas ivre et lui non plus, même s'ils avaient bu l'un et l'autre quelques verres de vin.

Pendant qu'ils dansaient, il n'avait cessé de la regarder avec une flamme brûlante dans les yeux. Ce n'était pas le regard d'un homme indifférent. Était-ce celui d'un homme préoccupé seulement par la satisfaction d'un désir physique ? Non, elle y avait lu autre chose que du simple désir, quelque chose qui ressemblait à...

... à de l'amour ?

Pourtant, s'il était amoureux d'elle, il le lui aurait avoué. Bien sûr, il lui disait souvent qu'il l'aimait, mais pas de la façon qu'elle souhaitait.

Ou alors, elle était effectivement ivre, en train de s'imaginer que Jake était amoureux d'elle alors qu'il n'était qu'un homme comme les autres, avec des besoins physiques, sans relation amoureuse, coincé dans une maison avec une femme pas plus laide qu'une autre.

Oui, elle était idiote. Elle lui parlerait dès le lendemain, ce soir elle était trop bouleversée pour le faire. À la lumière du jour, elle lui dévoilerait ses sentiments parce qu'il était grand temps de le faire.

Elle essuya les larmes qui coulaient sur ses joues et, roulant sur le côté, plongea dans un sommeil inconfortable et agité.

Le lendemain matin, elle trouva Jake dans la cuisine.

Quand elle s'était levée tout à l'heure, elle avait aperçu la porte de sa chambre grande ouverte et le lit intact. Il n'y avait pas dormi, c'était évident. Elle était donc descendue et venait de le trouver affalé sur une chaise, les yeux rouges et la mine défaite.

Elle ne valait sans doute pas mieux...

— Je suis désolé de t'avoir fait pleurer, hier, dit Jake aussitôt. Je voulais seulement...

— Seulement ne pas me parler, c'est bien ça ?

— Non, je voulais te parler, mais, si je t'avais laissée entrer dans ma chambre, tu sais très bien que nous n'aurions pas parlé, Emily. Surtout après avoir dansé comme nous l'avons fait.

— Et pourquoi donc ?

Un petit rire triste échappa à Jake.

— Tu veux que je te fasse un dessin ?

Emily vint s'asseoir en face de lui et chercha son regard.

— Pourquoi pas ? Figure-toi que j'étais persuadée que tu avais envie de moi et, tout à coup, quand tu as fermé ta porte, je n'y ai plus rien compris.

Jake passa les doigts dans ses cheveux bruns emmêlés.

— Tu as raison, je te désirais. Je te désire encore et je ne peux plus supporter de vivre dans ce mensonge. Je refuse que tu m'épouses juste pour le bien des enfants alors que tu peux être libre et rencontrer quelqu'un qui te rendra heureuse. Je refuse de t'entraîner dans une comédie de mariage voué à l'échec.

— Et si c'est ce que je veux ?

— Emily, je t'aime trop pour te laisser te piéger de cette façon.

Stupéfaite, Emily le dévisagea.

Jusque-là, elle était persuadée que son amour était à sens unique et que, mis à part quelques rares moments d'abandon, il n'y avait rien d'autre entre eux que de l'amitié. Tout à coup, un voile se déchirait.

— Pourquoi est-ce notre mariage serait voué à l'échec ?

— Parce qu'encore une fois, tu vas épouser pour de mauvaises raisons un homme qui ne te convient pas. Nous trouverons un autre moyen de protéger nos enfants, mais tu mérites mieux. Tu as dit que notre mariage ne changerait rien entre nous, mais je ne peux pas le supporter. J'ai compris que je t'aime, que je t'ai toujours aimée et que je t'aime bien trop pour te demander ce sacrifice. Tu es tout pour moi, je te veux tout entière. Le mariage que tu me proposes ne serait pas honnête envers toi.

Il avança une main tremblante vers la joue d'Emily et essuya du pouce une larme qui y roulait lentement.

À son tour, elle leva une main pour prendre celle de Jake et déposa un baiser dans sa paume.

— Si nous nous marions, je n'épouserai pas pour de mauvaises raisons un homme qui ne me convient pas, murmura-t-elle. Au contraire, j'épouserai l'homme auquel j'aurais dû lier ma vie il y a bien longtemps.

Elle posa leurs deux mains sur le torse de Jake. Sous ses doigts, elle sentait battre son cœur.

— Je t'aime, Jake. Je crois que je t'aime depuis toujours, mais que je n'ai jamais voulu le reconnaître parce que ce n'était jamais le bon moment. Le soir du mariage de Kate, je l'avais déjà compris, mais je n'ai pas voulu être une de ces filles avec lesquelles tu passais une nuit et que tu oubliais aussitôt.

— Si je les oubliais, c'est seulement parce qu'elles n'étaient pas toi.

— C'est vrai que tu ne m'avais jamais regardée de cette manière auparavant, mais j'ai cru que c'était parce que tu avais bu trop de champagne. Aussi, quand j'ai reçu le message de Pete, j'ai préféré te quitter. J'aurais dû rester...

— Aucune autre femme ne m'a jamais troublé comme tu le fais, Emy.

Emily se redressa.

— C'est vrai ? C'est pour cette raison que tu ne t'es jamais marié ? À cause de moi ?

À nouveau, Jake posa une main sur la joue d'Emily. Du pouce, il lui caressait les lèvres.

— Sans doute. Certainement. Quand j'ai compris ce que j'éprouvais pour toi, tu étais déjà avec Pete à qui on venait de découvrir un cancer. J'ai assisté à ton mariage, le cœur brisé. Voilà pourquoi j'ai toujours voulu rester près de toi, pour te soutenir pendant que tu l'aidais. C'était tout ce que je pouvais faire.

Emily hochait la tête lentement.

— Jake... Si j'avais su...

Jake laissa échapper un gros soupir.

— Je ne peux même pas souhaiter que les choses se soient déroulées autrement parce que cela voudrait dire que tu n'aurais pas Zach et que je n'aurais pas Matilda, alors que je ne peux pas imaginer notre vie sans eux.

— Moi non plus. Nous avons deux enfants magnifiques et le destin nous offre une seconde chance de bonheur. Saisissons-la, je t'ai attendu assez longtemps ! Je t'en prie, ne me fais pas patienter davantage. Emmène-moi dans ton lit, fais-moi l'amour comme tu aurais dû le faire il y a quinze ans.

Un éclair d'espoir traversa le regard de Jake. Il ferma les yeux et laissa échapper un énorme soupir.

— Emily...

Il lui prit le visage entre ses mains et commença à l'embrasser comme si elle était ce qu'il y avait de plus précieux au monde.

Au bout d'un moment, il releva la tête.

— Tu as raison, Emy. Est-ce que tu acceptes de m'épouser ? Non pas à cause des enfants, mais parce que je t'aime et que tu m'aimes aussi. Nous avons attendu beaucoup trop longtemps ! Épouse-moi, Em. Devenons une vraie famille.

— Oui, murmura Emily en caressant le visage de Jake. Emmène-moi dans ton lit et fais-moi l'amour pour me persuader que je n'ai pas rêvé et que tu me désires.

Jake se mit debout et aida Emily à en faire autant avant de l'entraîner dans sa chambre.

— Je t'aime, Em, ne l'oublie jamais.

Elle perçut son souffle tiède contre sa peau tandis qu'il retirait les pinces qui restaient dans ses cheveux et dénouait les mèches entre ses doigts. Ensuite, elle sentit ses lèvres se poser sur son épaule, glisser le long de son dos jusqu'à y laisser un sillage de douceur qui lui fit perdre la tête.

— Je t'aime, répétait-il en l'embrassant sur la bouche. Je te désire comme un fou.

S'embrasant à son tour, Emily entrouvrit les lèvres pour accueillir la langue impatiente de Jake et la tendre morsure de ses dents. Pendant ce temps, les mains de Jake caressaient son corps, à la recherche des endroits les plus sensibles.

— Jake...

Il l'entraîna sur le lit et glissa une jambe entre les siennes tandis que sa bouche descendait jusqu'aux seins nus.

La bouche de Jake se referma sur l'un d'eux, sa langue le taquina jusqu'à ce que le mamelon se durcisse de désir. Sa main continuait sa caresse, de plus en plus bas, jusqu'au mont de Vénus, plus bas encore.

— Jake !

— Chut, ma chérie.

Ses doigts la caressaient de plus en plus intimement, avec une précision et une douceur qui affolaient de plaisir Emily.

— Je t'aime, Emily.

Cette fois, il se plaça sur elle pour la pénétrer avec une douceur infinie et se mit à bouger lentement, avec précaution, jusqu'à ce qu'elle se sente enfin totalement prête à se donner à lui. Alors il accéléra ses mouvements, l'amena au pic du plaisir qu'il atteignit en même temps qu'elle. Tous deux crièrent de bonheur et leurs corps frémirent ensemble du même frisson passionné.

Il était allongé sur le dos, Emily blottie contre lui, leurs quatre mains posées sur son torse.

— Je t'aime, répéta-t-il pour la centième fois.

Elle releva la tête pour l'embrasser.

— Je crois que j'ai compris maintenant, répondit-elle en riant.

Tu me l'as dit pendant des années, mais je ne comprenais pas que tu m'aimais d'amour. J'aurais dû pourtant, parce que, moi aussi, je t'aime depuis tellement longtemps ! Tu as toujours été là pour me soutenir.

— Bien sûr. Tu sais que Pete m'a fait promettre de veiller sur toi ?

— Non. Je ne sais pas s'il avait deviné nos sentiments à tous les deux. Plusieurs fois, il m'a demandé pourquoi c'était lui que j'avais épousé et pas toi.

— C'est vrai ?

— Oui. Ça me faisait rire. Je lui répondais que jamais je ne pourrais supporter ton désordre, mais il voyait sans doute plus loin que ça. Peut-être avait-il deviné que nous étions faits l'un pour l'autre ? Nous ne le saurons jamais, mais cela ne me surprendrait pas. C'était un homme très bon, mais il avait peur de la maladie. Je ne peux pas l'en blâmer, d'ailleurs.

— En effet. Nous ne pouvons pas deviner comment nous nous serions comportés à sa place. Si tu savais quel sentiment de culpabilité j'éprouvais chaque fois que j'apercevais sa photo sur ta table de chevet ou que Zach me regardait, me rappelant les grands yeux bleus de son père ! C'est vrai que je respectais la promesse que je lui avais faite, mais ce n'était ni pour lui ni même pour les enfants. C'était pour te garder près de moi.

— Ne noircis pas le tableau, Jake ! Tu t'es toujours préoccupé du bien-être de Tilly. Mais maintenant, au lieu de nous marier pour les enfants, décidons de nous marier pour nous deux ! Tu ne trouves pas cela fabuleux ?

Jake bougea légèrement de manière à pouvoir regarder Emily dans les yeux.

— Tu sais ce qui est réellement fabuleux ? C'est de pouvoir te tenir dans mes bras, de pouvoir découvrir ton corps, de savoir que tu m'aimes. Faire l'amour avec toi est une expérience unique, et je n'ai jamais rien éprouvé de pareil.

Il passa les doigts dans les cheveux d'Emily.

— Ils sont tellement doux ! J'ai toujours rêvé de les sentir caresser ma poitrine.

— Comme ça ? demanda Emily en se penchant sur lui.

— Oui, comme ça. Exactement.

Ils se marièrent deux mois plus tard, en présence de Jean et Duncan et de tous leurs amis. Emily portait une robe couleur crème, pas du tout dans le style des robes de mariée traditionnelles, mais qui lui allait à merveille. Jake la trouvait radieuse.

— Je crois que nos amis attendent que tu fasses un petit discours, lui murmura-t-elle à l'oreille.

— Pas question ! répondit-il.

Mais il se ravisa tout de suite et tapa sur son verre avec sa petite cuillère.

— Chers amis, déclara-t-il, un bras passé autour de la taille d'Emily, je crois qu'il est temps que je vous raconte comment Emily et moi nous sommes connus...

— Oh non ! coupa Emily en rougissant.

— Mais si !

Puis Jake se lança dans le récit de leur première rencontre, ce qui fit bien rire les invités. Il ne manqua pas de remercier chacun pour son soutien et termina en adressant un clin d'œil à Ben, qui avait remué ciel et terre pour rendre leur arrangement possible.

— Mais il est bien possible que d'ici quelques mois, tu aies à refaire ton planning et à demander à Daisy de reprendre du service, ajouta-t-il en jetant un regard plein de tendresse à Emily.

— Chut, murmura-t-elle. C'est trop tôt pour l'annoncer déjà !

— Trop tard, Em ! Tout le monde voit bien que tu n'as pas bu une goutte de vin ni une tasse de café depuis des semaines. Tu crois que c'est passé inaperçu ?

Tout le monde se mit à rire de plus belle, d'un rire plein de chaleur et d'affection.

Alors Jake prit Emily dans ses bras pour l'embrasser avec toute la tendresse du monde tandis que la brise salée venant de la mer faisait voler les boucles folles échappées du chignon de la jeune femme.